MÉMOIRES
SUR LE DIX-HUITIÈME SIÈCLE
ET LA RÉVOLUTION FRANÇOISE.

MÉMOIRES
INÉDITS
DE MADAME LA COMTESSE
DE GENLIS.

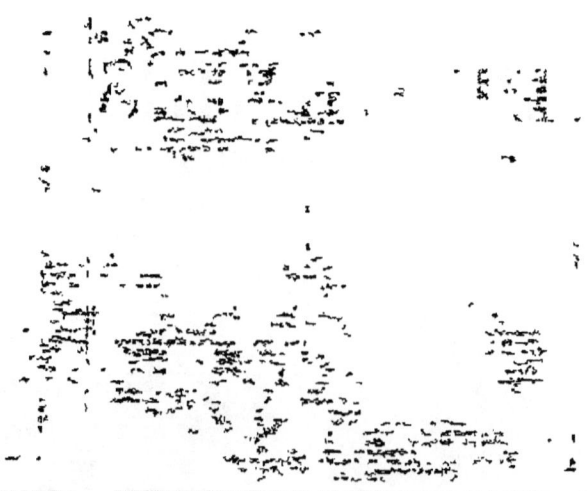

PARIS. — IMPRIMERIE DE FAIN, RUE RACINE, Nº 4,
PLACE DE L'ODÉON.

MÉMOIRES

INÉDITS

DE MADAME LA COMTESSE

DE GENLIS,

SUR LE DIX-HUITIÈME SIÈCLE

ET

LA RÉVOLUTION FRANÇOISE,

DEPUIS 1756 JUSQU'A NOS JOURS.

TOME HUITIÈME.

A PARIS,

CHEZ LADVOCAT, LIBRAIRE

DE S. A. R. MONSEIGNEUR LE DUC DE CHARTRES,

AU PALAIS-ROYAL.

M. DCCC. XXV.

TABLE

PAR ORDRE ALPHABÉTIQUE

DES NOMS

CITÉS DANS LE HUITIÈME VOLUME

ACTIONS COMMISES PENDANT LA RÉVOLUTION; réflexions sur les contrastes qu'elles présentent; pag. 101, 102.

ALEMBERT (d'), 157, 158, 177, 179.

ALFRED LE GRAND, roman de madame de Genlis, 110.

ALIBERT (le docteur), 42, 98, 108, 109.

ANCIENS (les), 158 et suiv.

ANGLOIS, 25.

ANECDOTES. — De la fermière et de sa petite fille, 38, 39. — Du soldat de Louis XIV, 50, 51. — D'une jeune sauvage de Cayenne, 52, 53. — De Napoléon, 54, 55, 56, 57.

APOLOGUE (réflexions sur l'), 252.

TABLE ALPHABÉTIQUE.

Aristophane, 211.

Art dramatique (de l'), 185 *et suiv.*; des préparations dans les ouvrages dramatiques, 195, 196.

Auteurs modernes, 140, 278.

Barruel (l'abbé), 165.

Boisjolin (M. de), 103, 104.

Bonald (M. Henri de), 22.

Bonnières (madame de), 110.

Bossuet, 131, 175, 180, 181, 221.

Bourbon (le duc de), 39.

Boutiques pour les pauvres, 37, 38.

Briffaut (M.), 149.

Britannicus, 202.

Buffon, 97, 167, 171, 172.

Candau (la vicomtesse de), 99, 100.

Cantiques des fleurs, 293.

Canuet (le docteur), 57, 58, 59, 60, 61, 79.

Caractères dramatiques, 188 *et suiv.*

Casimir (M.), 40, 81, 82.

Caveirac (l'abbé de), 233, 234, 235, 236.

Caylus (madame de), 240.

Celles (M. de), 41.

Celles (madame de), 40, 41.

Chastenay (le comte de), 61, 73, 74, 75.

TABLE ALPHABÉTIQUE.

CHASTENAY (madame de), 73, 74.

CHASTENAY (mademoiselle Victorine de), 61, 62.

CHINERY (madame), 26.

CHOISEUL (le comte de), 240.

CHOISEUL (madame de), 63, 64, 66, 67, 70, 71, 90, 91, 112 et suiv.

CLAIRON (mademoiselle), 209.

COLLÉ, 155.

COMÉDIE (de la), 211 et suiv.

CORRESPONDANCE DE MADAME DE GENLIS avec M. de...., 75, 76, 77.

COUTUME DU NORD pour les funérailles, 71, 72, 73.

COUVENT DES DAMES-SAINT-MICHEL, 79, 81.

CRATINUS, auteur grec, 211.

CREMUTIUS CORDUS, 167.

CYRUS (arrière-petit-fils de madame de Genlis), 41, 69, 70.

DAVID, peintre, 86, 87.

DÉCLAMATION (de la), 205 et suiv.

DESGENETTES (le docteur), 54, 55, 56, 57.

DÉSORMEAUX (M.), 225.

DIALOGUES. — Entre madame de Choiseul et madame de Genlis, sur ses Mémoires, 112 et suiv. — Entre lord Byron et Fontanes, 150 et suiv.

DIDEROT, 161 et suiv.

DIFFORMITÉS NATURELLES, maison où on les guérit, 17, 18.

Discours oratoires, 177 et suiv.
Douaniers françois, 71.
Doudeauville (le duc de), 27.
Ducrest (M.), 24.
Ducrest (Georgette), 23, 24.
Ducrest (Coraly), 24.
Duguesclin, 182, 183.
Dussault (le chirurgien), 57.

Études morales, politiques et littéraires, citées, 1 et suiv.
Eupolis, auteur grec, 211.

Fabulistes (les), 249.
Fagan (le comte de), 83.
Fagan (la comtesse de), 83, 84.
Femmes auteurs du siècle présent, 67, 68.
Femmes célèbres, 107.
Fontenelle, 154, 155, 156, 177, 178, 179.
François (les), depuis la restauration, 70, 71.

Gaillard (M.), 225, 232.
Galimatias (sur le), 154 et suiv.
Galitzin (la princesse), 21.
Genlis (madame de), 88, 89, 90.
Gérard (le général), 41.
Gérono (M.), 108, 109.

TABLE ALPHABÉTIQUE.

GRISTELLE (la princesse), 20.

GLAÇON (le) ET LE CRISTAL DE ROCHE, fable de madame de Genlis, 257.

GRACIAN (B.), cité, 162.

GRECS (les anciens), 136.

GUENÉE (l'abbé), 233.

HELVÉTIUS, 164.

HENRIETTE D'ANGLETERRE, 117, 118, 119, 120.

HISTOIRE, historiens, 221 et suiv.

HOMÈRE, cité 181.

HOMME (L') SANS NOM, ouvrage de M. Ballange, 28, 29, 30, 31.

JARDIN DES PLANTES, 97, 98.

JEANNE D'ARC, poëme, 248.

JOURNAUX, journalistes, 269.

KRUDNER (madame), 32, 33, 34.

LABAUMELLE (M. de), 258.

LADVOCAT (M.), 40, 65, 66, 82.

LA FAYETTE (madame de), 117, 118, 119, 120, 121.

LAFITTE (M.), 37.

LAHARPE (madame), 168.

LAMBALLE (la princesse de), 113, 114, 115.

LAMOTHE, 156, 202.

TABLE ALPHABÉTIQUE.

Langue françoise (réflexions sur la), 284.

Lascour (madame de), 86, 87, 88.

Lauragais (le comte de), 209.

Lawoestine (le marquis de), 19, 20, 82, 83, 84.

Lawoestine (Léocadie de), 19, 82, 83, 84.

Lescure (le général de), 58.

Lectures (les), 288.

Lettres (causes de la décadence des), 274.

Lettres anonymes écrites à madame de Genlis, 73, 77, 78, 79.

Lingré (madame de), 105, 106, 107.

Livres saints (les), 133, 134.

Louis XIV, 179.

Mantes (la ville de), 39, 40.

Marmontel, 141, 142, 143, 167, 212.

Mémoires imaginaires, 91 *et suiv.*

Mémoires de Gourville, 227.

—— de mademoiselle de Montpensier, 227, 233.

—— de madame de Motteville, 227.

—— de madame de Nemours, 226.

—— du cardinal de Retz, 226.

Mémoires sur Alexandre le Grand, 230, 231.

Ménandre, 211.

Meung, 23.

Misanthrope (le), 212.

Missionnaires (les), 130, 131.
Molière, 211, 212, 213.
Montesquiou (M. de), 85, 86.
Montesquiou (Anatole de), 85, 86.
Montmorency (le duc Matthieu de), 27.
Montreuil (bataille de), 57.
Myrte (le), 137.

Nanine, 217, 218, 219.
Napoléon, 123 et suiv.
Narbonne-Lara (le comte de), 62.
Nays (la vicomtesse de), 98, 99.
Noailles (le duc de), 24.

Oraisons funèbres, 180, 181, 182.
Orateur du XIVe. siècle, cité, 160.
Orléans (le duc d'), 103.

Papillon (le), symbole de l'inconstance, 137.
Paris (séjour de), 39.
Parodie du couplet sur Henri IV, 85.
Peyronnet (M. de), 88.
Philippe-Auguste (le poëme sur), 288.
Physiologie des passions, 43 et suiv.
Pièces de circonstance, 193, 194.
Poésies fugitives, 258.
Poésies liriques, 246.

POÉTIQUE DE MADAME DE GENLIS, 133.

CHAP. Ier. — De la composition en général, 133.

CHAP. II. — Suite du précédent, 138.

CHAP. III. — Du prétendu genre appelé Romantique, 143.

CHAP. IV. — Suite du précédent, 149.

CHAP. V. — Sur le Galimatias, 154.

CHAP. VI. — De l'Inconséquence, 164.

CHAP. VII. — Du Style en général, 167.

CHAP. VIII. — Suite du précédent, 172.

CHAP. IX. — Des Discours oratoires, 177.

CHAP. X. — De l'Art dramatique, 184.

CHAP. XI. — De l'Art des Préparations dans les ouvrages dramatiques, 195.

CHAP. XII. — De la Tragédie, 197.

CHAP. XIII. — De l'Art théâtral, de la Déclamation, etc., 205.

CHAP. XIV. — De la Comédie, 211.

CHAP. XV. — De l'Histoire et des Historiens, 22 .

CHAP. XVI. — Des différens genres de Poésie en général; 246.

CHAP. XVII. — Suite du précédent, 249.

CHAP. XVIII. — Des Romans, 260.

CHAP. XIX. — Du Style épistolaire, 266.

CHAP. XX. — Des Journaux et des Journalistes, 269.

CHAP. XXI. — Des Auteurs et de la décadence des Lettres, 274.

TABLE ALPHABÉTIQUE.

Chap. XXII. — De la Langue françoise, 284.
Chap. XXIII. — Sur les Lectures, 288.

Prévost (l'abbé), 263.
Protocole des lettres avant la révolution, 267.
Prusse (le roi de), 105.

Quintilien, cité, 222.

Racine, cité, 134.
Raynal (l'abbé), 222.
Récamier (madame), 26, 27, 28, 31, 32.
Réflexions sur les sauvages, 53.
Religieuse (mort d'une), 80.
Révolution (actes commis pendant la), 101, 102.
Richard III, tragédie, 204.
Rispall (la femme), 39.
Rollin, 222.
Romance de l'aveugle, 108.
Romans de famille, 260, 262.
Romans historiques, 260.
Romans (lecture des), 263.
Romantique (le genre), 144 *et suiv.*
Rosamonde (madame Girard), 41.
Rousseau (J.-B.), 157, 164, 165.
Russie (l'empereur et l'impératrice de), 21.

SAINT-AMAND (chevalier de), 148.

SAINT-CLAUDE (la ville de), 35.

SAINT-MAIXENT (la ville de), 59.

SAINT-MICHEL (couvent des Dames de), 40, 42.

SAINT-PRIEST (le comte de), 21.

SAINT-PRIEST (Alexis de), 21, 22.

SAINT-RÉAL (l'abbé de), 222.

SALINS (la ville de), 34, 37.

SAULTY (M. et Mme. de), 27.

SAUVAGES (les), 53.

SERCEY (le vice-amiral de), 88.

SOUSCRIPTIONS POUR LES INCENDIÉS DE SALINS, 35, 36, 37.

SOUVENIRS, 239.

STYLE ÉPISTOLAIRE (du), 266.

TARTUFE (le), 212, 213.

TENCIN (madame de), 155.

THOMAS, 177 *et suiv.*

TRAGÉDIE (de la), 197 *et suiv.*

VALENCE (le comte de), 21.

VALENCE (madame de), 40, 68, 69.

VALERY (M.), cité, 1 *et suiv.*

VALETS (les), comédie, 220.

VELY (l'abbé), 222.

VERTOT (l'abbé de), 222.

Vers tirés du Mercure de 1727, 164.

Véry (valet de chambre), 59.

Voltaire, 141, 180, 213 *et suiv.*, 222 *et suiv.*, 232 *et suiv.*, 247 *et suiv.*, 258, 274 *et suiv.*

Walther Scott, 261.

Westermann (le général), 58, 59.

FIN DE LA TABLE ALPHABÉTIQUE.

MÉMOIRES

DE MADAME LA COMTESSE

DE GENLIS.

J'ai lu, depuis que je suis revenue à Paris, un ouvrage que je ne connoissois pas du tout (*Études morales, politiques et littéraires*), et qui est de M. Valery : malgré toute mon estime pour l'auteur, j'avoue que ma surprise a été extrême en trouvant dans cet ouvrage, une supériorité d'autant plus frappante que ce livre n'a pas encore toute la célébrité qu'il mérite ; c'est un recueil d'observations toujours justes, souvent profondes, et de réflexions remplies de finesse, d'impartialité, et dont tous les résultats sont également moraux. Mon opinion est peu de chose et mon suffrage n'est rien, mais des citations sont des faits ; en voici quelques-unes tirées de cet excellent ouvrage :

« C'est un lieu commun sans justesse que

» le parallèle de la chute du christianisme
» et de celle du polythéisme. Celui-ci tom-
» boit tout entier dès que l'on supprimoit sa
» police, ses cérémonies, son culte extérieur :
» Jupiter et Junon, chassés de l'Olympe, ne
» pouvoient y remonter; leur chûte étoit
» celle de ces puissances de la fortune, dont
» la crainte ou le besoin ont fait implorer le
» secours; il ne restoit rien d'une religion
» sans préceptes. Mais c'est en vain que l'on
» tenteroit d'ôter au christianisme ses dogmes
» et ses pratiques : il conserve sa morale;
» elle est universelle; elle vit dans le fond
» des cœurs, et sert dans d'autres temps à le
» faire renaître.

— » L'histoire moderne, avec ses sociétés uni-
» formes, ses institutions médiocres ou op-
» pressives, et ses littératures imitées, se-
» roit sèche si le christianisme n'y paroissoit
» pour adoucir et animer nos caractères ou
» barbares ou compassés. C'est ainsi qu'on lui
» doit les chevaliers, premiers héros de tous
» les temps, Fénelon et Turenne. Sans le
» christianisme, sans ses fêtes [1], ses prati-

[1] On a reproché à l'Église la multiplicité de ses fêtes.
A Rome les solennités religieuses étoient en bien plus

» ques, cette histoire n'offriroit que les intri-
» gues des cours, l'égoïsme des cabinets, le
» mécanisme de la guerre ou de l'industrie :
» il relève enfin cette société, triste, vieillie,
» trompée, livrée à l'opinion, et privée de
» ces idées primitives de poésie et de liberté
» des peuples anciens.

» La vie du chrétien, que Bossuet appelle
» *une éternelle solennité*, est surtout sublime
» vers sa fin. Les Romains remplissoient leurs
» testamens d'injures contre leurs ennemis[1];
» Germanicus mourant exprime son ressenti-
» ment contre Pison, et fait jurer à ses amis
» de le venger.....

» C'est à la foiblesse, aux femmes, à l'en-

grand nombre que dans le christianisme. Le calendrier des Romains (*Ovide*, *Fastes*), montre onze jours de suite consacrés à des fêtes; les Grecs en avoient peut-être encore davantage.

(Note de l'auteur.)

[1] Cette étrange liberté est peut-être la seule à laquelle Tibère n'osa point attenter; il ordonna qu'on fît, suivant l'usage, lecture publique du testament de Fulcinius Trio, dans lequel celui-ci se répandoit en invectives contre Macron, les enfans de César, et contre Tibère lui-même.

(Note de l'auteur.)

» fance, que cette religion a été secoura-
» ble. L'avortement, l'exposition des enfans,
» étoient permis par les lois de Sparte et
» d'Athènes; le christianisme, avec ses doux
» et chastes mystères, et la nativité tou-
» chante de son divin fondateur, a rendu res-
» pectable la minorité des rois et les régences
» des reines. Le culte d'une femme, d'un
» enfant, dut contribuer à ce principe conser-
» vateur de nos sociétés, inconnu aux an-
» ciens ; les peuples ne furent plus surpris
» d'obéir à une majesté au berceau, après
» avoir adoré un Dieu dans une crèche. . . .
» . . . .

» Fleury prétend que la religion ne peut
» subsister, sans l'étude et l'instruction qui
» conservent la doctrine et la morale [1]. . . .
» . . . .

---

[1] « *Mœurs des chrétiens*. Cette opinion sur la nécessité
» de l'étude étoit encore celle de l'un de ces hommes
» que l'on n'oublie point, de M. l'abbé Duval, ainsi
» qu'on peut le voir, pages 37 et 206 de l'intéressante
» notice que M. le C. de B. a consacrée au digne émule
» des François de Sales et des Vincent de Paul, 1820,
» en tête des *Sermons de M. l'abbé Legris-Duval.* »

(Note de l'auteur.)

» L'érudition du clergé seroit aujourd'hui
» surtout un immense bienfait; elle feroit taire
» cette facilité d'impiété des esprits médio-
» cres ou bornés, calamité de notre époque,
» et qui produit le scandale dans les villes et la
» barbarie dans les campagnes..........
» ....

» Sentiment indépendant et solitaire, la foi
» peut très-bien exister chez les peuples comme
» chez les individus, avec des erreurs de con-
» duite... Bayard, et tous les chevaliers, avec
» leurs fragilités, n'avoient-ils que des opi-
» nions et point de foi? La foi est dans la reli-
» gion ce que la conscience est dans la mo-
» rale; elle peut nous condamner, mais il ne
» nous est point donné de la détruire. Toutes
» deux sont un don divin, mais elles agis-
» sent différemment : la conscience, courbée
» vers la terre, produit le remords; la foi,
» toute céleste, produit le repentir. Au dernier
» jour, si la première nous accuse, l'autre
» nous soutient et nous console, et c'est l'in-
» stinct secret de ce moment inévitable qui
» nous porte à conserver notre foi au milieu
» même de nos fautes................
» ....

» La superstition a souvent été un moyen
» puissant de civilisation. L'enfance des so-
» ciétés n'entend point la raison. Numa, par-
» lant au nom de la nymphe Égérie, sou-
» mettoit à ses lois les sauvages de Rome,
» qu'une Tusculane auroit laissés barbares...
» . . . .

» Voltaire, dans un de ses ouvrages les
» plus violens contre le christianisme, recon-
» noît cependant la nécessité du sacerdoce, et
» combat ce beau système de ne le confier
» qu'aux pères de famille. « Notre société, telle
» qu'elle est, ne permet point un pareil chan-
» gement : je pense qu'il est nécessaire d'entre-
» tenir des prêtres pour être les maîtres des
» mœurs. » La théophilanthropie est une des
» sottises révolutionnaires qu'il eût condam-
» nées. . . . .

» C'est une fausse opinion de croire la phi-
» losophie favorable à l'incrédulité. Les philo-
» sophes religieux sont partout supérieurs
» aux philosophes sceptiques. En Angle-
» terre, Newton et Clarke réfutent Hobbes,
» Collins, Toland et Tindal ; Descartes et

» Pascal sont encore les premiers des philo-
» sophes françois. . . . .
» . . . .

» La réalité n'est que la vérité d'en-bas, si
» l'on peut le dire ; elle est la vérité du peuple,
» de l'enfance ; elle semble physique, fragile,
» périssable et bornée. La vérité est morale, spi-
» rituelle, immense, infinie. . . . .
» . . . .

» La réalité, qui ne parle qu'aux sens, est
» à la portée de l'homme ; la vérité est le plus
» souvent inaccessible à son intelligence. . . .
» . . . .

» Vérité de la terre, la réalité est odieuse,
» triste et sujette à mille mécomptes ; c'est de
» la plus enivrante de toutes dont parle le
» sage dans cette réflexion pleine de mélanco-
» lie : « J'ai dit au plaisir : *Pourquoi m'as-tu*
» *trompé ?* » Aussi tous les peuples la fuient,
» et lui préfèrent les illusions mêmes ; ils
» haïssent ce qu'ils possèdent, et aiment ce
» qu'ils n'ont point. L'Hébreu ou l'Athénien,
» au milieu de ses rochers, vante les délices

» et la fertilité de la plaine ; ennuyé de sa
» nature cultivée et parée, l'Européen de nos
» jours va chercher les vallées de la Suisse,
» auxquelles pas un voyageur ancien n'avoit
» pensé ; il visite l'Italie et la Grèce pour étu-
» dier ce qui fut et échapper à ce qui est ; et
» peut-être aussi que l'instinct secret qui nous
» fait aimer les ruines et les tombeaux est un
» des effets de ce dégoût de la réalité. Cette
» impression influe jusque sur nos opinions
» et nos sentimens ; le publiciste moderne
» incline à la république, tandis que les écri-
» vains politiques de la Grèce sont générale-
» ment favorables à la monarchie. . . . . . .
» . . . .

» La réalité souvent est la fin du bonheur :
» notre cœur surtout la craint et la repousse,
» et il semble plus heureux par ce qu'il espère
» ou même par ce qu'il regrette, que par ce
» qu'il croit posséder.

» Dans les arts même du dessin, qui sem-
» blent l'empire de la réalité, on n'arrive au
» beau qu'en la corrigeant ; son imitation est
» ignoble et hideuse. . . . .
» . . . .

» Tout ce qui vient d'en haut, la religion,

» la morale, la liberté, sont des vérités; l'or-
» gueil, l'intérêt, l'ambition, la vanité, sont
» des espèces de réalités. Les premières inspi-
» rent le génie de Bossuet, de Pascal ou de
» Montesquieu; les autres ne produisent que
» de tristes et secs ouvrages, comme les livres
» de Larochefoucauld ou de Duclos........
» ....

» Dans la politique et l'ordre social, ce qui
» semble réel et défini, le plus souvent, n'est
» rien; les constitutions écrites n'appartien-
» nent qu'aux peuples opprimés ou livrés aux
» sophistes; elles sont foibles, variables et
» ignorantes. Les véritables constitutions vi-
» vent dans les cœurs; elles se composent de
» choses morales, des traditions, des mœurs,
» des sentimens, et surtout de l'honneur de la
» patrie [1]............................

» Le génie se sert des systèmes comme
» l'architecte de l'échafaud, pour élever son
» monument. Tous deux se débarrassent à la
» fin de cette charpente inutile, mais qui a
» long-temps été nécessaire...............

[1] Que d'idées utiles et religieuses naissent naturellement de ces belles réflexions!
(Note de l'auteur.)

» L'influence des femmes sur les mœurs
» des sociétés primitives, comme sur l'en-
» fance des individus, naturelle et facile à
» comprendre, puisqu'elle est secourable,
» reparoît aussi avec non moins de puissance
» chez les nations fortes et civilisées. . . . .
» . . . .

» Peut-être Louis XIV domina-t-il moins

« Il y avoit, dit l'Écriture, une prophétesse nommée Débora, laquelle jugeoit le peuple. Elle s'asséyoit sous un palmier qu'on avoit appelé de son nom, entre Rama et Bethel, sur la montagne d'Éphraïm; et les enfans d'Israël venoient à elle, pour faire juger tous leurs différens. » (*Juges*, IV, 4 *et suiv.*) Le pouvoir des femmes chez les barbares est connu : Sainte-Foix parle d'un sénat de Gauloises qui délibéroient de la paix, de la guerre, et prononçoient dans les querelles qui survenoient de ville à ville. (*Essais sur Paris.*) « Les femmes, dit un voyageur excellent, ont la principale autorité chez les peuples de la langue huronne; en quelques occasions elles ont un orateur, qui parle en leur nom et comme s'il étoit uniquement leur interprète. » (*Lettre 18 du Journal du P. Charlevoix*, à la suite de l'*Histoire de la Nouvelle-France*, et ailleurs, t. XIV.) Dans quelques nations, la dernière ressource est de s'adresser aux matrones; et elle est presque toujours efficace, mais on n'y a recours que quand l'affaire est d'une grande conséquence.

(Note de l'auteur.)

» en Europe par l'ascendant de ses armes et de
» sa politique, que par celui des femmes. Alors
» des princesses et des grandes dames de
» France répandoient nos mœurs chez les
» peuples dont elles gouvernoient les rois,
» comme nos écrivains faisoient régner notre
» langue et notre esprit. L'empoisonnement
» de plusieurs de ces femmes, jeunes et char-
» mantes, est aussi une preuve horrible de
» leur empire. Cette force morale de la femme
» existe encore d'une autre manière dans les
» conditions privées, mais où les sentimens
» ont conservé quelque délicatesse. . . . . . .

» Comme on l'a dit, si les hommes font
» des lois, les femmes ont toujours fait les
» mœurs, et l'inadvertance de Duclos, qui a
» pu écrire son volume de *Considérations sur*
» *les mœurs*, et ne prononcer qu'à peine le
» mot de *femme*, est une des preuves nom-
» breuses du faux et de la sécheresse des mo-
» ralistes du dernier siècle [1]. . . . .

[1] Duclos a cru devoir depuis, pour dédommager les femmes, composer des *Mémoires sur les mœurs*; récit d'aventures licencieuses, écrit en jargon à la mode de ce temps, et comme toutes les saletés d'alors, avec une cer-

» Le faste, le mouvement et le bruit chez
» une nation simple, loyale et lente, la ren-
» dront moins estimable et surtout moins
» heureuse, sans lui donner plus de vivacité
» et d'élégance. Cette vérité fut méconnue par
» Frédéric, et sa cour philosophe, moqueuse
» et françoise, sa fausse magnificence[1] alté-
» rèrent bien plus le caractère allemand qu'ils
» ne durent lui être utile. Par un effet con-
» traire, chez un peuple ardent, sociable et
» frivole, la sévérité outrée produira la li-
» cence. C'est de la fin du règne de Louis XIV,
» dont on a cependant fort exagéré la tristesse,
» que datent les pièces les plus libres de notre
» théâtre. . . . .

» La dégradation morale de la société paroît
» surtout dans le caractère et la conduite
» des hommes placés au même rang par
» leur gloire littéraire. L'auteur du Téléma-

taine prétention au sentiment. Époque étrange où l'auteur d'un livre de morale offroit aux femmes, en réparation de l'oubli, le scandale !

(Note de l'auteur.)

[1] Un homme d'esprit disoit qu'il manquoit toujours *un petit écu* à toutes ses fêtes.

(Note de l'auteur.)

» que est simple et sublime dans sa disgrâce.
» Pascal peut dire : Si mon livre est condamné
» à Rome, ce que j'y condamne est condamné
» dans le ciel ; et ils ne demandent point aux
» puissances de la terre, comme l'auteur d'*É-
» mile*, Diogène nouveau dans la nouvelle
» Athènes [1], des honneurs publics et des sta-
» tues. L'inimitié de Racine et de Molière ne
» ressemble pas à la haine scandaleuse de Vol-
» taire et de Rousseau ; alors le génie se respecte
» au milieu de ses divisions, et le grand poëte
» du dix-septième siècle ne prodigue point,
» comme celui du siècle suivant, de grossiè-
» res et lâches injures à son adversaire. L'op-
» position de Port-Royal, prise dans une opi-
» nion religieuse, est élevée, courageuse et
» pure ; elle succombe avec résignation et
» noblesse : l'opposition encyclopédique n'est
» qu'un intérêt et un système, elle est vaine,
» insolente, avide et persécutrice ; son triom-
» phe est la destruction de la civilisation et
» de la patrie. . . . .

» Le cardinal de Retz cédoit aux prières de
» l'amitié, lorsqu'il écrivoit avec vérité et

---

[1] Diogène avoit demandé un statue aux Athéniens.
(Note de l'auteur.)

» aux dépens de sa réputation, ses éton-
» nans mémoires ; mais il n'adressoit point
» à Dieu et aux hommes d'orgueilleuses *Con-*
» *fessions*. . . . .
» . . . .

» Un caractère particulier à la royauté mo-
» derne, c'est qu'elle est une abstraction,
» comme l'honneur et la gloire. Le monar-
» que immortel, n'est plus un individu,
» mais un principe, et le plus vulgaire in-
» spire le même respect et les mêmes sacri-
» fices que le grand homme. Assurément lors-
» que Achille de Harlay disoit : Mon âme est
» à Dieu, mon cœur est à mon roi, et mon
» corps entre les mains des méchans ; ce n'é-
» toit point l'amour pour Henri III qui de-
» voit l'animer, mais la religion de la royauté.
» . . . .

» La royauté, sous Louis XIV, est vraiment
» absolue par le respect dont elle frappe
» toutes les âmes. Choisy raconte que le duc
» de Bourgogne lui demanda, lorsqu'il tra-
» vailloit à l'histoire de Charles VI, comment
» il s'y prendroit pour dire que ce prince étoit
» fou ; cette question du petit-fils de Louis XIV,

» au sujet d'un roi mort, il y avoit plus de
» deux cents ans, montre tout ce qu'étoit la
» royauté à cette époque. . . . .
» . . . .

» La royauté, par droit de naissance, n'est
» point anarchique comme la royauté élec-
» tive, et, chose singulière, elle compte même
» plus de grands hommes. Le trône de Polo-
» gne fut moins illustré que la plupart des
» trônes héréditaires. . . . .
» . . . .

» La liberté a toujours paru aux hommes
» de bon sens de tous les temps, aussi utile
» aux princes qu'aux sujets. Dans l'état de
» civilisation actuel, cette haute liberté ne se
» compose que de trois ou quatre droits, de
» la liberté individuelle, de la presse, et de
» l'égalité d'impôt. Le reste n'est plus que
» vains systèmes, superfluités sociales, alchi-
» mie politique, indignes des méditations d'un
» esprit sage. . . . .
» . . . .

» La liberté chez les peuples long-temps
» travaillés par les révolutions, ou corrom-
» pus par des sophistes, n'est possible et du-

» rable que lorsqu'elle est donnée par la jus-
» tice et la grandeur : la liberté est un rayon
» du soleil, a dit un homme illustre[1], il doit
» venir d'en haut. »

C'est à regret que je termine ces citations ; on peut dire, avec une parfaite vérité, que jamais une immense lecture, une vaste érudition, n'ont été mises en usage, avec plus d'utilité et d'agrément; l'auteur a le talent d'employer toujours son étonnante mémoire d'une manière ingénieuse, qui lui fournit l'occasion de tirer des résultats piquans et moraux, des faits historiques et littéraires ; ces réflexions sont des pensées nouvelles qui lui appartiennent, et qui répandent l'intérêt le plus attachant sur la lecture de cet ouvrage, si digne d'être goûté du public et d'obtenir l'approbation des bons esprits et de toutes les belles âmes.

Combien l'auteur a raison de se plaindre des tristes *réalités* d'ici-bas! Hélas! il n'en est point qui puisse nous satisfaire pleinement ; nous nous blasons toujours sur toutes les jouissances de la vie, les richesses, les

---

[1] M. de Fontanes.

(Note de l'auteur.)

honneurs, les louanges; nous possédons la santé sans même savoir apprécier ce bien si réel : nos joies sont toujours trompeuses et fugitives, nous ne connoissons la constance que dans la douleur. L'amitié, l'amour, la fortune, ne nous assureront jamais sur la terre une félicité durable ou du moins également sentie pendant un certain nombre d'années ; l'exaltation de la piété peut seulement donner l'idée d'un bonheur solide et suprême, et cela doit être, puisque, suivant l'expression de l'Écriture sainte, nous ne sommes sur la terre que des voyageurs.

Je me suis promenée aujourd'hui toute seule très-long-temps dans le joli petit jardin de cette maison. Je me suis livrée à de longues rêveries; j'ai passé plus d'une heure dans un bosquet dont le petit mur, à hauteur d'appui, donne sur la rue de Saint-Pierre. Je regardois une grande et belle maison que j'avois en face, de l'autre côté de la rue. Je plongeois dans sa cour et dans son jardin; ma surprise fut extrême en ne découvrant dans cette enceinte, ou placées aux fenêtres, que des personnes horriblement bossues et ne marchant qu'avec des béquilles ; je croyois pénétrer dans l'intérieur d'un palais tristement enchanté par une fée malfaisante; enfin, j'ai appris que c'est dans ce lieu que s'exerce avec un très-grand succès l'*Orthopédie*, ou *l'Art de guérir les difformités naturelles.*

J'ignorois l'existence de cet établissement, dont j'avois pourtant l'idée, puisque j'ai fait promettre, il y a plusieurs années, au bienfaisant duc de Gloccester, de former à Londres un hôpital de ce genre, mais gratuit, pour les pauvres petits enfans. On paye dans celui de la rue Saint-Pierre; mais c'est toujours un très-grand bien que cet art soit connu et exercé; il me reste toujours à désirer qu'il soit employé dans ma patrie au soulagement des infortunés.

Dans mes rêveries de cette même matinée, je me suis demandé pourquoi plusieurs animaux, et même des plus féroces, sont néanmoins susceptibles d'une vive reconnoissance, *et je me suis répondu* que Dieu l'a voulu ainsi, afin que, dans la race humaine, les ingrats, au-dessous des brutes, fussent couverts de honte, d'opprobre et d'infamie.

J'ai lu, dans les papiers, que l'on vient encore nouvellement de découvrir quelques petites îles dont on a rapporté diverses productions; mais il paroît que les plus utiles et les meilleures sont connues depuis assez long-temps; on ne découvre plus maintenant que des plantes sans propriété supérieure, des animaux insignifians, etc., etc.; raison de plus de croire, selon moi, que le plus grand et le dernier des événemens, la fin du monde, n'est pas fort éloigné.

J'ai passé mes soirées de toute cette semaine avec des personnes que j'aime infiniment, et qui m'ont fait veiller un peu sans que j'aie pu m'en plaindre. D'abord, le marquis de Lawoëstine et sa charmante fille d'un second mariage, Léocadie, chanoinesse du chapitre noble de Sainte-Anne, en Bavière; cette jeune personne est bien intéressante par la perfection de sa conduite, de son caractère, par son instruction et l'élévation de ses sentimens. Son père et moi, nous nous sommes rappelé avec délices nos beaux jours de Bellechasse, de Saint-Leu, et de Lamothe. Dans ce dernier voyage, je lui dis un jour que je désirois qu'il prît du goût pour l'histoire naturelle, et que j'étois étonnée qu'étant aussi adroit et aussi industrieux, il n'eût pas appris, avant de partir de Paris, à empailler des oiseaux, parce qu'il y en avoit de charmans aux environs du château de Lamothe. M. de Lavoëstine, sans me rien répondre, partit le lendemain matin à la pointe du jour; se rendit en poste à Paris; il passa quarante-huit heures pour y apprendre à empailler des oiseaux, talent que lui donna M. Mauduit, le plus fameux empailleur de ce temps; après cet exploit, M. de Lavoëstine revint triomphant à Lamothe, où il empailla avec perfection tous les plus beaux oiseaux de cette contrée. Il me demanda une devise et je lui donnai celle-ci : pour *corps*, un phaéton tout attelé; et pour *âme* ces mots : *Prêt à partir pour être utile*. En effet, on n'a jamais porté plus loin l'obligeance aimable et constante d'un excellent cœur.

M. de Lavoëstine m'a priée de rectifier, dans mes Mémoires, une petite erreur qui s'y trouve à son sujet : ce n'est pas de la princesse de Guistelle, sa cousine, que M. le marquis de Lavoëstine hérita de la grandesse d'Espagne de première classe; elle étoit héréditaire dans sa propre famille : son père et son grand-père avoient été grands d'Espagne[1].

---

[1] La famille de Melun possédoit des biens immenses; le dernier prince de Melun étant mort sans enfans mâles, ses biens furent partagés entre le prince de Soubise et

Le jeune comte Alexis de Saint-Priest. Nous avons beaucoup parlé de la Russie, de son magnanime empereur, des deux impératrices si dignes d'être admirées par leur bonté, leur bienfaisance, leur goût éclairé pour les arts, la littérature, et les qualités éminentes qui les caractérisent. Le comte de Saint-Priest épousa, en Russie, une princesse Gallitzin, qui joignoit à une grande fortune la plus illustre naissance. Le comte de Saint-Priest s'est toujours conduit, en Russie, de manière à mériter l'estime publique, celle de ses compatriotes et la bienveillance d'une cour aussi remarquable par sa généreuse politique et ses lumières, que par sa prépondérance en Europe. Le comte de Saint-Priest doit se glorifier d'avoir été le principal instituteur d'un élève aussi solidement brillant que le jeune comte Alexis, son fils, et il possède assurément le mérite supérieur qui devoit, avec un tel disci-

le marquis de Lawoëstine de Becelaer, bisaïeul du marquis Charles de Lawoëstine de Becelaer, mon gendre, qui avoient tous deux épousé des filles de cette maison. Le général comte de Valence, pair de France, mon autre gendre, étoit par les femmes le dernier rejeton de l'illustre maison de Foix.

(Note de l'auteur.)

ple, obtenir un succès si désirable. J'ai demandé des nouvelles de la tragédie dont j'ai entendu avec tant de plaisir la lecture à Mantes. Cette belle pièce sera jouée dans le cours de cet hiver; l'auteur, comme je l'ai déjà dit, n'a point voulu solliciter *un tour de faveur* qu'il auroit obtenu sans nulle difficulté; s'il eût eu moins de délicatesse, il n'auroit pas attendu deux ans; et, à son âge, débuter deux ans plus tôt dans cette grande carrière dramatique eût ajouté beaucoup plus d'éclat à un premier succès; se rappeler une semblable modération vaut mille fois mieux qu'un triomphe *complet* de l'amour-propre. Une conduite si noblement équitable est si rare, surtout dans la première jeunesse! cependant c'est l'amour-propre sacrifié à la justice, à la raison, qui produira toujours les plus pures jouissances et les plus doux souvenirs.

J'ai reçu la visite très-inattendue, mais qui m'a charmée, de M. Henri de Bonald; je ne le connoissois que par ses talens; et sa conversation, remplie de douceur et de vivacité, ajoute infiniment à l'intérêt qu'inspirent son beau nom, son mérite personnel, et la réputation qui, à tous égards, honore si bien l'éducation qu'il a reçue. Qui pourroit ne pas admirer dans cette respectable famille la réunion et la parfaite et constante harmonie de sentimens, de goût pour l'étude et le bien public, de pureté de principes et de conduite?

J'ai passé deux soirées entières avec ma nièce Georgette Ducrest; les années ne la vieillissent point, elles ont formé sa raison et son esprit, sans rien changer à son charmant visage; elle mène à Meung, avec son aimable et bonne mère, le genre de vie le plus doux et le plus édifiant; elles y rassemblent chez elles une petite école de pauvres jeunes filles, auxquelles elles apprennent à lire, écrire, compter et à travailler. Ma belle-sœur et ma nièce ont l'une et l'autre une adresse de fée, qu'elles joignent à des talens très-brillans; elles enseignent à leurs élèves une quantité de jolis ouvrages, dont elles ont inventé la plus grande partie. Georgette, qui tient de sa mère une voix ravissante, une excellente méthode de chant, a de plus le talent du dessin et de la peinture à l'aquarelle; j'ai vu d'elle, dans ce genre, plusieurs petits tableaux qui ne laissent rien à désirer. Nos entretiens tête à tête finissent toujours tristement, car nous reparlons toujours de mon frère que nous regrettons l'une et l'autre avec une égale amertume. Georgette m'a reproché de n'avoir pas assez insisté, dans mes Mémoires, sur le beau sacrifice que fit mon frère à la cause royale, lorsque voyant le malheureux prince auquel il étoit attaché, suivre de pernicieux conseils et s'engager dans une mauvaise route, il donna sa démission de chancelier de la maison d'Orléans, et même avant qu'on eût commis des crimes, il quitta la France et passa en Angleterre. Je ne suis point entrée dans ces détails, parce qu'ils sont très-connus, et qu'à de certains égards il m'eût été pénible de les retracer.

Georgette a une fille (la petite Coraly), qui, je l'espère, fera son bonheur. Cette enfant annonce toutes les douces et modestes vertus qui font la gloire des femmes, et elle a un goût constant pour les études sérieuses, qu'on trouve bien rarement dans les enfans de son âge.

Le jeune duc de Noailles vient me voir quelquefois ; il a fait dernièrement avec sa jeune et charmante compagne (madame la duchesse de Noailles) un petit voyage en Angleterre; il a peu vu, mais bien vu, et c'est toujours beaucoup. Il m'a fait part à ce sujet d'une réflexion qui m'a beaucoup frappée, parce qu'elle me paroît être d'une extrême justesse. Il trouve que le peuple anglois a les plus grands rapports avec l'ancien peuple romain, durant la république; en effet, ces deux peuples offrent à un degré presque égal le patriotisme, l'orgueil national, le dédain des nations étrangères, l'amour de la liberté, l'attachement à ses lois, à ses usages, le goût du commerce et de l'industrie, et une sorte d'insouciance pour les beaux-arts. C'est la Grèce et non l'Italie qui produisit les plus grands artistes de l'antiquité; et de même, l'Angleterre compte peu d'architectes, de peintres, de sculpteurs, de musiciens nés dans les îles britanniques. On pourroit pousser ce parallèle plus loin; mais on n'y comprendra jamais les sciences et la littérature, car les Anglois y ont excellé dans tous les genres, puisqu'ils peuvent citer Newton, Boyle, Herschell, etc., etc.; Shakspeare, Milton, Addisson, Pope, Savage, Fielding, Richardson, Goldsmith; dans le genre comique, Farquhar, Shéridan, etc., etc., etc.

Mon ancienne amie angloise, madame Chinery, est venue me faire deux visites; j'ai retrouvé en elle les mêmes agrémens et la même amitié; j'ai dit, dans ces Mémoires, qu'elle avoit perdu un petit manuscrit de moi, qui lui avoit été confié; je l'ai cru sur un malentendu qui n'est la faute de personne, et qui fut causé par plusieurs lettres perdues. Madame Chinery a eu le malheur affreux de perdre une fille charmante à tous égards, et un autre enfant qui n'avoit point encore atteint l'adolescence; elle trouve ses consolations dans un mari digne d'elle et dans les vertus d'un fils qui lui reste. Elle a éprouvé d'ailleurs de grands désastres de fortune; mais que sont de semblables revers auprès des peines du cœur? Aussi les supporte-t-elle avec autant de courage que de résignation. J'admire en elle combien la force d'âme ajoute d'intérêt au malheur.

Depuis que j'habite cette maison, j'ai revu plusieurs fois madame Récamier et toujours avec le même plaisir; on ne se blase point sur le charme du naturel et de la sensibilité. Dans ses conversations les plus intimes, elle parle bien rarement d'elle, car les intérêts de sa vie n'ont jamais été que relatifs. Elle a depuis long-temps des amis justement dévoués qui ont été ou qui sont encore dans de grandes places; elle n'a point profité pour elle de son influence sur eux; elle ne s'est jamais servie de l'espèce de crédit que donne l'amitié, que pour proposer des actions bienfaisantes, ou pour être utile à beaucoup de personnes qui avoient recours à elle. On peut dire qu'il n'existe point de femme qui, sans cabales et sans intrigues, ait rendu plus de services; il n'en est point non plus qui, après la perte d'une grande fortune, ait conservé plus de dignité dans le malheur. Depuis ce bouleversement d'existence, elle a pris le parti si noble de ne plus aller dans le grand monde et de se retirer dans un couvent, ne cultivant plus que la société peu nombreuse et choisie qu'elle y rassemble. Dans ce cercle, depuis long-temps toujours le même, parce que le seul bon goût pourroit y fixer, on trouve, entre autres, M. le duc Mathieu de Montmorency, dont l'esprit et les talens sont si dignes d'orner et d'illustrer des vertus et une conduite si exemplaire; M. le duc de Doudeauville, qui joint à l'austérité des principes les plus purs, à la sagacité, à la pénétration dans les affaires, le charme et la douceur des manières les plus agréables; M. de Châteaubriand, également célèbre en Europe et cher à ses amis, etc., etc., etc.

Madame Récamier, uniquement occupée de la gloire de ces personnes, n'a jamais congé à les solliciter pour ses propres intérêts. Elle a encore pour amis plusieurs gens de lettres, parmi lesquels on distingue surtout l'estimable auteur du poëme en prose d'*Antigone* (M. de Ballange)[1], et d'un autre ouvrage intitulé, l'*Homme sans nom*, dans lequel M. de Ballange peint avec la plus grande énergie, toute l'horreur des remords d'un crime affreux. Cet *Homme sans nom* est un *Régicide* de l'infortuné Louis XVI, qui par la suite reconnoissant l'énormité de son forfait, se prive volontairement de toute société, et va s'ense-

---

[1] L'auteur d'*Antigone* et de l'*Homme sans nom*, s'appelle Ballanche (Pierre-Simon); il est né à Lyon, en 1776; il a publié dans cette ville, où il étoit imprimeur-libraire, un journal intitulé le *Bulletin de Lyon*. On a encore de M. Ballanche un autre *Traité du sentiment, considéré dans ses rapports avec la littérature et les arts*, imprimé en 1802.

(Note de l'éditeur.)

velir dans un lieu presque désert, qui n'est habité que par quelques pâtres qui, sans la religion chrétienne, ne seroient que des sauvages, car ils n'ont ni commerce ni communication avec les autres hommes. Le *Régicide*, par égard pour sa famille, veut cacher un nom qu'il a déshonoré; mais dans la crainte d'usurper une bienveillance dont il est indigne, et pour expier son crime, autant qu'il est en lui, il veut que du moins on connoisse son horrible égarement; il ne recherche le mystère que pour trouver sûrement une solitude absolue : l'oubli ne lui suffit pas, il veut être fui avec exécration de tous les humains; ce n'est point l'orgueilleuse misanthropie qui l'en sépare, c'est, au contraire, le mépris et l'horreur de lui-même. C'est sous le nom épouvantable de *Régicide*, que dans une chaumière abandonnée il s'établit dans cette contrée sauvage. Un voyageur égaré l'y découvre; le *Régicide* lui conte sa déplorable histoire; le voyageur veut en vain le réconcilier avec lui-même. Après un long entretien, le voyageur, saisi d'étonnement et pénétré de compassion, est forcé de le quitter; quelques années après, le voyageur repassa dans le même lieu;

le *Régicide* n'existoit plus : lorsqu'il sentit sa fin s'approcher, malgré sa longue pénitence, son crime se retraça si vivement à son souvenir, qu'il désespéra d'en obtenir le pardon ; deux prêtres l'exhortèrent avec toute l'éloquence que peuvent inspirer la religion et la charité. Voici une partie de ce beau discours bien digne d'être cité.

« Le respect que vous avez conservé pour
» la mémoire du roi vous impose le devoir
» d'acquiescer au pardon, comme jadis ses
» ordres vous auroient imposé le devoir de
» mourir pour lui. Toujours la loi du devoir
» est inflexible ; elle ne se plie ni à nos goûts
» ni à nos répugnances. La remise de votre
» crime vous est assurée, à la seule condition
» d'accepter ce que nous oserions appeler
» votre seconde innocence. Votre victime, qui
» fut votre roi, commande du séjour éternel
» pour les choses où le pouvoir lui fut donné
» pendant sa vie, comme les volontés d'un
» père qui n'est plus enchaînent toujours ses
» enfans. . . . .

» Le pardon et l'oubli non-seulement sont
» pour vous descendus du ciel, mais ils ont

» d'augustes interprètes sur la terre; le frère
» du roi-martyr semble être monté exprès sur
» son trône pour vous rassurer. Il étend sur
» vous sa royale inviolabilité. . . . .

» Dieu nous a envoyés vers le pauvre lé-
» preux pour achever de le guérir, pour
» lui dire qu'il peut maintenant aller sans
» crainte au milieu de la foule des peuples;
» qu'il a été racheté comme les autres hommes;
» que son âme immortelle peut s'ouvrir, dès
» à présent, aux espérances de ceux qui ont
» bien vécu. »

Le *Régicide*, ranimé et fortifié par ces belles paroles, implora du fond de l'âme la divine miséricorde et mourut saintement. L'auteur de cet ouvrage original n'a jamais employé d'intrigues pour se faire louer. Voilà pourquoi, malgré son talent supérieur, il n'est pas aussi célèbre qu'il mériteroit de l'être.

C'est madame Récamier qui m'a prêté l'*Homme sans nom*, et malgré la magnifique reliure de cuir de Russie, dont l'odeur si forte me porte si violemment à la tête, j'ai lu ce volume tout entier dans le cours de la journée. L'éloge si bien fondé que madame Récamier fait de cet ouvrage suffiroit seul pour inspirer le désir de le connoître. Cette personne, toujours charmante, l'est surtout quand elle parle de ses amis; elle prend surtout un charme piquant par l'espèce de surprise qu'elle cause, car elle sort de son calme habituel pour prendre subitement toute la vivacité qui peut s'allier avec la douceur, et c'est ce qu'elle est toujours, lorsqu'il s'agit de défendre, de justifier ou de louer ses amis. Pour que rien ne manque à la satisfaction que j'éprouve, en revoyant madame Récamier après une absence de dix-huit mois, je la retrouve sachant par cœur les plus beaux vers du *Dante* et de *la Jérusalem délivrée*, et voilà des choses auxquelles la décrépitude même ne peut me rendre insensible.

Je n'ai appris que ces jours passés la mort de madame de Krudener, une personne extraordinaire et intéressante, deux choses qui, réunies, ne seront jamais communes, surtout dans une femme. Je la connoissois quand j'étois aux Carmélites, rue de Vaugirard; elle m'écrivit pour me demander à me voir; j'y consentis avec plaisir; j'avois lu d'elle un très-joli petit roman intitulé *Valérie*, qui n'annonçoit nullement l'exaltation de sentimens que j'entendois attribuer à l'auteur. Je fus curieuse de connoître une personne qui allioit des écarts d'imagination à beaucoup de naturel et de simplicité; et ce fut en effet ce que je trouvai en elle. Elle disoit les choses les plus singulières avec un calme qui les rendoit persuasives; elle étoit certainement de très-bonne foi; elle me parut être aimable, spirituelle et d'une originalité très-piquante; elle revint plusieurs fois me voir, me témoigna beaucoup de bonté et m'inspira un véritable intérêt; elle avoit de la sensibilité, de la douceur, d'excellentes intentions; elle étoit jeune encore; sa mort me fait beaucoup de peine '.

' La baronne Krudener (Valérie), née en 1765, étoit fille du comte de Wittenkoff, gouverneur de Riga, et petite-fille du célèbre maréchal Munich. Voici le portrait qu'a tracé de cette femme célèbre un de ses biographes. « Une physionomie ravissante; un esprit facile et léger; des traits mobiles qui expriment toujours le sentiment et la pensée; une taille moyenne et parfaite; des yeux bleus, toujours sereins, toujours vifs, dont le regard pénétrant sembloit vouloir traverser le passé ou l'avenir; des cheveux cendrés, retombant en boucles sur ses épaules; quelque chose de neuf, de singulier,

A une époque où sans cesse les tribunaux retentissent du récit affreux des crimes les plus monstrueux et des scandales les plus révoltans, on aime surtout à recueillir de ce même temps tous les détails des actions bienfaisantes et tous les traits héroïques; j'en ai cité beaucoup dans mes Mémoires, et je ne dois pas oublier l'infortunée ville de Salins¹.

d'imprévu dans ses gestes et ses mouvemens : telle étoit la baronne de Krudener, ambassadrice à Berlin en 1788. »

Le roman de *Valérie*, dont parle madame de Genlis, est fondé sur un fait véritable. Le héros de ce roman étoit secrétaire d'ambassade et attaché au baron de Krudener, ministre de Russie à Venise. Ce jeune homme devint amoureux de madame de Krudener, et ne pouvant se dissimuler les longs chagrins dont le menaçoit cette passion sans espoir, il se donna la mort. Cet évènement tragique est raconté de la manière la plus touchante par l'auteur du roman de *Valérie*. Madame Krudener suivit à Paris l'empereur Alexandre : la Sainte-Alliance est, selon beaucoup de personnes, l'œuvre de madame de Krudener.

(Note de l'éditeur.)

¹ Ville considérable de France, remarquable par ses belles salines qui fournissent du sel à toute la province et à presque toute la Suisse. Elle est à huit lieues de Besançon et à cent de Paris.

(Note de l'auteur)

Lorsqu'en 1799 la ville de Saint-Claude (Jura) fut réduite en cendres, les habitans de Salins s'empressèrent de voler au secours de leurs malheureux compatriotes; aujourd'hui ceux de Saint-Claude se sont hâtés à l'envi d'acquitter la double dette de la reconnoissance et de l'humanité; ils ont envoyé à Salins du pain, des vêtemens, dès la première nouvelle de ce désastreux événement. M. le maire, aidé des membres du conseil municipal, s'est présenté partout avec l'empressement le plus louable, et ce zèle charitable s'est manifesté dans toute l'étendue de la France. On a ouvert des souscriptions, les riches, les pauvres, les vieillards, les jeunes gens, les enfans même ont souscrit avec une égale promptitude; on a vu de jeunes écoliers à peine sortis de l'enfance sacrifier avec joie aux incendiés tous leurs menus plaisirs. Un élève d'un des colléges de Paris, à peine âgé de quinze ans, et distingué par son application et ses succès, économisoit depuis très-long-temps sur l'argent destiné à ses menus plaisirs, afin de se procurer un fusil et un chien bien dressé, pour l'époque des vacances. Ce vertueux enfant, en apprenant les malheurs de la ville de Salins, va mystérieusement prier celui de ses maîtres qu'il a fait dépositaire de sa petite bourse, d'aller sur-le-champ porter la somme entière à l'un des bureaux de souscription, pour les incendiés de Salins, à la réserve de vingt francs qu'il veut donner à sa nourrice convalescente d'une longue maladie.

Un notaire, pour sauver un dépôt de quinze mille francs qui lui étoit confié, a laissé dans les flammes une somme assez considérable qui lui appartenoit

Dans toutes les maisons d'éducation, les jeunes gens et les jeunes demoiselles ont formé à l'envi des collectes dont l'ensemble du produit a été très-considérable.

Les élèves de l'École polytechnique, de droit, de médecine, ont montré le même empressement et la même charité.

Le gouvernement a d'abord envoyé cent mille francs, et le roi a souscrit particulièrement pour vingt-cinq mille francs; les curés des différentes paroisses de Lyon ont fait une quête qui a produit six mille francs, et mul-

---

¹ M. Eugène Pradel a fait une heureuse improvisation en vers sur un trait semblable d'un autre notaire.
(Note de l'auteur.)

-titude d'autres curés de différentes provinces ont donné des preuves efficaces de la même charité; M. Lafitte a souscrit pour dix mille francs. Il s'est établi une généreuse émulation dans toutes les classes et parmi toutes les professions; enfin, partout le zèle est égal et la bienfaisance infinie.

Ce terrible incendie ne peut être attribué qu'à une lessive faite dans une cheminée lézardée. Dans cette grande catastrophe, trèspeu de monde a péri; presque tous les habitans ont négligé de sauver leurs propriétés pour se livrer entièrement aux soins d'arracher aux flammes leurs malades, les vieillards et les enfans.

Qu'à ce touchant tableau on joigne tant d'établissemens de bienfaisance et dans tous les genres, formés depuis la restauration, en grande partie par des ecclésiastiques et par de grandes dames de la cour, et toutes ces boutiques pour les pauvres, si protégés par les princesses (qui daignent même les enrichir de leurs ouvrages), boutiques auxquelles les femmes les plus distinguées de la société consacrent leurs talens, leur adresse, de petits ouvrages de tous genres, dont l'emploi charitable satietifie la frivolité, et l'on verra combien la religion est utile et touchante, puisque c'est à elle surtout qu'on doit tant de bienfaits.

A propos de belles actions et de beaux caractères, je veux faire mention ici d'un trait bien touchant qu'on m'a conté ces jours passés. Il existe une vieille fermière près de Paris, qui a une petite-fille orpheline, âgée de 16 ans, dont elle prend soin et qu'elle aime passionnément ; mais comme, dans cet état, la brutalité et la violence s'allient très-communément à la sensibilité, le sentiment de la vieille femme pour sa petite-fille ne l'empêche pas de la battre très-souvent avec beaucoup de rudesse, ce que la petite-fille supporte constamment avec une douceur inaltérable et sans jamais se permettre une seule plainte. Un jour que la vieille femme, cédant comme de coutume à son emportement, battoit à coups redoublés la jeune paysanne, tout à coup cette dernière se mit à pleurer avec amertume ; sa grand'mère s'arrêta en s'écriant : Tiens ! v'là du nouveau, tu ne pleures jamais quand je te bats, et pourquoi donc aujourd'hui ?.... Hélas ! répondit son angélique enfant, c'est que vous ne me faites pas du tout de mal, ce qui me fait voir que vos forces s'affoiblissent!.... Nous espérons qu'une telle réponse a désarmé pour jamais l'irascible grand'mère. J'ai lu aussi avec un bien sensible intérêt toute l'héroïque histoire du noble et courageux Véry, qui a reçu promptement, par la touchante bienfaisance de S. A. R. Mgr. le duc de Bourbon, la digne récompense de son admirable fidélité. Je ne parlerai point du trait sublime de la femme Rispall, parce que j'ai fait de ce trait une petite nouvelle dont je compte orner la nouvelle édition des *Veillées de la chaumière*.

Malgré mon goût pour Mantes, malgré la paix, la bonne santé dont j'ai joui dans cette jolie ville, et le bonheur que j'ai goûté au sein d'une famille si vertueuse et qui m'est si chère, je resterai à Paris, ce qui n'est nullement de ma part une inconséquence, car j'ai toujours eu le ferme dessein de m'établir dans un couvent et d'y finir mes jours; je n'allai à Mantes l'année dernière que parce qu'il me fut impossible de trouver un logement dans un cloître à l'extérieur, ou avec un parloir à moi; il n'y en avoit point de vacant. Après avoir passé dans la rue Neuve-Saint-Roch cinq mois avec Casimir, je ne voulus pas abuser de son affection pour moi en le séparant plus long-temps de sa famille; perdant l'espérance de m'établir dans un couvent, j'acceptai la proposition que me fit Casimir, avec sa tendresse accoutumée, de partir avec lui pour Mantes, et forcée de revenir ici pour assez long-temps, afin de présider à l'impression de mes Mémoires, chose que, par beaucoup de malentendus et un voyage forcé de M. Ladvocat, je n'ai pu faire jusqu'ici que très-imparfaitement. J'ai vu beaucoup de logemens dans les monastères, et celui des dames de Saint-Michel me convenant mieux que tout autre, je viens de l'arrêter. J'irai m'y établir dans trois semaines, c'est-à-dire, au 1er. octobre de cette année 1825.

Ma fille, et ma petite-fille, madame de Celles, sont à Paris depuis peu de jours; elles se disposent à partir pour l'Italie; elles m'ont demandé l'une et l'autre quelques renseignemens sur ce beau pays et sur les livres qu'elles doivent emporter. J'ai recherché dans ma tête tout ce que j'ai pensé qui pouvoit leur être utile, et j'en formerai une petite liste que je leur donnerai; j'y joindrai le détail des petites provisions de bouche que je crois nécessaires dans cette longue traversée où souvent on ne trouve, en voyageant, que du mauvais jambon et d'autres viandes salées. Madame de Celles emmène les deux charmantes filles qui lui restent..... Elle est venue chez moi aujourd'hui; je l'ai trouvée bien changée; sa noble physionomie portoit l'empreinte d'une douleur qui m'a pénétrée; ses beaux yeux qui parloient si bien, n'expriment plus qu'une morne tristesse; en se taisant ils semblent s'être voilés, ils n'ont plus d'éclat, ils ne brillent plus: l'âme occupée d'une seule pensée n'y laisse plus que l'image touchante des regrets et de la mélancolie.

M. de Celles, qui sait et parle l'italien avec perfection, ira les rejoindre un mois après leur départ; il est retenu ici pour quelques affaires causées par une riche succession sur laquelle il ne comptoit pas. J'aurois désiré que Rosamonde, le général Gérard et le petit Cyrus eussent été de ce voyage; cette caravane de famille auroit donné tant d'agrément à cette longue course! Le petit Cyrus a tant d'esprit et d'intelligence qu'il en auroit très-bien profité ; c'étoit une jolie manière de le préparer à un second voyage, quand il aura l'âge de le faire avec tout le fruit qu'on en peut retirer ; mais Rosamonde et son mari ne veulent pas confier pour sept à huit mois à une *bonne* leurs deux autres enfans âgés de quatre ou cinq ans ; j'offre de m'en charger pendant tout ce temps, ce qui me seroit très-possible, restant à Paris, dans un logement que j'ai arrêté dans l'extérieur d'un couvent, aux Dames de Saint-Michel, rue Saint-Jacques, avec un beau jardin, près du Luxembourg et dans le meilleur air de Paris. Je pourrois très-bien loger ces enfans et leur bonne, et l'on doit être bien assuré que je les surveillerois avec tout le zèle possible ; je ne me suis jamais chargée d'une chose pour la faire négligemment, et dans ce cas la tendresse maternelle seroit un garant de plus de ma vigilance et de mes soins.

Mon ami, le docteur Alibert, m'a envoyé son dernier ouvrage qui a pour titre : *Physiologie des passions*; il a beaucoup de succès et le mérite par les belles pensées qu'il contient, la manière dont il est écrit, et l'originalité avec laquelle ce sujet est traité ; comme tout le monde le lira, je n'en citerai ici qu'un petit nombre de passages :

« Dans le travail de la pensée, toutes les
» facultés de l'esprit s'entr'aident réciproque-
» ment; elles se vivifient par leur réunion; elles
» ne sont rien si on les isole. Que feroit la
» mémoire sans l'office de la réflexion, et que
» feroit la réflexion sans l'office de la mémoire?
» C'est ainsi que dans le corps humain les
» diverses fonctions se prêtent un secours
» mutuel............

» Bossuet a énoncé une profonde maxime
» en insistant sur la nécessité de rallier la
» physiologie humaine à la morale. Il pensoit
» que l'union de ces deux sciences étoit la
» véritable philosophie [1] : la morale, en effet,
» ne prospère, ne s'étend, ne s'inspire que
» par le sentiment. Il faut la faire aimer pour
» la faire comprendre.............

» La philosophie ne doit donner à l'âme
» que des dispositions graves et sérieuses;
» elle doit tendre à la pureté pour mériter la
» vénération des mortels [2].

---

[1] *Traité de la connoissance de Dieu et de soi-même.*

[2] C'est pourquoi ce que l'on appelle la *philosophie ma-*

» Les plus hautes doctrines de la philoso-
» phie ont été avilies par des hypothèses men-
» songères; on a voulu tout soumettre à des
» applications mécaniques; on a constamment
» méconnu le foyer unique d'où partent toutes
» les émanations de l'âme sensible; on a ignoré
» la source de ces facultés divines dont l'ac-
» tion harmonieuse excite tant notre surprise.
»

» Le phénomène de la peur, considéré dans
» le monde moral, conduiroit aux développe-
» mens les plus étendus. Je pourrois la pein-
» dre quand elle met à nu l'égoïsme de la na-
» ture humaine, quand elle imprime à l'âme
» des mouvemens faux et serviles qui la dé-
» gradent, quand elle pétrifie le cœur de l'es-
» clave, quand elle étouffe les cris de toutes
» les consciences, etc.; mais la plume se re-
» fuse à de pareils tableaux.........
»

» La peur, aussi-bien que le courage, a
» donc son utilité dans les institutions de la

derne n'est point de la *philosophie*, puisqu'elle n'offre
en rien l'idée de l'*amour de la sagesse*

(Note de l'auteur.)

» Providence. On triomphe du malheur par
» le courage, on s'en préserve souvent par
» la peur...

» L'émulation dérive de cet attribut natif du
» système nerveux qui le rend apte à s'appro-
» prier tout ce qui tend à améliorer la condi-
» tion humaine; c'est la loi imitatrice mise en
» action. Cette passion s'élève et multiplie les
» forces de l'âme; c'est par cette passion que
» l'homme grandit, pour ainsi dire, à l'aspect
» de celui qu'il s'est proposé pour modèle...
» ....»

Le docteur Alibert fait sur l'émulation des observations excellentes qu'il seroit trop long de rapporter ici, mais il achève de prouver victorieusement l'étonnante jouissance de cette espèce de passion, en contant l'anecdote parfaitement authentique de la *Servante Marie*. Voici, sur la honteuse passion de l'envie, un morceau d'une éloquence remarquable :

On peut dire aussi que les rivalités et par conséquent l'orgueil naissent de trop d'émulation, mais que le manque total d'émulation vient de l'abrutissement ou le produit. (Note de l'auteur.)

« Quelle déplorable passion que celle qui
» ne s'allume dans le cœur de l'homme que
» pour contester au génie ses inventions, au
» talent ses travaux, à la vertu ses bienfaits;
» qui cache ou désavoue tous ses subterfuges,
» qui recèle ses plus odieuses manœuvres sous
» le masque imposteur d'une bienveillance si-
» mulée ! Qu'il est à plaindre celui qui remplit
» volontairement ses jours de peines et d'a-
» mertume, qui s'abreuve lui-même aux sour-
» ces impures de l'affreux venin que sa bou-
» che distille, qui se consume lentement au
» feu des rayons qu'il veut éteindre ! . . . .
» . . . .

» C'est une idée singulière de l'homme de
» vouloir perpétuer son nom par un marbre,
» par une pierre, par un livre, par une mé-
» daille, par une inscription, comme si toutes
» ces choses n'étoient pas la proie du temps,
» comme si les siècles ne se dévoroient point
» entre eux. Vous célébrez votre gloire par une
» chanson, mais la langue qui vous chante
» sera un jour une langue morte : toutes les
» traditions se perdent; nous vivons dans un
» monde où rien ne demeure. Peuples insen-
» sés, égorgez-vous maintenant, pour illustrer

» un fameux capitaine ! . . . .
» . . . .

» Dans le beau climat de la Grèce, lors-
» qu'autrefois un infortuné se trouvoit en proie
» à cette passion dévorante, les prêtres d'Es-
» culape lui prescrivoient d'aller visiter les rui-
» nes du mont Ossa ; son ardeur se calmait
» en contemplant les gouffres épouvantables
» où furent précipités les Titans. Il écoutoit
» le vain bruit des vagues du Pénée, qui s'é-
» lancent avec fracas dans les airs et viennent
» mourir au pied des rochers. Il ne tardoit pas
» à se convaincre qu'il faut remplir avec calme
» sa destinée, et que les jouissances inquiètes
» de la gloire sont loin de valoir le pur bon-
» heur que goûte le sage dans une paisible
» obscurité. . . . .
» . . . .

» On peut s'avancer par la raison, mais on
» s'élève par l'enthousiasme [1]. . . . .
» . . . .

» Les poëtes ont comparé l'enthousiasme à
» une flamme qui tend à remonter vers le

[1] Quand il est bien placé. (Note de l'auteur.)

» ciel d'où elle est émanée, qui s'élance et
» s'agrandit sans cesse dans le vague de l'infini.
» . . . .

» Qu'elle est noble et belle cette disposition
» de notre être, qui donne à l'âme plus d'in-
» telligence pour comprendre, plus d'élo-
» quence pour émouvoir, plus de tendresse
» pour aimer ! L'esprit saint descendu sur les
» apôtres est le symbole de cette faculté su-
» prême que les hommes appliquent à tous les
» genres de méditation et de pensée. . . . . .
» . . . .

» Parmi les phénomènes physiologiques qui
» prennent leur source dans l'enthousiasme,
» aucun, sans doute n'est plus remarquable
» que celui de l'improvisation. Ce talent ma-
» gique, dont on s'étonne, n'est que la fa-
» culté propre à certains hommes, d'exalter à
» volonté leur cerveau, de manière à lui faire
» concevoir et exprimer, plus ou moins rapi-
» dement, un certain nombre d'idées sur un
» sujet indiqué. . . . .
» . . . .

» Les gestes, les regards, le son de la voix,
» les accens, etc., etc., contribuent à faire

» valoir les paroles prononcées par les impro-
» visateurs, et ajoutent singulièrement à l'ef-
» fet qui en résulte. Il est digne d'observation
» qu'ils s'expriment avec plus de facilité dans
» une assemblée nombreuse que dans un petit
» auditoire............................
» ....

» L'auteur dit de la reconnoissance, que si,
» chez l'homme civilisé, elle n'étoit souvent
» altérée, elle seroit la plus douce de nos im-
» pulsions naturelles...................
» ....

» L'homme coupable d'ingratitude doit être
» comparé à l'homme qui refuse d'acquitter
» les dettes qu'il a contractées. Il mérite les
» mêmes peines; il a violé le contrat de rela-
» tion, il a pris le temps et le crédit de son
» bienfaiteur, il en a usé tout à son aise. Ne
» doit-il pas payer ce qu'il a reçu par des sen-
» timens ou par des offices analogues?....
» ....

» Les victimes de l'ingratitude excitent du
» reste un intérêt plus vif que celles qui sont
» en butte à un malheur ordinaire........
» ....

» Quelqu'un a dit avec raison que la justice
» étoit au corps social ce que la médecine étoit
» au corps humain. On a pareillement com-
» paré les crimes aux maladies aiguës et les vi-
» ces à des infirmités chroniques. Dès lors les
» punitions qu'on établit pour mettre obstacle
» aux bouleversemens de l'ordre public, peu-
» vent être comparés à des remèdes plus ou
» moins énergiques, qu'on met en usage selon
» que l'état est plus ou moins corrompu. Les
» lois pénales ne sont par conséquent que des
» moyens curatifs plus ou moins salutairement
» appliqués aux maux innombrables qui ac-
» cablent la société. . . . .
» . . . . »

L'une des anecdotes les plus frappantes de ce livre est celle du *Soldat de Louis XIV*, qui se retira parmi les sauvages de la Guyane françoise. Il devint là, par son activité, sa bonté, son industrie, le bienfaiteur des sauvages, auxquels il apprit l'art de cultiver mieux les plantes, les arbres et les fruits de ces contrées fertiles; les sauvages, tant qu'il leur fut utile, lui témoignèrent un attachement sans borne; mais quand cet Européen, volontairement transplanté dans ce pays agreste, eut atteint la vieillesse, il devint aveugle, et alors tous les sauvages sans exception l'abandonnèrent; deux négresses seulement lui restèrent fidèles, et le soignèrent constamment jusqu'à sa mort. Ce triste dénouement inspire à l'auteur cette réflexion touchante qu'une femme ne doit pas omettre:

« Il n'y a que les femmes qui ne se détachent
» jamais du malheur. La nature a rempli leur
» âme de tant de bienveillance et de pitié,
» qu'elles semblent jetées comme des êtres tu-
» télaires entre l'homme et les vicissitudes du
» sort. . . . .
» . . . . »

L'auteur, en parlant de l'amour de la terre natale qui produit souvent une dangereuse maladie, termine ainsi ce chapitre intéressant:

« Il est digne d'observation que les habitans
» de la campagne y sont en général plus sujets
» que les citadins. Le paysan regrette toujours
» sa bêche et sa charrue. »

Cette observation est bien morale. Les citoyens des villes ne regrettent en général qu'une dissipation et des amusemens frivoles,

les habitans de la campagne regrettent des travaux utiles et tous les biens réels offerts par la nature.

L'auteur a recueilli sur ce sujet une anecdote très-singulière; celle d'une sauvage qui, à l'âge de neuf ans, fut trouvée à Cayenne égarée dans une forêt; une dame se chargea d'elle, et l'emmena dans la partie civilisée de cette île. La jeune sauvage reçut une excellente éducation, fondée sur les lumières du christianisme; elle eut des maîtres, et acquit des talens. Elle conserva un tel souvenir de sa mère et de son pays natal, que rien ne put vaincre sa mélancolie, et à seize ans elle se sauva pour retourner parmi les sauvages. L'auteur, emporté par son imagination et par sa sensibilité, admire cette conduite, qui, je l'avoue, ne me paroît nullement touchante. En effet, cette sauvage, renonçant à la religion, abandonnant sa bienfaitrice, et rendant inutile tout ce qu'on a fait pour elle, ne sauroit me paroître une héroïne intéressante. Je ne puis m'empêcher de croire que la vanité, beaucoup plus que *l'amour de la terre natale*, la décida à quitter une société, où, malgré sa beauté et ses talens, elle ne pouvoit exciter cette espèce d'admiration passionnée qui ne peut naître que d'une grande surprise : elle pensa vraisemblablement qu'elle seroit parmi les sauvages l'objet d'une véritable adoration, et elle sacrifia tout à cette idée. En lui supposant cette persuasion, elle auroit dû se dire que l'approbation des hommes civilisés est plus flatteuse que l'enthousiasme d'un peuple barbare. Enfin, c'est une opinion bien peu réfléchie, que celle qui fait regarder les sauvages comme les hommes *de la nature*. Le Créateur n'a rien fait en vain : puisqu'il a doué l'homme de tant d'admirables facultés, il a voulu qu'il en fît usage, et surtout pour démontrer la différence énorme qui se trouve entre la créature humaine et la brute, qui n'a jamais que l'instinct nécessaire à sa conservation, à sa destination, et commun à toute son espèce; ainsi le sauvage n'est qu'un homme dégénéré. Au reste, malgré cette petite critique, je n'en pense pas moins que la *Physiologie des passions* est un bel ouvrage, qui nous manquoit, et que, pour le faire avec autant de succès, il falloit être à la fois un savant médecin, un bon écrivain, un observateur éclairé et un véritable philanthrope.

J'ai appris avec certitude une anecdote très-curieuse sur Napoléon. Dans le temps où Napoléon faisoit la guerre en Égypte, M. Desgenettes [1], si justement célèbre par son habileté, étoit médecin en chef de nos armées; nous avons dans nos climats une fausse idée de la peste; nous la regardons en général comme une maladie mortelle, et très-souvent elle ne l'est pas; ainsi que la petite vérole, elle est, suivant sa qualité, ou meurtrière ou *bénigne*, et c'est ce que les grands médecins connoissent parfaitement; une peste de cette dernière espèce se déclara près d'Alexandrie;

---

[1] Le docteur Desgenettes, né en 1742, dans la ville d'Alençon, n'est pas moins célèbre par son humanité que par son esprit et sa profonde science. Aux traits que vient de citer madame de Genlis, on doit ajouter la conservation de la maison des Orphelins à Moscou. On vouloit faire de la partie de cette maison, réservée pour l'allaitement des enfans trouvés, une caserne. « Ne faisons pas disparoître les seules traces d'humanité qui restent ici, dit Desgenettes à Napoléon; la postérité qui vous l'attribueroit, croiroit que votre majesté eut le cœur d'Hérode. — D'Hérode? et comment un Hérode peut-il se trouver ici, et à quoi cela peut-il ressembler? — Au massacre des innocens, » répondit Desgenettes.

Ce médecin célèbre, dont la vie fut si utile, si occu-

mais rien ne put calmer la terreur des pesti-
férés, qui regardoient ce mal comme étant
sans ressource ; leurs cruelles inquiétudes
augmentèrent leur fièvre ; un grand nombre
périt subitement victimes de l'imagination.
Alors Napoléon commanda à M. Desgenettes,
de déclarer lui-même, à l'ordre du jour, que
la maladie contagieuse n'étoit point la peste ;
M. Desgenettes déclara qu'il ne feroit point un
tel mensonge. Napoléon insista vivement ; le
médecin résista courageusement à toutes ses
menaces, mais il céda aux prières faites pour le
salut de l'armée ; on déclara donc sans délai,
que la peste n'étoit point dans l'armée, on le
crut, les têtes se calmèrent, et tout ce qui
restoit de malades fut sauvé.

pée, et qui, comme l'a dit l'empereur Alexandre dans l'u-
kase qui rendit la liberté au docteur Desgenettes fait
prisonnier de guerre, a acquis des droits à la reconnoissance de toutes les nations, a trouvé le temps nécessaire,
au milieu des soins continuels qu'il a prodigués à tant de
blessés et de malades, pour composer un assez grand nombre d'ouvrages ; les principaux sont : l'*Analyse du Système absorbant ou des vaisseaux lymphatiques* ; l'*Histoire
Médicale de l'armée d'Orient* ; et les *Éloges des académiciens de Montpellier, pour servir à l'histoire des sciences
dans le dix-huitième siècle*. (Note de l'éditeur)

Dans cette même campagne, Napoléon fit le siége de Saint-Jean-d'Acre ; comme il étoit devant cette ville, des vaisseaux de transports, chargés de munitions qu'il attendoit, furent pris par le brave Sydney-Smith ; alors Napoléon vit qu'il étoit pressant de lever le siége, mais il falloit un prétexte, son génie inventif le trouva bientôt : il fit encore dans cette occasion appeler Desgenettes ; ce dernier fut confondu en recevant un ordre tout contraire à celui qu'on lui avoit donné précédemment ; il s'agissoit de proclamer que la peste venoit de se déclarer à Saint-Jean-d'Acre, et que le général, par amour pour ses troupes, se décidoit à lever le siége. Desgenettes se récria avec force contre cette nouvelle fausseté ; Napoléon voulut prendre un ton impérieux et menaçant ; Desgenettes lui répondit, avec une vertueuse fermeté : Faites-moi fusiller, car vous n'obtiendrez jamais de moi de sacrifier une seconde fois la vérité. . . . . »

Napoléon changea de ton en l'assurant qu'il ne lui demandoit que d'être une seconde fois le sauveur de l'armée. Car, ajouta-t-il, si vous vous obstinez à me refuser, je me dévoue avec l'armée ; je resterai et nous périrons tous.

Desgenettes fut vivement touché; quelques pleurs qu'il répandit furent les gages et les garans de son obéissance : il annonça que la peste étoit dans Saint-Jean-d'Acre. Le siége fut levé et l'armée reconnoissante bénit la touchante prudence de son général.

En nous promenant dans sa belle cour ombragée et dans son joli jardin, le docteur Canuet m'a conté son histoire, dont voici quelques traits qui méritent d'être rapportés. Il apprit l'art de la chirurgie sous le célèbre Dessault; à l'ouverture de la campagne de 1793, il fut choisi pour être chirurgien en chef de l'armée républicaine que l'on envoyoit dans la Vendée; il n'avoit que vingt-deux ans; cette armée fut battue le 6 juin, à Viez, par les royalistes, elle le fut encore le lendemain, à la bataille de Montreuil; deux jours après les républicains perdirent une troisième bataille qui fut très-sanglante, près de Saumur. Le docteur Canuet, occupé à panser les blessés sur le champ de bataille, fut fait prisonnier; on ne trouva sur lui que les papiers qui attestoient sa capacité et sa bonne conduite. Les Vendéens, charmés de n'y trouver aucun espèce de diplôme de jacobinisme, pas même de certificat de civisme, lui proposèrent de prendre parti avec eux, parce qu'ils manquoient de chirurgien. M. Canuet y consentit; dans ce moment, le général Lescure étoit dangereusement blessé, on étoit presque décidé à lui couper un bras; comme on lui porta les papiers qu'on avoit trouvés sur M. Canuet, il voulut le voir, et, frappé de sa vive émotion, il lui dit: *Rassurez-vous, mon ami, je ne vous ai fait demander que pour vous rendre la liberté pleine et entière, vous êtes ici avec des François.* Le docteur examina les blessures de M. de Lescure, il s'opposa fortement à l'amputation et lui sauva le bras et le guérit radicalement. Aussitôt après son rétablissement, M. de Lescure reparut à la tête de sa division. A la déroute de Parthenay, il fut fait prisonnier par trois hussards de la légion républicaine du Nord, commandée par le féroce Westermann; ils le jetèrent à bas de son cheval, mirent son chapeau en pièces, parce qu'il avoit une cocarde blanche, ils lui prirent sa valise et tout ce qu'il avoit sur lui; puis ils lui passèrent le licol de son cheval autour du cou, ils serrèrent tellement la corde qu'il crut que ses yeux alloient sortir de leur orbite; heureusement que ces nœuds faits à la hâte ne tardèrent pas à se relâcher. Westermann étoit plus furieux que de coutume, parce que l'armée presque entière des Vendéens lui étoit échappée par sa faute; il fit garrotter deux à deux, sur deux files, le peu de prisonniers qu'il avoit faits; on mit à leur tête, M. Canuet, parce qu'il avoit l'habit brodé d'or, de chirurgien-major, et pendant leur marche, les soldats républicains chantoient à tue-tête :

> On va leur percer le flanc,
> Rantanplan tire lire
> En plan.
> Ah! que nous allons rire!

On se dirigea sur Saint-Maxent; à une demi-lieue de la ville, le général fait faire halte pour rafraîchir sa troupe, mais on ne donna ni à boire ni à manger aux prisonniers, qui étoient exténués de fatigue, de faim et de soif; quoiqu'une partie de Saint-Maxent fût patriote, personne, lorsqu'on entra dans la ville, ne répondit au refrain sanguinaire des soldats. La férocité républicaine la plus exaltée de ce temps sembloit s'être réfugiée dans les camps, parce que les chefs, alors, enivroient de fureur les soldats, ivresse beaucoup plus terrible que celle de l'eau-de-vie. On entassa les prisonniers dans des greniers; un représentant du peuple vint les interroger, et, touché des réponses du docteur Canuet, il leur fit donner du pain et de l'eau, et en abondance, ce qui fut pour ces infortunés un banquet délicieux; après avoir repris des forces, ils récitèrent tout haut et en commun le chapelet, ensuite ils se livrèrent au sommeil le plus paisible; réveillés à la pointe du jour, leur premier mouvement fut de réciter encore le chapelet, ils ne l'avoient point encore achevé lorsqu'ils furent obligés de se remettre en marche. M. Canuet rencontra de jeunes chirurgiens patriotes avec lesquels il avoit étudié; ces jeunes gens ne craignirent point de se compromettre en le protégeant hautement avec autant de courage que de générosité; ils parvinrent à lui sauver la vie.

Le docteur se livra tout entier à la médecine, à la chirurgie, au service des pauvres; il ne se mêla aucunement de politique; il ne fut dans tous les temps que d'un *seul parti*, celui de l'humanité souffrante; il ne brigua que les places dans lesquelles on peut le mieux la soulager. Il a été successivement administrateur de plusieurs hôpitaux; il l'est encore aujourd'hui des bureaux de charité de son arrondissement, et donne tous les matins des consultations et des drogues gratis à tous les pauvres qui viennent le consulter pendant deux heures qu'il leur consacre; enfin, il est médecin en chef de l'hôpital de Sainte-Périne. Il est impossible d'avoir mieux employé sa vie entière et fait un plus digne usage de ses talens.

J'ai revu, avant-hier au soir, avec une joie bien sincère, un ancien ami, M. le comte de Chastenay, dont je me plaignois à tort; depuis quatre ou cinq ans je n'ai pas entendu parler de lui ni de son aimable et vertueuse famille, mais c'est qu'il a passé tout ce temps dans ses terres, où il a établi des forges considérables. Il m'a conté que madame Victorine de Chastenay, sa fille, qui peut tout concevoir et tout entreprendre avec succès, lui a été de la plus grande utilité dans ces entreprises dont les détails sont si ennuyeux pour une femme; mais elle n'a des femmes que la grâce et la sensibilité; d'ailleurs elle possède en affaires et même dans les choses abstraites, toute la capacité de l'homme le plus actif et le plus intelligent;

elle vient de partir pour aller renouveler *des baux de forge*, ce qui m'inspire pour elle une vénération qui va jusqu'au respect; car, avec la plus grande application, j'aurois toujours été bien incapable de faire rien d'approchant. La nature a donné à madame Victorine de Chastenay tout l'art innocent et toutes les lumières supérieures qui sont nécessaires pour être utile. Durant les jours affreux de la révolution, étant encore dans la première jeunesse et par conséquent sans expérience, elle sut échapper à la mort, à l'emprisonnement; et, pour servir ses parens et un nombre infini d'autres personnes qui lui ont dû la vie, on la voyoit le matin dans les bureaux solliciter pour des infortunés; dans le cours de la journée on la rencontroit dans les rues, courant avec une infatigable activité, afin de rendre d'importans services; vers le soir on la voyoit dans les bibliothéques publiques, employant ses loisirs à s'instruire; elle passoit encore une partie des nuits à lire et à écrire. Voilà une vie bien employée; il est bien à désirer qu'elle écrive *des Mémoires*; personne au monde ne pourroit en laisser de plus intéressans.

M. le comte de Narbonne-Lara vient de mourir; il étoit beau-frère de madame de Choiseul, qui, avec son cœur incomparable, l'a soigné et veillé trois nuits sans consulter ses forces et l'état actuel de sa santé, qui n'est pas très-bon depuis quelques mois; elle a rendu ensuite les plus tendres soins à madame de Narbonne, sa sœur, qui étoit malade d'une manière véritablement inquiétante après la mort de son mari, bien digne en effet d'être regretté de sa famille, de ses amis et de tous ceux qui l'ont connu; aussi est-il mort avec les sentimens religieux les plus touchans : ayant conservé sa connoissance jusqu'au dernier moment, il a demandé lui-même et reçu tous ses sacremens. Madame de Choiseul, qui a toujours été si pieuse, a trouvé une grande consolation, ainsi que sa vertueuse sœur, dans cette mort si édifiante. Les indifférens même n'auroient pu lire sans attendrissement son testament, car on y trouve avec détail toutes les précautions indiquées et inusitées qui peuvent éviter à sa veuve et à ses enfans les désagrémens des scellés, des visites des gens de justice, etc., etc., qui aggravent et renouvellent nos justes douleurs. Depuis ce triste événement j'ai revu madame de Choiseul, et j'ai été pénétrée de son abattement et du changement si subit de son aimable figure. Il y a un ancien vers, digne de passer en proverbe, qui dit :

Qui ne vit que pour soi, n'est pas digne de vivre.

Assurément, madame de Choiseul est bien *digne de vivre*, car elle n'a jamais vécu que pour les objets de son affection, et il y a en elle tant d'obligeance et de bonté, sa seule bienveillance est si active, lorsqu'il s'agit de rendre un service, qu'elle ressemble souvent à l'amitié.

J'ai eu le chagrin véritable de voir quelques fautes d'impression dans la troisième livraison de mes Mémoires, sur des vers inédits que je cite de madame de Choiseul : je prends facilement mon parti sur les fautes de ce genre qui ne tombent que sur moi, mais je ne puis avoir cette indifférence pour des vers charmans qu'on m'a confiés, et que des contresens ont rendus tout-à-fait inintelligibles, quand ces vers sont d'une amie, et d'une amie telle que madame de Choiseul, on doit, dans ce cas, être inconsolable, et c'est ce que je suis [1].

[1] La page 63 du tome VI de mes Mémoires doit être remplacée par celle qui se trouve à la fin de ce huitième volume.

(Note de l'auteur.)

Je dois ajouter que M. Ladvocat étoit absent pour un voyage de santé, quand on me donna ce fâcheux sujet de plainte, et que son premier mouvement à son retour à Paris, fut de faire exécuter des cartons qui réparèrent du moins le mal pour les exemplaires non encore écoulés. Dans toutes les occasions, comme dans celle-ci, je n'ai eu qu'à me louer des excellens procédés de M. Ladvocat qui a bien voulu, malgré ses nombreuses occupations, me servir de secrétaire pendant quatre mois, et qui joint, à toutes les connoissances requises dans son état, le caractère d'un homme d'honneur et les manières d'un homme du monde. M. Ladvocat est du très-petit nombre des libraires qui savent apprécier les gens de lettres à leur valeur, et qui ne se croient pas dispensés de reconnoissance quand ils ont acquitté le montant de leurs billets. Je crois même qu'il a consacré à ceux dont les ouvrages ont fondé sa fortune, un petit monument domestique qui n'honore pas moins ses sentimens que son goût. C'est une pendule magnifique et du meilleur style, dans les ornemens de laquelle il a trouvé le moyen d'inscrire, d'une manière fort ingénieuse, les noms des écrivains qui ont le plus contribué à la réputation de sa librairie. Aussi a-t-il l'avantage de les compter presque tous parmi ses amis, et ce trait suffiroit à son éloge. A l'exception de l'honnête et bon Maradan auquel j'ai rendu la même justice ailleurs, je ne me rappelle pas un libraire dont on puisse en dire autant. Je suis d'autant plus inquiète de madame de Choiseul, qu'elle étoit déjà fatiguée du travail assidu de son beau poëme de *Jeanne d'Arc*; c'est dans ce genre héroïque qu'elle excelle; elle a des tintemens, des bourdonnemens d'oreilles; le sang lui porte à la tête, et rien n'est plus dangereux, dans cette situation, que d'être poursuivie par un vrai talent ou par des inspirations qui troublent le repos et le sommeil; c'est alors qu'en ce sens le génie le plus heureux devient un mauvais *génie*; car il harcelle, il persécute, il tourmente, il enflamme le sang, et peut causer les maux physiques les plus dangereux. J'ai entendu dernièrement plusieurs chants de *Jeanne d'Arc* qui m'ont persuadée plus que jamais, que cet ouvrage aura le succès le plus éclatant; je le désire bien vivement, et par affection pour l'auteur et par *esprit de corps* que je crois avoir à peu près seule parmi les femmes. C'est comme je suis enchantée qu'une dame (madame Maussion) vienne de donner une traduction de Cicéron, qui, par le style, l'exactitude et les notes, surpasse infiniment, en mérite de tout genre, toutes celles qui l'ont précédée : le siècle de Louis XIV, dans lequel a vécu madame Dacier, avoit une fameuse helléniste, et nous avons une *latiniste* aussi savante et plus aimable. Madame de Choiseul me donnera la satisfaction de voir une femme s'élever avec éclat jusqu'à l'épopée, et l'on peut croire que l'auteur capable de faire en vers un excellent poëme épique, le seroit aussi de faire une belle tragédie.

Nous avons encore d'autres muses qui honorent la littérature françoise, mesdames la princesse de Salm, Devannoz, madame Amable Tastu, mademoiselle Delphine Gay dont les débuts sont si brillans, etc., etc. Enfin, si je voulois citer toutes les femmes auteurs qui se sont distinguées en prose, cette nomenclature seroit d'une très-grande étendue ; les dames dont je parlerois ne se fâcheroient pas de voir à leur tête madame la duchesse de Duras, mesdames de Staël, de Rémusat, Campan, d'Hautpoul, Cotin, de Souza, de Brady, Simon Candeille [1], etc., etc.

J'ai reçu les adieux de ma fille et de mes petites-filles, qui partent après-demain pour l'Italie ; je leur ai donné tous les vieux renseignemens que ma mémoire a pu me fournir sur ce long et beau voyage ; mais, comme elles reviendront dans six ou sept mois, elles ne verront pas l'Italie dans toute sa beauté. Je regrette vivement pour elles les fleurs du Mont-Cenis, les guirlandes de pampres de Gênes, de la Lombardie, de Naples, et la délicieuse température de cette contrée enchanteresse. J'avoue que ce départ de ma fille, au moment où je m'établis à Paris, me cause un véritable chagrin ; à mon âge, un adieu, une absence de sept mois, qui sera vraisemblablement de dix mois ou d'une année, avec une distance de cinq cents lieues, sont des choses bien solennelles et bien tristes. Je n'ai rien montré de ces impressions, et cette contrainte les a rendues plus profondes encore. Je suis aussi, malgré tout ce qu'on peut me dire, très-inquiète des brigands ; ma fille et mes petites-filles ne verront ce détail que lors-

---

[1] Aujourd'hui madame Perrier.

qu'elles seront au fond de l'Italie, et qu'elles croiront que leurs lettres auront pu déjà me rassurer ; j'aime à penser que, dans toutes les suppositions, les bénédictions d'une mère, sans craindre l'éloignement et les voleurs, peuvent parvenir à toutes les extrémités du globe, et en portant et conservant tout le bonheur et toute l'efficacité que tous les oracles sacrés leur promettent.

Mon arrière-petit-fils Cyrus, entendant parler sans cesse de la situation des Grecs, s'est tout à coup passionné pour eux, et, sachant qu'il s'est établi un comité pour recueillir et leur envoyer des secours de tout genre, il a déclaré qu'il vouloit leur donner pendant un an tous ses menus plaisirs dont il faisoit déjà un très-bon usage, en les employant depuis long-temps à se former une bibliothèque : ce fut à ses parens qu'il confia son beau dévouement pour les Grecs, et sa grand'mère (madame de Valence) lui dit à ce sujet qu'elle doubleroit ses menus plaisirs. Cyrus, après l'avoir remerciée, ajouta qu'il donneroit de même tout le surplus au comité des Grecs, parce que s'il se réservoit l'augmentation, ce ne seroit plus lui, mais *sa bonne maman* qui donneroit aux Grecs; ainsi, à la grande satisfaction de ses parens, il a été décidé qu'il se passeroit entièrement de menus plaisirs : cet enfant reçoit continuellement, il est vrai, des exemples de ce genre; mais à huit ans il est beau d'en profiter ainsi.

Je vois avec une joie que je ne puis décrire, qu'il y a depuis la restauration, et surtout depuis deux ou trois ans, un élan de générosité presque universel et dans toutes les classes. Sans parler des actions sublimes de l'héroïque Véry, de la femme Rispall [1], de madame Rose Perrier, de mademoiselle du Tremblay, des deux femmes de chambre de feu madame la comtesse Amélie de Boufflers, etc., on pourroit citer une infinité d'autres traits aussi touchans; tout nous présage l'heureuse renaissance des mœurs chevaleresques et de l'urbanité françoise. Voici un trait bien françois que j'ai recueilli de mon amie madame de Choiseul. Lorsqu'aux eaux de Plombières, après avoir passé tant de nuits dans les larmes, et rempli tous les devoirs d'une épouse la plus affectionnée, elle revint à Paris, emportant dans sa voiture le cœur de M. de

[1] J'ai mis en nouvelle ce trait admirable.

Choiseul, enfermé dans une boîte de métal, elle fut arrêtée à toutes les douanes pour subir les visites accoutumées et toujours si rigoureusement faites ; mais aussitôt que les chefs des douanes apprirent que cette voiture, dont tous les stores étoient baissées, renfermoient une veuve accablée de douleur et chargée du dépôt funèbre le plus triste et le plus précieux, leur émotion fut partout semblable, ils crièrent tous du premier mouvement, *laissez passer sans fouiller*, et aucun d'eux ni de leurs préposés n'ouvrit la voiture.

J'ai cité dans cet ouvrage beaucoup de coutumes du Nord, qui m'ont d'autant plus frappée, qu'elles rappellent d'anciennes coutumes grecques rapportées par Athénée ; mais en voici une ; la plus bizarre de toutes, dont je n'avois jamais entendu parler, et qui paroît être parfaitement authentique, parce qu'elle a été contée avec détail à la table de S. A. R. monseigneur le duc d'Orléans, par un voyageur d'une grande distinction qui revenoit du Danemarck. Peu de temps avant son départ de cette capitale, un personnage d'une éminente dignité mourut, et le voyageur fut invité à ses funérailles. Il arrive dans l'hôtel qu'avoit occupé le défunt; il entre dans la salle où tout le monde étoit rassemblé, et attendoit le *repas funéraire* qui se donne en cette occasion dans la plus grande partie de l'Allemagne; au bout d'un quart d'heure on se rendit dans la salle à manger; la table étoit servie, et l'on prévint l'étranger que l'on mangeoit à la hâte et sans s'asseoir.[1] Quelle fut sa surprise lorsqu'en jetant les yeux sur la table il y vit *le surtout* le plus extraordinaire qu'on ait jamais eu l'idée d'y poser : c'étoit le cadavre du défunt, revêtu d'une robe de satin blanc brodé d'or, avec un bonnet assorti. Ce cadavre, avec un visage hideux et découvert, avoit les mains croisées sur sa poitrine; il étoit couché et tout étendu au milieu de la table; comme il avoit préalablement été exposé mort pendant huit ou dix jours, les exhalaisons étoient beaucoup plus fortes que celles des ragoûts du festin. Tous les convives manquèrent à la fois d'appétit, et l'on se hâta de retourner dans le salon. On assure que cette étrange

[1] Comme le lecteur a pu le voir dans le récit que j'ai fait du repas funèbre de M. Plock, où je fus invitée.

(Note de l'auteur.)

coutume ne s'observe que pour les personnages du plus haut rang.

Depuis la publication de mes Mémoires, ce que j'ai reçu de lettres anonymes, ou signées par des personnes qui me sont inconnues, n'est véritablement pas croyable; pour en donner une idée, je dirai que quelques-unes de ces lettres sont affranchies, et que cependant depuis le 1ᵉʳ. septembre jusqu'au 29, où nous sommes aujourd'hui, j'ai payé quatre-vingt-trois francs de ports de lettres, et très-souvent je me suis couchée sans avoir eu le temps de lire toutes celles de la journée : ce qui me paroit le plus étonnant, c'est que, dans ce grand nombre, je n'en ai reçu qu'une seule malveillante, mais qui n'étoit point du tout injurieuse; apparemment qu'on a pitié de la vieillesse, car il y a seulement douze ou quinze ans que l'on me traitoit avec infiniment plus de rigueur.

M. le comte de Chastenay est revenu me voir, et il étoit cette fois avec madame de Chastenay; ainsi il a été doublement bien reçu. Madame de Chastenay est toujours aussi parfaitement aimable; elle a conservé toute la gaieté qui rend sa douceur si piquante. Comme nous avons parlé de l'ancien temps! combien elle m'a rappelé d'anecdotes que j'avois oubliées, et qui auroient beaucoup plus de charmes contées par elle que citées par ma vieille plume! M. de Chastenay m'a donné une petite note qu'il m'avoit promise sur le siége de Sarragosse; ce trait, que je n'ai vu dans aucun ouvrage, mérite bien d'être rapporté; le voici : Durant le siége de Sarragosse, par les François, sous Napoléon, on remarqua que l'église de Notre-Dame d'*el Pilard*, si fameuse par divers miracles, fut non-seulement la seule église, mais le seul édifice de la ville qu'aucun boulet n'atteignit. Cette espèce de prodige exalta la piété de tous les habitans : ils avoient perdu tout espoir de se défendre avec succès, mais en même temps ils étoient décidés à ne point se rendre; et, prévoyant que sous quarante-huit heures les François entreroient dans la ville et qu'ils y mettroient tout à feu et à sang, ils résolurent à l'unanimité de demander pour eux d'avance un service funèbre, et d'y assister; ce qui s'exécuta comme ils le désiroient. Tous les habitans se rendirent à l'église d'*el Pilard*, que l'on trouva tendue de noir. Les prêtres commencèrent par dire les prières des agonisans, auxquelles on répondit avec autant de ferveur que de fermeté; ensuite on célébra l'office des morts. La piété unie à la vaillance, dans ce qu'elle a de plus beau, la réflexion et le sang-froid n'offrirent jamais une scène plus imposante et plus sublime; enfin, comme le dit si bien M. de Chastenay dans sa notice, ces malheureux habitans, dans cette occasion solennelle, unirent et consacrèrent à la fois la religion avec l'honneur, l'amour de la patrie et le martyre.

Il existe un jeune homme charmant par sa bonne éducation, sa tournure, son excellent esprit et sa modestie, et qui m'inspire un si vif intérêt, que j'ai pris avec lui l'engagement de lui écrire tous les quinze jours; il me répond exactement. Notre correspondance a commencé il y a six semaines; j'espère qu'elle lui sera de quelque utilité; elle est pour moi d'un agrément infini, et nous attendons réciproquement nos lettres avec une vive impatience: je me flatte qu'il ne trouvera jamais de pédanterie dans les miennes; et je suis étonnée de la raison qu'il me montre constamment dans ses réponses, quoiqu'il ait cependant toute la vivacité qui sied si bien à son âge, lorsqu'on sait la contenir dans de justes bornes, et qu'elle ne vient jamais du manque de réflexion.

Les conseils d'un père et d'une mère respectables ont sans doute sur un jeune homme bien né une autorité suprême, et principalement dans tout ce qui a rapport à nos devoirs essentiels; mais les parens qui ne peuvent omettre une seule exhortation de ce genre n'ont pas le temps d'entrer dans une infinité de petits détails minutieux et même frivoles, et qui néanmoins, lorsqu'on débute dans le monde et dans le commerce de la vie, ne sont pas sans utilité : il est à désirer que celui qui possède un esprit cultivé et toutes les qualités véritablement attachantes, ait en même temps les formes agréables qui embellissent la vertu et contribuent à la faire aimer; et c'est ainsi qu'il y a toujours quelque chose de moral à donner des moyens légitimes de plaire. La grâce, en mille choses, vient surtout de la délicatesse des sentimens; et c'est alors que son charme est inexprimable, parce qu'il n'a rien d'affecté, qu'il est toujours naturel, qu'il n'est dû qu'à l'innocence, à la simplicité des mœurs, à la pureté de l'âme : voilà de ces choses qu'une *vieille amie* peut développer et démontrer sous mille formes amusantes dans un commerce épistolaire. Je voudrois que les jeunes princes eussent des correspondances de cette espèce sans se douter, en les formant, qu'elles fussent faites pour les instruire, et qu'ils ne les regardassent que comme un divertissement agréable ; combien elles seroient utiles, dans un rang surtout où, dès qu'on est sorti des mains de ses instituteurs, on est environné, assiégé par la flatterie, et fatigué des leçons et des *sermons* qu'on a été forcé d'entendre pendant quinze ou seize ans !.... Je pourrois ajouter beaucoup de choses à ces réflexions, mais j'en ai dit assez pour les pères et les mères de famille qui les trouveront dignes de quelque attention.

On m'apporte à l'instant une lettre anonyme[1] si charmante, que n'ayant d'autre moyen d'y répondre qu'en l'insérant dans cet ouvrage, je me décide à prendre ce parti. L'auteur, dans une lettre remplie d'indulgence et de bonté, me dit qu'elle lit ces Mémoires, ainsi elle y trouvera la seule réponse que je puisse lui faire ; ce n'est assurément pas par vanité

[1] Signée Adèle de R....

que je vais citer ces jolis vers. Qui peut ignorer que la poésie autorise et même nécessite les louanges les plus exagérées ; je ne transcris ces vers, ainsi que tant d'autres dont j'ai orné ces Mémoires, que pour faire valoir le talent du poëte aimable qui me les adresse. Comme je l'ai dit, l'auteur d'abord me parle en prose, ensuite elle termine sa lettre par les vers suivans :

> Après avoir charmé nos mères,
> Tes écrits simples et touchans
> Iront, trésors héréditaires,
> Charmer de même nos enfans.
> Ainsi nous suivant d'âge en âge,
> Comme un astre d'heureux présage,
> A l'enfant tu donnes un cœur,
> Un Mentor à l'adolescente,
> A la mère une confidente,
> A l'aïeule un consolateur ;
> Et la vieillesse rajeunie,
> Oubliant l'âge et les douleurs,
> Trouve en toi la dernière amie
> Qui pour elle embellit de fleurs
> Les derniers sentiers de la vie.
> L'âge accumule en vain les ans
> Sur ce front qu'Apollon inspire,
> Les fronts qu'il couvre de sa lyre
> Ne craignent point la faux du Temps.
> La Mort qui de loin nous menace,
> La Mort que précèdent les pleurs

Est sans pouvoir sur le Parnasse ;
Et te jouant de ses lueurs,
Au sein d'une éternelle vie,
Tu t'enivreras d'ambroisie,
Avec les Muses tes neuf sœurs.
Sans doute, quand ta main docile
Saisit le luth doux et facile
Que tant de larmes ont baigné,
Tu dis : « Loin des routes vulgaires,
Oui, j'irai près de Deshoulières
Retrouver Stael et Sévigné. »
Le ciel entendit tes prières,
Et ces vœux, tu nous l'as prouvé,
N'étaient pas des *vœux téméraires* [1].

Après des recherches aussi longues qu'infructueuses, et faites par mes amis et par moi, j'ai enfin trouvé dans un couvent (comme je l'ai dit) un logement qui me convient; j'ai passé quatre mois pleins dans la maison de santé si bien tenue par le docteur Canuet, et j'emporte, en m'en allant, un regret sincère de n'avoir plus pour voisin une famille si vertueuse et si aimable. Me voici établie aux dames de Saint-Michel; j'ai été me promener hier dans leur grand jardin; je voulois faire une visite à madame la prieure, et la dame religieuse qui avoit la bonté de me conduire

---

[1] Allusion à l'un de mes ouvrages qui porte ce titre.

m'a dit qu'elle ne pouvoit me recevoir, parce qu'elle étoit malade des suites d'un violent chagrin causé par la mort tragique et touchante d'une religieuse qu'elle aimoit particulièrement; voici le détail de cette mort inopinée : on raccommode, à l'extrémité du jardin, un grand bâtiment qui tomboit en ruines; la religieuse dont il est question, et qui étoit encore dans la force de l'âge, voulut, par un sentiment céleste, passer dans ces décombres tout le temps de la journée, qui n'est point employé à dire les offices; car elle avoit remarqué que les maçons se permettoient dans leurs entretiens des expressions et des chants plus que profanes, et que les pensionnaires, en se promenant, pouvoient entendre. Bien certaine que sa présence contiendroit cette licence, elle alloit s'asseoir sur une pierre dans ces ruines, au milieu d'une épaisse poussière. Un matin, les maçons lui représentèrent que la place qu'elle avoit choisie étoit fort dangereuse; elle imagina qu'ils avoient envie de se débarrasser d'elle et elle resta; tout à coup une grosse solive tomba sur sa tête et la blessa mortellement; on envoya aussitôt chercher un prêtre et un chirurgien; elle avoit toute sa connoissance, elle n'eut que le temps de recevoir tous ses sacremens et elle expira une demi-heure après.....

Quelle piété et quelle pureté d'âme il faut avoir pour exposer sa vie dans la seule intention de prévenir le mal que nous entendons tous les jours par nos fenêtres et dans les rues!........ Quelques propos licencieux!......

Le jardin est très-grand ; on y trouve une immense allée bien couverte, le reste du jardin est en potager, contenant quatre *fabriques*, qui sont quatre chapelles ; l'une dédiée à la sainte Vierge, la seconde à saint Augustin, la troisième à saint François de Sales, et la quatrième à saint Michel. Je désirerois qu'aux chapelles de saint Augustin et de saint François de Sales on mît des inscriptions tirées de leurs sublimes ouvrages.

Casimir étoit absent dans ce moment; on lui avoit prescrit depuis long-temps, pour sa santé, de changer d'air et de voyager, il s'y refusoit toujours; mais enfin, une affaire importante l'appelant loin d'ici, il fut forcé de partir, croyant qu'il reviendroit à temps pour mon déménagement; mais, quoique j'eusse dit d'abord que je ne quitterois Chaillot que le quinze octobre, je voulus partir le premier : j'avois reçu, peu de jours avant, les adieux de Casimir, qui vint me les faire, escorté de deux grands paniers de raisin de Fontainebleau, pour assurer, disoit-il, ma bonne santé dans son absence, car il sait que ce raisin est pour moi une véritable panacée ; j'ai reçu de ses nouvelles, il sera bientôt de retour.

J'avois fait un grand sacrifice à ses intérêts, en me décidant à me passer de lui pour changer de demeure, car ses soins pour moi en ce genre comme en tout autre, sont inappréciables ; M. Ladvocat l'a suppléé à cet égard avec un zèle, un exactitude, une amitié dont je ne dois jamais perdre le souvenir ; ce qui me sera d'autant plus facile, que la vivacité de son esprit, sa loyauté, sa franchise, me plaisent extrêmement : j'ai achevé de le connoître à Chaillot, où il est venu pendant une grande partie de l'été et presque tout l'automne, écrire sous ma dictée ou causer avec moi.

M. de Lawoëstine et sa charmante fille Léocadie, ont eu pour moi, dans cette circonstance, des soins dont je suis d'autant plus reconnoissante, qu'ils ont été, durant cinq semaines, occupés par la maladie mortelle de madame la

comtesse de Fagan, sœur de M. de Lawoëstine;
ils ont passé beaucoup de nuits. M. le comte
de Fagan, un peu avant que sa mère fût à
l'extrémité, fut forcé de partir pour son régiment; ce jeune homme, rempli d'esprit et de
sensibilité, est le meilleur des fils; il est parti
avec une vive douleur, quoiqu'il fût bien certain que sa cousine le remplaceroit auprès de
sa mère avec autant de zèle que d'affection. De
ce moment, Léocadie s'est établie chez sa
tante et ne l'a plus quittée, c'est elle seule qui
l'a soignée dans ses attaques de nerfs et des
convulsions dont la violence a peu d'exemples.
Madame de Fagan ne vouloit pas souffrir que,
dans ces crises effrayantes, une garde ou une
femme de chambre l'approchât; Léocadie pouvoit seule, pendant le jour et la nuit, la contenir dans son lit et lui faire prendre les drogues prescrites. Cependant, malgré les veilles,
la fatigue du corps, les inquiétudes et les peines du cœur, Léocadie a trouvé le moyen, en
saisissant des instans de calme, d'accourir
auprès de moi et de me rendre plusieurs services en s'occupant d'une infinité de petits
détails relatifs à mon déménagement. Son père,
qu'elle envoyoit chercher très-souvent au mi-

lieu de la nuit, est venu constamment tous les jours depuis trois semaines et souvent deux fois par jour me demander *mes commissions*, et faisant continuellement de lui-même des courses énormes pour moi. Que l'activité est belle et digne d'éloge, quand elle a pour cause tant de bonté !............

Madame de Fagan reçut tous ses sacremens hier, et c'est la pieuse Léocadie qui eut le courage de lui déclarer son imminent danger, mais avec tous les ménagemens d'une prudence qu'on n'a communément pas à son âge, et que la plus parfaite charité chrétienne peut seule donner. Madame de Fagan a fait cette grande action de la manière la plus édifiante : en attendant le viatique et l'extrême-onction, elle voulut que Léocadie lui récitât les prières des agonisans et elle y répondit constamment d'un ton ferme et doux. M. de Lawoëstine, présent à cette solennelle cérémonie, m'a conté que Léocadie, à genoux au chevet du lit de sa tante, avoit le visage inondé de larmes, et que cependant elle avoit un tel empire sur elle-même, que l'on remarquoit à peine une légère altération dans sa voix. Ceci ne m'a point étonnée; car j'ai vu, durant ma longue carrière, que la véritable sensibilité donne toujours la force d'âme dans toutes les occasions où elle est nécessaire.

Anatole Montesquiou est venu me voir plusieurs fois depuis que je suis ici, il m'a doucement reproché de n'avoir pas inséré dans mes Mémoires des vers de son grand-père, qui réunissoit au talent de guerrier celui de poëte, phénomène heureux et brillant, que nous voyons se renouveler dans son petit-fils, et avec plus d'éclat, quant à la poésie; Anatole pouvoit, de plus encore, célébrer ses exploits guerriers et ceux de ses compagnons d'armes sur la harpe et sur le piano [1]; il peut même les *peindre*, car il peint d'une manière charmante à l'aquarelle. Je parodie ainsi, pour lui, le joli couplet si connu, fait pour Henri IV :

> Ce diable à quatre
> A le triple talent
> De *peindre* et de battre,
> En rimant et chantant.

Si je n'étois pas à la fin de mes Mémoires,

---

[1] Tout le monde sait quel talent militaire et quelle brillante valeur Anatole a montrés aux armées et particulièrement dans la malheureuse campagne de Russie.
(Note de l'auteur.)

j'insérerois ici beaucoup de vers de l'aïeul d'Anatole, mais je n'ai plus de place, et d'ailleurs Anatole fera paroître ces poésies sous le nom de *Mélanges*; on y lira surtout avec plaisir les jolis vers que M. de Montesquiou fit sur le départ de Monseigneur comte d'Artois [1]; pour le siége de Gibraltar: l'empressement pour cette expédition, la vaillance, les sentimens nobles et françois que ce jeune prince fit éclater, dans cette occasion, sont parfaitement bien décrits dans cette pièce de vers, ainsi que sa conduite parfaite durant ce siége.

Je reçois à l'instant une lettre de madame de Lascours; il est inutile de dire que cette lettre est charmante et digne d'être conservée, car elle n'en écrit jamais d'autres. Elle me mande une chose qui m'intéresse vivement; c'est que du fond du château de Duigny, près de Sédan, elle vient de terminer entièrement sa belle collection de miniatures et de portraits des personnages les plus célèbres; le tout fait d'après les tableaux des plus grands maîtres, et avec une ressemblance et une exactitude parfaites. Je n'ai rien vu d'aussi beau et d'aussi complet dans ce genre. J'ai entendu dire à David,

---

[1] Aujourd'hui S. M. Charles X.

qui admiroit profondément ce travail, que cette intéressante collection étoit unique, parce qu'elle n'avoit rien de la *servilité* des copies ordinaires : madame de Lascours peignant et dessinant parfaitement, s'est toujours bornée à copier, de sorte que n'ayant point de *manière* à elle, elle prend toujours avec facilité celle des peintres qu'elle imite ; elle a fait encore un autre ouvrage aussi curieux et admirablement exécuté, ce sont les vitraux de la cathédrale d'Auch, les plus fameux de la France; ils ont toujours été tellement célèbres, que Marie de Médicis donna l'ordre de les transporter à Paris ; mais le chapitre de la cathédrale parvint à faire révoquer cet ordre. Madame de Lascours a trouvé le moyen de copier avec perfection ces superbes vitraux en conservant leur transparence et l'éclat éblouissant de leur couleur ; on n'a jamais rien fait d'aussi parfait en ce genre. Comment ne pas admirer une personne de la société qui possède à un si haut degré des talens si supérieurs en y joignant une si rare modestie ! Elle en trouve une digne récompense dans ses enfans dont les talens, les vertus et l'instruction suffiroient pour la placer au premier rang des plus célèbres institutrices.

J'ai déjà reçu dans cette maison un très-grand nombre de visites, entre autres hier celle de ma nièce Henriette et celle de mon cousin le vice-amiral Sercey; ce dernier m'a montré, de M. de Peyronnet, une lettre véritablement charmante, 1°. par la manière spirituelle et parfaite dont elle est écrite; 2°. par le compte admirable qu'elle rend du jeune Édouard de Sercey que son père, il y a plusieurs mois, a fait entrer dans la marine. Je n'ai jamais lu d'éloge plus complet, plus honorable, écrit avec autant de précision; M. de Peyronnet assure, en la terminant, que ce jeune homme, qui n'a que dix-huit ans, soutiendra dignement la haute réputation de son père dans la marine et celle que son frère Éole a déjà obtenue dans ce corps, et qu'enfin dans deux ans il sera certainement un officier *supérieur et consommé*. Je voulois enrichir ces mémoires de cette lettre, la modestie de M. de Sercey s'est refusée à me la laisser.

J'ai eu la curiosité, il y a deux ou trois jours, d'aller visiter le cul-de-sac St.-Dominique, qui est à deux pas d'ici et dans lequel j'ai passé les plus brillantes années de ma première jeunesse, depuis l'âge de dix-huit ans jusqu'à celui de vingt-deux ; nous y avions un très-bel appartement au premier, donnant sur un joli jardin au bout duquel se trouvoit une petite porte en face de l'église paroissiale de *St.-Jacques-du-Haut-Pas*; c'est-là que mes trois enfans, mes deux filles et mon fils furent baptisés. Mon beau-frère et sa femme occupoient le rez-de-chaussée de cette maison; comme elle est la dernière du cul-de-sac St.-Dominique, j'ai dans l'instant reconnu la porte ; mais en entrant dans la cour, j'ai vu que tout étoit changé dans la maison ; tout devoit l'être en effet depuis plus d'un demi-siècle ; j'ai questionné la portière qui m'a dit que seulement depuis dix ans les appartemens n'étoient plus reconnoissables, et qu'afin de les doubler on les avoit tous diminués ; que d'ailleurs le maître étoit absent et qu'il étoit impossible d'entrer chez lui. Je suis revenue tristement, regrettant, parce que j'aurois voulu les décrire, des impressions qui eussent sans doute été très-vives, ce qui fournit toujours quelques idées neuves et morales, mais qui n'auroient pu produire en moi que des regrets et des souve-

nirs douloureux ! Qu'ai-je fait depuis cette époque de ces cinquante-huit ans que la providence a daigné m'accorder ? jusqu'ici si peu de bien ! du moins aux yeux de celui qui ne juge les actions que d'après leurs motifs ! et tant de fautes réelles ; tant d'imprudences, de fausses démarches, d'étourderies, de puérilités, de vanités romanesques, de folies en tout genre ! et combien n'ai-je pas éprouvé de joies trompeuses, de malheurs véritables, d'espérances mensongères, de dangereuses illusions et de mécomptes de toute espèce !......
Hélas ! dans ce lieu l'avenir encore étoit à moi ! Si je ne l'eusse pas gâté, comme je le reverrois avec délice, comme je serois heureuse aujourd'hui !...................
Ne nous plaignons point, car nous devons demander pardon à Dieu de presque tous nos malheurs.

Madame de Choiseul a fait pour moi quelque chose de charmant ; elle vouloit aller voir mon ancienne demeure, je l'en ai empêchée en lui apprenant qu'elle étoit absolument méconnoissable ; mais madame de Choiseul a été faire une prière pour moi dans l'église paroissiale, où j'ai été trois fois relever de mes couches et où, par conséquent, comme je l'ai déjà dit, mes trois enfans ont été baptisés, et de ces trois enfans il ne m'en reste qu'une !..

. . . .

Je ne puis dire combien je suis reconnoissante du sentiment touchant et délicat, qui a porté madame de Choiseul à aller dans cette église prier pour moi ; cette prière, sans doute si fervente, me portera bonheur, elle me rappelle ce beau mot de l'*Écriture sainte* : *L'amie fidèle est une forte protection ; celui qui l'a trouvée possède un trésor.* (Ecclésiastique, chap. VI.)

Il m'est venu une idée utile à la jeunesse ; et je veux la placer ici ; il me semble que tous les jeunes gens qui entrent dans le monde devroient composer un ouvrage qu'ils intituleroient : *Ma vie ou mes mémoires imaginaires*. On donne, pour terminer l'éducation de la jeunesse, des sujets de composition, mais isolés, n'ayant nul rapport entre eux et qui, par conséquent, ne peuvent laisser dans la tête que des idées vagues ; un ouvrage suivi, divisé par chapitres, n'auroit pas ce grand inconvénient, et il auroit l'avantage de rassembler avec une utile liaison les idées morales éparses, pour ainsi dire, dans l'imagination et que les diverses occupations de collége ont dû donner.

L'éducation des hommes n'étant terminée qu'à dix-huit ans, au plus tôt [1], je propose donc aux jeunes gens, à la grande époque de leurs débuts dans le monde, de composer d'abord le plan de l'ouvrage désigné ci-dessus, et d'accord et avec les conseils d'un Mentor éclairé; par exemple, le premier chapitre contiendroit le détail des opinions et des sentimens qu'un jeune homme bien né doit porter dans la société, de sa manière de s'y conduire, de sa réserve, de sa modestie, de sa politesse, de son respect pour l'âge, l'expérience, et des moyens de s'instruire par la conversation, etc. Dans le second chapitre on parleroit des séductions de tout genre auxquelles un jeune homme est exposé, et l'on diroit comment on peut en triompher. Les autres chapitres apprendroient comment on doit voyager et supporter les revers de la fortune, et enfin com-

[1] En Angleterre on ne sort des universités d'Oxford et de Cambridge qu'à vingt et vingt-un ans; cela seul est un grand bien. (Note de l'auteur.)

ment on doit remplir les devoirs sacrés de fils, d'époux, de père, etc., etc. Je recommanderai surtout, que le jeune homme, dans cette composition, parle toujours comme s'il étoit le héros de l'histoire qu'il raconte, et que dans toutes les situations difficiles qu'il a inventées il prenne sérieusement les conseils de son mentor : il faut que dans cette fiction il se donne constamment le caractère auquel il doit véritablement aspirer, c'est-à-dire les sentimens religieux, les principes invariables, le courage, la force d'âme, la persévérance qui font triompher de toutes les séductions et de tous les obstacles.

On croit trop communément qu'un caractère parfait, une vie constamment irréprochable, sont des chimères, qu'enfin il y a des foiblesses aimables et intéressantes. Il n'y a rien de plus *aimable* que la perfection, et rien de plus *intéressant* que la force d'âme unie à la sensibilité ; et quant à la perfection morale, l'histoire, et les observations particulières qu'on a pu faire dans une longue vie, suffisent pour nous prouver que cette perfection n'est nullement idéale et chimérique.

L'histoire nous montre des personnages véritablement parfaits dans le rang même où la vertu a le plus de séductions à combattre, et trouve le plus de facilités à s'égarer : dans l'histoire ancienne : Vespasien, Titus, Marc Aurèle, les Antonins, Trajan; et dans l'histoire moderne : saint Louis, la reine Blanche, sa mère; Charles V, dit le Sage; Marie d'Anjou, épouse de Charles VII; Jeanne d'Arc, saint Vincent de Paul, saint François de Sales, tant d'autres saints et de missionnaires; tous nos grands orateurs, qui sont en même temps les plus utiles de tous nos moralistes, et par conséquent bienfaiteurs du genre humain, etc., etc., etc...; parmi les étrangers : Cantacuzène; Carle Zéno, à Venise; Alfred le Grand en Angleterre, etc., etc., etc.

La vie et les caractères de ces personnages furent également irréprochables et sans aucune tache. Et combien dans la société on pourroit citer d'hommes et de femmes qui furent aussi purs, et même de nos jours! Voilà donc à quoi la jeunesse doit prétendre, et c'est la seule ambition qui ne puisse tromper; toutes les autres sont ou insensées, ou frivoles, ou coupables. En commençant ses Mémoires imaginaires, on doit partir du point où l'on est, et ne se donner ni une autre famille, ni d'autres amis [1]; ainsi les douze ou quinze premières pages seront parfaitement conformes à la vérité; mais ensuite, après le début dans le monde, on inventera tout ce qui pourra mettre à l'épreuve les principes et les vertus de l'auteur; dans chaque situation critique, fictive ou réelle, il aura recours aux conseils du confident et censeur de ses Mémoires; et, après avoir subi ses premières épreuves, il voyagera; il pourra alors donner un libre essor à son imagination, en supposant toutes les aventures extraordinaires et tragiques qu'il lui plaira d'inventer; mais il faut encore dans cette narration une partie exacte et véridique, celle qui contiendra la description des lieux qu'il parcourra, soit en France, en Europe; ou

[1] A moins que l'auteur n'ait surtout le dessein de prouver que, sans les vils secours de l'intrigue, on peut avec des talens supérieurs, un beau caractère, une excellente réputation et de la persévérance, on peut, dis-je, s'élever à un rang distingué dans la société et faire une grande fortune; dans ce cas, l'auteur peut supposer qu'il est fils d'un pauvre artisan, et composer un roman purement d'invention d'un bout à l'autre.

(Note de l'auteur.)

dans les autres parties du monde; il faut donc qu'il lise avec application tous les ouvrages des voyageurs célèbres (et surtout ceux de M. de Humboldt); il faut encore qu'il ait une connoissance au moins superficielle de la botanique, de l'histoire naturelle, et qu'il ait aussi quelques notions sur la navigation de long cours. Cette partie de ses Mémoires pourra par la suite lui servir à la fois de guide et de journal, en y ajoutant seulement quelques observations particulières et ses propres jugemens.

J'aurois encore à dire bien d'autres choses sur ce sujet, mais je crois en avoir dit assez pour démontrer l'immense utilité de ce nouveau genre de composition qui, en apprenant à penser, à écrire, prémuniroit, autant qu'il est possible, contre les dangers du monde; qui prépareroit l'esprit et l'âme à soutenir sans foiblesse les vicissitudes de la vie humaine, les rigueurs de la fortune et la prospérité; qui fourniroit à l'étude un but intéressant et toujours prêt à saisir; qui mettroit continuellement en action toutes les grandes vérités morales, et qui, enfin, identifieroit véritablement l'auteur avec un personnage constamment parfait.

Si cette idée est bonne, les parens éclairés

et vertueux sauront, suivant le caractère de leurs enfans, en tirer parti, et beaucoup mieux que je ne pourrois l'indiquer ici.

Mon amie, madame de Saulty, est venue me prendre avec ses aimables enfans, Albert et la jeune Henriette, pour me mener au Jardin des Plantes, où nous avons fait une promenade délicieuse; nous y avons trouvé M. de Saulty, ainsi que M. Cuvier, et sa charmante famille, qui ont eu la bonté de nous conduire partout. Nous avons vu d'abord tous les animaux féroces, un lion admirablement majestueux et beau, et qui m'a rappelé M. de Buffon, car je trouvois avec raison que le visage de ce grand écrivain ressembloit à celui d'un lion. J'ai vu pour la première fois un petit éléphant en miniature; celui-ci n'est pas plus gros qu'un veau, il est hideux. L'éléphant est le seul des animaux qui ne puisse faire un joli enfant, quoique lui-même soit si imposant; qu'on ne peut être frappé de sa laideur; l'air d'une force supérieure sans férocité, n'a que de la noblesse et de la majesté : mais on ne voit dans le petit éléphant que la grossièreté monstrueuse de ses formes. De là on nous a conduits dans les immenses galeries d'histoire naturelle : j'ai surtout remarqué un oiseau admirable, et nouvellement découvert, dont l'arrangement des plus superbes plumes forme exactement le dessin le plus parfait d'une belle lyre de la grandeur antique ; aussi a-t-on nommé cet oiseau *la lyre.* J'espère que désormais *le cygne* ne sera plus le symbole imposteur de la musique et de la poésie. M. Cuvier nous a expliqué toutes ces choses avec une clarté, une politesse, une urbanité qui le rendent aussi aimable qu'il est distingué par son savoir et ses talens.

Quoique je ne sorte que pour m'aller promener, je n'ai pu m'empêcher d'aller un jour chez le docteur Alibert ; il y avoit beaucoup de monde, chose sur laquelle je ne comptois nullement ; dans ce nombre se trouvoit une aimable et jolie dame, madame la vicomtesse de Nays, dont on n'oubliera jamais la charmante figure après l'avoir seulement aperçue, et qui laissera un souvenir plus doux et plus durable encore, quand on saura combien sa réputation est pure, sa conduite parfaite, et lorsqu'on aura eu le plaisir de l'entendre et de causer avec elle plus d'une heure. Il est impossible, dans une seule conversation, de

montrer un esprit plus juste, de meilleurs
principes et des sentimens plus vertueux.

Elle m'a conté une histoire de la révolution
si étonnante et si originale, que je crois
devoir la rapporter ici.

Madame la vicomtesse de Candau, grand'-
mère de cette dame, habitoit Pau, où elle se
faisoit universellement révérer par sa piété et
son immense charité; elle jouissoit d'une
grande fortune. Elle étoit éminemment pieuse
et royaliste; on la fit comparoître au tribunal
révolutionnaire, où elle fut condamnée à la
mort; cet arrêt produisit une vive sensation
dans la ville de Pau : les pauvres, se réunis-
sant en corps, firent même plusieurs démarches en sa faveur; mais, malgré le système de
l'égalité, cette classe, toujours trop nombreuse, n'étoit point admise au rang de citoyens; on ne les écouta point, et le jour de
l'exécution fut désigné; un incident fort extraordinaire força d'en différer l'époque : le
bourreau, plus équitable et plus humain dans
cette occasion, que les juges, refusa nettement de guillotiner madame de Candau; on
le menaça vainement, rien ne put l'intimider.
Alors, on fit venir de Tarbes, un autre bour-

reau qui, n'étant pas de la ville de Pau, ne pouvoit avoir la même vénération pour la mémoire de madame de Candau. Cependant, tout ce qu'il entendit dire d'elle, fit sur son esprit une profonde impression. Par les lois de ce temps, tout ce qui se trouvoit sur les condamnés conduits à l'échafaud, appartenoit au bourreau : après l'exécution de madame de Candau, on trouva sur elle une très-belle tabatière d'or; le bourreau ne voulut point la garder, il la déposa sur-le-champ, car il étoit impossible, sans exposer sa vie, de la renvoyer directement à sa famille; mais le bourreau prit de si prudentes précautions, que cette précieuse tabatière, quelque temps après, fut fidèlement remise aux parens de madame de Candau, qui en ont fait un monument très-touchant; ils l'ont mise dans une belle urne de forme funéraire, portant une inscription tirée de la Sainte Écriture, sur la mort du juste.

Cette histoire m'a d'autant plus intéressée qu'elle a achevé de me confirmer dans une opinion consolante que plusieurs observations m'ont donnée pendant et depuis le règne de la terreur.

J'ai remarqué qu'à la gloire de la nation françoise et de la nature humaine, chaque atrocité a été expiée par des actions sublimes dans un genre opposé dans les mêmes situations; par exemple, on a vu des enfans et des domestiques dénoncer leur père et leurs maitres, mais on en a vu un plus grand nombre se dévouer pour eux. Des femmes, pour échapper à la mort, ont déclaré une illégitime et fausse grossesse, et la belle et jeune princesse Josèphe de Monaco a mieux aimé périr que de faire cette fausse et ignominieuse déclaration. Tandis que les impies blasphémoient et commettoient d'horribles sacriléges, des millions de saints s'offroient au martyre et montoient avec joie sur les échafauds; tandis que des hommes lâches refusoient un asile à des parens, à des amis, un nombre prodigieux de personnages de tout sexe et de tout âge s'exposoit à la mort et la subissoit souvent pour sauver des étrangers et des inconnus proscrits. On trouva dans l'histoire de ces temps désastreux les mêmes contrastes sur les dépôts confiés, et les dépositaires généreux expiant les forfaits des dépositaires infidèles, etc., etc. Mais je n'avois point trouvé d'action sublime et contraire à celle que je crois avoir déjà citée de ce jeune homme de La Rochelle qui, dans un mouvement *d'enthousiasme*, proposa au club des jacobins de cette ville de guillotiner lui-même vingt-deux émigrés, faits prisonniers les armes à la main afin que l'exécution ne fût pas différée, parce que le bourreau étoit dangereusement malade, et dans son lit. La proposition fut acceptée avec transport, et le *titre* glorieux de *vengeur du peuple* [1] fut, par acclamation, décerné à ce jeune homme, qui se montra digne de cet honneur en exécutant le lendemain de sa propre main ses vingt-deux compatriotes. Je n'avois jamais pu trouver *le contraire* de cette exécrable action; mais l'histoire de madame de Candau me l'a fourni : ceci m'a donné l'idée d'un livre très-intéressant à faire, s'il étoit fait sans verbiage : ce seroit le rapprochement des grandes et des mauvaises actions, formant de beaux contrastes, produites par la révolution.

Je revis aussi chez le docteur Alibert une

[1] Ce qui fut confirmé à l'unanimité par la Convention. Ce fait authentique, d'une inconcevable atrocité, se trouve dans le *Moniteur*.

(Note de l'auteur.)

jeune personne qui m'a vivement intéressée par son admirable ressemblance avec son père, qui avoit une figure charmante, et pour lequel j'ai eu la plus tendre amitié; c'est M. de Boisjolin. Je l'avois attaché à l'éducation des princes que j'ai élevés; quoiqu'il fût très-jeune alors, il avoit un beau talent poétique, déjà célèbre: et d'ailleurs son excellente réputation, la pureté de ses mœurs, la douceur de son caractère et son extrême modestie me le firent choisir de préférence à plusieurs autres, pour le placer en qualité de lecteur auprès de mes jeunes princes : sa conduite auprès d'eux a toujours été parfaite, et il sut se faire aimer constamment de tout le monde; quoique ma prédilection pour lui fût très-connue, et que l'on vit, peut-être trop clairement, que je préférois son entretien à celui de presque toutes les autres personnes attachées à l'éducation; cependant, par une bizarrerie inexplicable, je n'ai point fait mention de lui dans mes Mémoires, mais j'en ai beaucoup parlé dans le Journal manuscrit d'éducation, en treize volumes, que j'ai eu l'honneur de remettre à S. A. R. Mgr le duc d'Orléans, journal inestimable pour lui, puisque depuis l'âge de huit ans, jusqu'à dix sept ans et demi, tous les instans de son existence, et de celle des princes ses frères, y sont marqués sans qu'il y manque une heure.

Dans les premiers temps de mon retour en France, M. de Boisjolin vint me voir à l'Arsenal, ce qui me causa une véritable joie; il a depuis presque toujours vécu en province; il est sous-préfet à Évreux : tous les journaux du temps donnèrent de justes éloges aux vers du jeune poëte et particulièrement à la charmante pièce de vers intitulée *les Fleurs*, qu'il fit paroître en 1786, et dans laquelle se trouve l'intéressant épisode, *la métamorphose de la tulipe*, qui est de son invention; et il doit s'en applaudir comme poëte et même comme moraliste.

Le succès de cette espèce de petit poëme fut si brillant et si universel que l'auteur a cru devoir depuis donner plus d'étendue à ce bel ouvrage; il en a changé le titre; cette pièce de vers, devenue véritablement un poëme (mais encore manuscrit), est intitulée *les Paysages*. M. de Boisjolin a fait tous les voyages que nécessitoit une telle entreprise. On assure que le public jouira bientôt du fruit de son travail.

Un prince justement célèbre par son mérite personnel et ses vertus, Sa Majesté le Roi de Prusse, vint incognito à Paris et sous le nom du comte de Rupin : tout le monde fut enchanté de sa bonté, de son esprit et de son affabilité. Pour moi qui, durant l'émigration, ai passé deux ans à Berlin, je n'oublierai jamais de quelle tranquillité et de quelle sûreté on jouit sous son gouvernement, et combien ce monarque, si digne de l'être, est accessible et populaire. Je lui ai rendu un hommage non suspect à cet égard long-temps après mon retour en France, dans le second volume des *Souvenirs de Félicie*, et dans un moment où Napoléon, vainqueur, était à Berlin !....

Une de mes amies, madame de Lingré, a depuis sa première jeunesse une faculté *infuse* si étonnante et même si miraculeuse, que je dois en rendre compte ici : sans avoir étudié le moins du monde les mathématiques et la géométrie, elle peut, par un don extraordinaire de la nature, résoudre en peu de minutes le problème le plus compliqué et le plus difficile, et de quelque genre que ce puisse être. Voulant que je fusse témoin de ce phénomène, elle m'a demandé d'inviter l'un des plus grands mathématiciens de la France (à mon choix), à venir passer une soirée chez moi, afin de lui proposer les problèmes dont elle donneroit sur-le-champ la solution. J'ai invité M. de Prony, qui est venu le 29 octobre : il nous apporta trois problèmes qu'il avoit composés avec soin pour cette visite; et voici sans aucune espèce d'exagération ce qui s'est passé : M. de Prony a lu l'énoncé du premier problème ; madame de Lingré aussitôt a mis la main sur ses yeux, en nous disant que nous pouvions causer comme à l'ordinaire, et au bout de *deux minutes* elle a donné la solution parfaite du problème ; il en a été ainsi successivement des deux autres, et M. de Prony a répété plusieurs fois que c'étoit un don de la nature absolument inexplicable. Ce prodige m'a ravie, et comme amie de madame de Lingré et comme femme, d'autant plus que madame de Lingré a mis à ce nouveau triomphe la simplicité et la modestie qui lui sont naturelles. Je jouissois aussi de la joie touchante de son excellent fils. J'ai déjà parlé de lui dans ces Mémoires avec les éloges qui sont dus à son aimable caractère, et à son esprit si distingué et si supérieur.

Si madame de Lingré eût été un homme, cette faculté merveilleuse lui auroit certainement acquis la haute célébrité qui fait obtenir de grands emplois; mais, quoiqu'elle ne soit *qu'une femme*, il me semble que, sous tous les gouvernemens, elle mériteroit bien quelque marque éclatante d'honneur. Comme j'ai l'*esprit de corps*, qu'en général les femmes n'ont point, je m'enorgueillis aussi de tous les succès brillans de toutes mes contemporaines. Je suis fière de notre latiniste madame Maussion; et j'ai éprouvé un grand plaisir en entendant mon ami M. Lemaire rendre hommage, avec sa candeur ordinaire, aux talens de cette dame. Un tel suffrage, dans ce cas, vaut bien une couronne académique [1]. Je crois aussi que le beau siècle de Louis XIV n'a point vu de femmes exceller dans la peinture; et nous pouvons citer, et dans des genres différens, mesdames Lebrun, de Grollier, Jacotot, Lescot, Pagès, Hersent, etc., etc., etc. Et l'on me

---

[1] On peut mettre au nombre des choses qui honoreront ce siècle la belle entreprise de la réimpression des auteurs classiques par M. Lemaire, avec les notes savantes et judicieuses qu'il a jointes à ce grand ouvrage.
(Note de l'auteur.)

doit une *architecte* et une femme *sculpteur*, mesdemoiselles Charpentier, dont j'ai, dès leur enfance, facilité les études; mais leurs talens et leurs succès n'ont eu pour théâtre que la ville d'Orléans [1].

Mon jeune ami Gérono vient d'être reçu à l'unanimité de la société royale académique des sciences, société si estimable et si bien composée, qu'il est véritablement honorable d'y être admis.

M. Gérono a mis en musique ma romance de *l'Aveugle*, que je lui ai donnée, et qui n'a point encore paru; il a eu l'idée ingénieuse et bienfaisante de faire chanter cette romance pendant deux ou trois matinées dans les rues de Paris, par un enfant de chœur, ayant une jolie voix, et qui, participant à cette bonne œuvre, sera en même temps le conducteur de

---

[1]. Plusieurs années auparavant, on a vu en Angleterre une dame de la cour montrer le plus grand talent pour la sculpture : elle a fait, entre autres choses, la statue colossale de Georges III. Cette statue est posée dans une des places publiques de Londres. A mon premier voyage dans ce pays, j'ai eu le plaisir de voir à Londres cette dame travailler dans son atelier; elle étoit alors jeune et belle.

(Note de l'auteur.)

l'aveugle durant ces trois matinées. Voici une énigme de M. Gérono, qui se trouve dans *le Drapeau blanc;* cette énigme me paroît originale et jolie, quoique le mot en soit bien facile à deviner :

> Pour dévoiler tout mon mystère,
> Et pour vous épargner des efforts superflus ;
> Doublez un certain nombre et certaines vertus,
> Et vous devinerez mon nom, mon caractère.

Le mot est Charles X, qui offre le double nombre de *cinq* et celui des vertus de Charles V, dit *le Sage.*

M. Gérono a une sœur qui possède un talent très-distingué pour la peinture en miniature.

Je suis encore forcée, à mon grand regret, de changer de logement ; quoique celui-ci soit fort vilain et très-haut, je m'en serois contentée; mais il est véritablement glacial, il faudroit toutes les peaux d'un *troupeau de moutons* pour en boucher toutes les fentes et tous les trous; d'ailleurs les fenêtres n'ont point de volets, et l'appartement, manquant d'antichambre, les domestiques des gens qui viennent me voir ne peuvent se tenir que dans la cour, ce qui n'est assurément pas supportable en hiver. Le docteur Alibert qui, malgré ses utiles et nombreuses occupations, trouve toujours assez de temps pour faire de longues courses, lorsqu'il est question d'obliger ceux qu'il aime, cet excellent ami m'a cherché et trouvé un logement très-joli, commode, en bon air et auquel il ne manque rien de ce qui peut m'être agréable ; j'ai été le voir hier, je l'ai arrêté, et j'y entrerai dans huit ou dix jours.

Je me suis remise aujourd'hui à travailler à mon dernier roman historique *Alfred le Grand*, dédié à madame de Choiseul, puisque je lui avois promis la dédicace de mon dernier ouvrage en ce genre, et que *Pétrarque et Laure* ne l'est pas, et celui-ci le sera certainement : mon âge seul en peut répondre ; d'ailleurs il me seroit impossible de trouver un sujet plus beau, et un héros aussi parfait. Ce travail, déjà si avancé, sera entièrement fini dans cinq ou six semaines au plus tard.

Me voici, depuis peu de jours, rue Neuve-de-Berri, dans une maison d'éducation de jeunes personnes, dirigées avec beaucoup de soin par madame de Bannières, qui me paroît avoir toutes les qualités aimables et solides qui peuvent assurer le succès d'un tel établissement.

Maintenant j'ai terminé mes mémoires; je puis dire, sinon avec les mérites, du moins avec vérité, ces paroles de l'Apôtre : *J'ai bien combattu, j'ai gardé la foi, j'ai fini ma course* [1].

[1] Si ma carrière, déjà si longue, se prolonge, je compte donner encore successivement au public des ouvrages ébauchés déjà, qui sont : 1°. *le La Bruyère des antichambres*, ou *Caractères de quelques domestiques de ce siècle*; ouvrage moral et d'une très-grande utilité, qui ne peut être traité en général que d'une manière comique; 2°. *les Soupers de la maréchale de Luxembourg*, pour servir de suite aux *Dîners du baron d'Holbach*. J'y placerai trois nouvelles qui sont inédites, et toutes faites; 3°, j'achèverai un petit poëme mythologique en prose, intitulé *Idalie*, dont je n'ai donné que des fragmens dans *ma feuille des Gens du monde*, ou *Journal imaginaire*.

(Note de l'auteur.)

DIALOGUE CRITIQUE

SUR CES MÉMOIRES

Entre Madame la Comtesse de CHOISEUL,
(Née Princesse de Beauffremont)

ET L'AUTEUR

L'AUTEUR.

Enfin, j'ai terminé mes mémoires !

LA COMTESSE.

Je vous en félicite, car j'imagine qu'un des plus grands plaisirs d'*auteur* est celui d'écrire sur son manuscrit le mot *fin*.

L'AUTEUR.

Vous nous en promettrez un bien plus grand encore, quand vous tracerez ce mot sur le poëme de *Jeanne d'Arc*.

Ce dialogue n'est point une fiction, j'ai eu véritablement cet entretien avec madame de Choiseul. Quoique je ne le rapporte que de mémoire, je suis sûre que c'est presque littéralement : je l'insère ici avec le consentement de madame de Choiseul.

(Note de l'auteur.)

LA COMTESSE.

Revenons à vos Mémoires ; savez-vous que, malgré leur immense débit, on en critique dans le grand monde beaucoup d'articles sous les rapports moraux ?

L'AUTEUR.

Si ces critiques-là sont fondées, elles sont certainement pour moi les plus affligeantes.

LA COMTESSE.

Rassurez-vous, elles sont en général très-injustes ; dans ce nombre je n'en trouve que deux sur lesquelles je suis obligée de garder le silence ; et me taire quand on vous *accuse*, c'est vous condamner.

L'AUTEUR.

Quelles sont donc ces deux critiques ?

LA COMTESSE.

Les voici : on vous reproche d'avoir conté une anecdote plaisante et moqueuse sur l'infortunée princesse de Lamballe....

L'AUTEUR.

Eh bien ! je me le reproche aussi....

LA COMTESSE.

Pourquoi donc ne l'avez-vous pas supprimée ?

L'AUTEUR.

Voici comment cela s'est fait ; j'ai écrit jadis, dans le moment même, ou peu de temps après, toutes les choses qui m'ont frappée ; j'écrivois communément ces détails dans des livres blancs que j'ai presque tous perdus, et quelquefois sur des feuilles volantes que j'ai conservées. Le trait dont vous parlez fut écrit de cette dernière manière : j'ai donné étourdiment cette page à l'impression, je relus rapidement cet article ; faute de réflexion, je ne fus frappée que d'une chose, c'est qu'il peignoit parfaitement l'exagération, les ridicules et les mœurs de cette époque ; néanmoins, je sentis confusément que j'avois besoin, pour insérer ce trait, d'une petite justification et j'ajoutai un *fait*, c'est que je n'ai jamais eu l'honneur d'avoir été l'amie de cette malheureuse princesse. J'étois à Mantes alors, et à cet éloignement de Paris je dispensois souvent de m'envoyer des épreuves : si j'eusse vu celle qui contient cette anecdote, j'aurois sûrement fait le retranchement que vous désirez. Certaine de n'avoir jamais rien écrit que de parfaitement vrai, j'ai donné ainsi à l'impression plusieurs autres articles que, faute de temps ou par distraction, je n'ai pas relus et dont je n'ai pas corrigé les épreuves.

LA COMTESSE.

Si la plus horrible catastrophe n'eût pas terminé la vie de madame la princesse de Lamballe, l'article qui, dans vos Mémoires, la concerne, n'eût été que curieux, et vous n'auriez pas dû l'omettre; mais après cette fin tragique, épouvantable, citer d'elle un trait ridicule et plaisant......

L'AUTEUR.

J'écrivis ce trait bien long-temps avant la révolution.

LA COMTESSE

Mais vous venez de le faire imprimer.

L'AUTEUR.

Je vous le répète, j'ai eu tort et un tort très-grave; mais ne l'attribuez point à mon cœur, il a été uniquement causé par l'étourderie et la distraction que vous me connaissez et dont l'âge et l'expérience n'ont pu me corriger. Ce tort est d'autant plus incompréhensible que je fus jadis véritablement bouleversée en apprenant ce déplorable événement.

LA COMTESSE.

Votre âme est si bien faite pour compatir au malheur et pour le respecter !..... Et il faut convenir qu'une telle mort ôte le droit de critiquer l'infortunée victime d'une semblable atrocité.

L'AUTEUR.

Cependant il n'en est pas moins vrai que tous ces grands personnages, lorsqu'ils n'existent plus, appartiennent à l'histoire quel qu'ait été leur genre de mort. Tous les historiens, même les contemporains, sans révolter personne, ont parlé avec détail des fautes et des défauts de l'infortuné Charles, qui périt sur un échafaud; ils ont parlé de même de l'intéressante et belle Marie Stuart.

LA COMTESSE.

J'avoue que sans cette espèce d'impartialité il seroit impossible d'écrire fidèlement l'histoire; mais il y a long-temps que j'ai remarqué que l'on a toujours pour vous une sévérité particulière, et, à le bien prendre, vous pourriez voir en cela plutôt un éloge très-flatteur qu'un sujet de mécontentement.

L'AUTEUR.

Pour avoir *ce bon caractère* il faudroit avoir

un amour-propre qu'aucun droit ne peut me donner.

LA COMTESSE.

Permettez à l'amitié d'avoir pour vous *ce bon caractère :* mais pour vous prouver l'excès de sévérité dont vous êtes l'objet, je vous rappellerai les mémoires de madame de La Fayette [1].

L'AUTEUR.

Je les ai lus, mais je ne m'en ressouviens plus du tout.

LA COMTESSE.

Moi, je viens de les relire, je vous apporte le livre; j'ai marqué les passages, écoutez :

(Elle lit tout haut.)

Madame de La Fayette étoit amie intime et depuis l'enfance de madame Henriette d'An-

---

[1] MM. Etienne et Jay viennent de publier une nouvelle édition de ces curieux et piquans Mémoires. Ces deux célèbres critiques ont placé en tête de cet ouvrage deux Notices du plus grand intérêt, l'une sur *madame de La Fayette*, et l'autre sur *madame de Tencin*, dans lesquelles on retrouve au plus haut degré cette pureté de style et cette élégance qui distinguent les ouvrages de l'historien du cardinal de Richelieu et du spirituel auteur des *Deux Gendres*.

(Note de l'éditeur.)

gleterre[1], première femme de Monsieur, frère de Louis XIV : après le mariage de madame Henriette, madame de La Fayette lui fut attachée, elle devint bientôt *sa confidente* : ce fut alors qu'elle écrivit l'histoire de cette princesse dont voici quelques échantillons : elle conte que Madame *entretenoit une galanterie avec le comte de Guiche......*

L'AUTEUR.

Comment elle dit cela ! mais c'est ternir sa réputation.

LA COMTESSE.

Écoutez, écoutez, vous entendrez bien d'autres choses : Monsieur lui défend de voir le comte de Guiche auquel il donne l'ordre de partir.

« Madame le reçut en secret pour lui dire

---

[1] Madame Henriette d'Angleterre fut élevée, en France, aux Filles de Sainte-Marie, dont mademoiselle de La Fayette (celle qui fut aimée de Louis XIII) etoit, depuis sa profession religieuse, devenue supérieure · madame de La Fayette, plus âgée de dix ans que la princesse, avoit épousé le frère de mademoiselle La Fayette, et comme elle alloit souvent voir sa belle-sœur, elle vit au parloir la jeune princesse qui prit pour elle la plus tendre amitié.

(Note de l'auteur.)

» adieu ; lorsqu'elle eut dîné, elle fit semblant
» de vouloir dormir ; elle passa dans une ga-
» lerie où le comte l'attendoit : il étoit venu
» par un escalier dérobé et on l'enferma d'a-
» bord dans un oratoire, ensuite il entra dans
» la galerie. Monsieur revint inopinément ;
» tout ce qu'on put faire fut de cacher le comte
» de Guiche dans une cheminée où il demeura
» long-temps sans pouvoir sortir : enfin Mon-
» talais (fille d'honneur de la princesse et con-
» fidente de l'intrigue), l'en tira. Tout fut dé-
» couvert : Montalais eut ordre de se retirer
» sur-le-champ. Elle conjura la maréchale Du-
» plessis (qui lui signifia cet ordre), de lui
» faire rendre ses cassettes, parce que si Mon-
» sieur les voyoit, Madame étoit perdue. Mon-
» sieur consentit à les rendre sans savoir ce
» qu'elles contenoient [1].

L'AUTEUR.

Tout cela est affreux...

LA COMTESSE.

Écoutez, écoutez.....

« Madame promit à Monsieur et au Roi de

[1] Chose que madame de La Fayette trouve *admirable*. (Note de l'auteur.)

» rompre toutes sortes de liaisons avec le
» comte de Guiche; Madame ne tint pas pa-
» role. Vardes, amoureux de Madame, de-
» meura le confident.....

» Vardes enfin déclara sa passion à Madame,
» qui ne le rebuta pas entièrement ; il est dif-
» ficile de maltraiter un confident aimable,
» quand l'amant est absent...... »

L'AUTEUR.

Voilà une jolie maxime ! Tout cela est inconcevable.

LA COMTESSE.

Madame de La Fayette ajoute que *Madame
avoit une inclination plus naturelle pour Vardes
que pour le comte de Guiche.* Enfin elle accuse
Madame de bien d'autres choses. Et par une
singulière inconséquence, en se permettant
tous ces détails, elle parle toujours d'elle avec
le ton du plus grand attachement [1]. Néanmoins
on n'a jamais d'aucune manière reproché à
Madame de La Fayette d'avoir jeté toutes ces
flétrissures sur la mémoire d'une princesse

---

[1] Mais, dans cette histoire, Monsieur est entièrement
justifié, et par de fort bonnes raisons, de l'odieuse ac-
cusation d'avoir empoisonné Madame.

(Note de l'auteur.)

charmante qui l'honora de sa confiance, de son amitié, et dont la mort fut si tragique [1].

L'AUTEUR.

J'espère que vous ne comparez point à toutes ces choses ce qui m'est échappé sur madame de Lamballe.

LA COMTESSE.

Au contraire, je ne veux dans ce rapprochement que montrer un excès de sévérité contre vous et un excès d'indulgence pour une autre. On pourroit citer à votre sujet bien d'autres exemples de ce genre. Cependant je serai tou-

---

[1] On trouve dans les œuvres complètes de madame de La Fayette, une petite lettre d'imagination qui n'est point assez connue, contenant une moquerie innocente, utile et curieuse, qui nous prouve que de son temps il y avoit aussi dans la société des manières de parler très-ridicules, dont il est probable que cette critique, et quelque autre du même auteur, ont corrigé ceux qui les employoient, puisqu'elles ne sont point parvenues jusqu'à nous. Voici la plus courte de ces lettres : madame de La Fayette suppose un amant jaloux, écrivant à sa maîtresse.

« Ce sont de ces sortes de choses qu'on ne pardonne
» pas en mille ans, que le trait que vous me fîtes hier.
» Vous étiez belle comme un petit ange. Vous savez que
» je suis alerte sur le comte de Dangeau, je vous l'avois

jours fâchée que cet article se trouve dans des Mémoires si volumineux, où vous montrez d'ailleurs tant de bonté et d'égards pour les personnes et les réputations.

L'AUTEUR.

Il est certain que j'y ai réfuté, sans effort, plusieurs imputations calomnieuses sur mes ennemis mêmes, et que je ne me suis point permis d'y insérer des anecdotes scandaleuses, et assurément, en plus de soixante ans, j'ai pu en recueillir un grand nombre. Mais quel

» dit de bonne foi ; et cependant, vous me quittâtes
» franc et net pour le galoper ; cela s'appelle rompre de
» couronne à couronne ; c'est n'avoir aucun ménage-
» ment, et manquer à toutes sortes d'égards. Vous sen-
» tez que cette manière d'agir m'a tiré de grands rideaux.
» Vous avez oublié qu'il y a des choses dont je ne tâte
» jamais, et que je suis une espèce d'homme que l'on ne
» trouve pas aisément sur un certain pied. Sûrement ce
» n'est point mon caractère que d'être dupe et de donner
» dans le panneau tête baissée. Je me le tiens pour dit ;
» j'entends le françois. A la vérité, je ne ferai point de
» fracas : j'en userai fort honnêtement ; je n'afficherai
» point ; je ne donnerai rien au public je retirerai mes
» troupes ; mais comptez que vous n'avez point obligé un
» ingrat. »

(Note de l'auteur.)

est donc le second reproche que vous avez à me faire ?

LA COMTESSE.

Comment, chère amie ! vous avez comparé Bonaparte à Titus !....

L'AUTEUR.

Il eût été très-ridicule de comparer leur vie et leur caractère ; je ne les ai comparés que sur un fait, qui n'est même pas un éloge de Napoléon et qui ne prouve que la puissance dont il a joui et qu'on ne peut contester.

LA COMTESSE.

Je suis forcée de convenir que cette réponse est satisfaisante ; ce sera donc le seul passage de vos Mémoires que j'aurai lu avec légèreté.

L'AUTEUR.

Je sais bien la raison de cette inadvertance si remarquable en vous qui lisez ordinairement avec tant d'attention et de fruit.

LA COMTESSE.

Quelle est-elle cette raison ?

L'AUTEUR, souriant.

C'est que tout ce qui paroit être (au premier coup d'œil) à la gloire de Napoléon vous déplait un peu.

LA COMTESSE.

Je ne suis pourtant jamais injuste, pas même pour lui.

L'AUTEUR.

Je le sais; cependant quelquefois il vous faut, sur ce point, un peu de réflexion.

LA COMTESSE.

J'ai encore un petit reproche à vous faire, mais qui me regarde personnellement.

L'AUTEUR.

Il m'en sera plus sensible s'il est fondé.

LA COMTESSE.

J'aurais mieux aimé que vous n'eussiez point inséré du tout certaines pièces de vers de moi qui se trouvent dans vos Mémoires, que de les mutiler comme vous avez fait; entre autres les pièces intitulées : *Le Retour des Bourbons*, celui *d'Espagne de monseigneur le duc d'Angoulême*, et *l'Épître à Sa Majesté l'empereur de Russie*. S'il y a quelque mérite dans ces poésies, il est assurément impossible d'en juger sur quelques vers isolés; et j'avoue qu'il me semble qu'il y avoit de la verve, de l'énergie et de la vérité dans ceux que vous avez supprimés.

L'AUTEUR

Rien n'est plus vrai : j'ai moi-même admiré ces vers qui sont d'une grande beauté, et j'ai cependant été forcé de ne les point placer dans mes Mémoires, parce qu'ils contenoient de violentes satires contre Napoléon; ce prince a été mon bienfaiteur, le seul que j'aie eu parmi les souverains, et de son propre mouvement, sans aucune sollicitation de ma part. Depuis, je ne lui ai jamais rien demandé pour moi, mais j'en ai obtenu pour d'autres une infinité de grâces. Après avoir reconnu, comme toute l'Europe, sa puissance, il y auroit eu bien de la lâcheté à l'accuser lorsqu'il l'avoit perdue.

LA COMTESSE

Je crois que vous vous exagérez beaucoup ce prétendu sujet de reconnoissance; il faisoit des pensions à tous les gens de lettres : pouvoit-il se dispenser de vous en donner une ?

L'AUTEUR.

Le *maximum* de ces pensions étoit de quatre mille francs, il m'en a donné six mille; j'ai eu de plus, pendant neuf ans, sous ce gouvernement, un logement superbe.

LA COMTESSE.

Vous avez bien payé toutes ces grâces, puisqu'il exigea de vous de lui écrire tous les quinze jours, et qu'il vous refusa la permission d'imprimer les Mémoires de Dangeau.

L'AUTEUR.

Je n'en ai pas moins, durant une longue suite d'années, joui de ses dons; les accepter étoit s'engager à la reconnoissance.

LA COMTESSE.

Pour moi, qui ne lui devois rien, et qui n'ai jamais eu le moindre rapport, même indirect, avec lui, j'avois bien le droit d'exprimer sans détour ma façon de penser à son égard.

L'AUTEUR.

Assurément, et tout le monde doit en convenir; ce qu'il y a de plus singulier, c'est que, malgré la différence de nos situations, et par conséquent de nos procédés sur ce point, j'ai toujours eu pour notre antique race royale tout l'attachement que l'on peut avoir; je l'ai prouvé sous le règne même de Napoléon; comme on peut s'en convaincre en lisant *Mademoiselle de Clermont*, *Madame de La Vallière*, *Madame de Maintenon*, *Mademoiselle de La Fayette*, un *Trait de la Vie de Henri IV*, le *Siége de la Rochelle*, etc......

LA COMTESSE

Et en publiant, dans les premiers jours de son retour de l'île d'Elbe, *la Vie de Henri IV*, sans souffrir qu'on y mît un seul carton, et quoiqu'on vous eût défendu sous son règne de publier cet ouvrage. Mon amitié pour vous a bien joui de cette action véritablement louable¹.

---

¹ Je n'ai certainement pas eu l'intention de faire dans cet ouvrage des allusions contre Napoléon ; mais il s'en trouve de *fait* qui sont peut-être plus fâcheuses encore. Comme historien, je ne pouvois me dispenser de parler de Philippe II, roi d'Espagne, et de tracer son portrait ; comme moraliste, je devois terminer ce morceau par des réflexions critiques sur les funestes conséquences de l'ambition des souverains, alors même que cette ambition est heureuse, du moins pour un temps, et c'est ce que j'ai fait. J'avois voulu néanmoins faire paroître cette histoire sous le règne de Napoléon, car en pensant au succès, même auprès de lui, de mes romans historiques, je croyois qu'il ne s'offenseroit pas de ces réflexions générales ; mais ayant reçu depuis l'ordre de ne point faire imprimer cet ouvrage, j'étois bien sûre qu'à son retour de l'île d'Elbe, et revenant avec beaucoup de ressentiment et d'humeur, il seroit très-blessé de cette publication ; ainsi il y eut en effet de ma part un grand courage à la risquer. (Note de l'auteur.)

L'AUTEUR.

Vous pouvez aussi, mon amie, me rendre la justice que je suis une très-bonne royaliste ; il est vrai que je ne suis pas *une ultra*.

LA COMTESSE.

Je n'ai pas à vous défendre sur ce point, car personne au monde ne vous en accuse ; mais je répète avec vérité que vous ne serez jamais du parti *des libéraux*, s'il en existe ou s'il en renaît encore, et que vous ne serez même pas de celui qu'on appelle *anti-ministériel*.

L'AUTEUR.

Non certes, puisque j'ai toujours trouvé que tout bon citoyen qui sait réfléchir ne les attaquera jamais avec acharnement, parce que ces déclamations répétées peuvent, en quelque sorte, troubler la sécurité générale si nécessaire à tout gouvernement.

LA COMTESSE.

Vous voudriez donc que l'on souffrît tout sans se plaindre ?

L'AUTEUR.

Non ; mais je veux qu'on se plaigne d'abord sans éclat au gouvernement même, et qu'ensuite si la plainte, bien fondée, bien équitable, a été rejetée, on la rende publique; mais sans y mêler le ton de l'aigreur et de l'animosité qui ne pourroit que nuire à son effet.

LA COMTESSE.

Je ne vous parle point de quelques autres reproches qu'on vous fait, parce qu'ils sont absurdes et d'une extrême puérilité.

L'AUTEUR.

Nous sommes si frondeurs dans ce siècle !...

LA COMTESSE.

Oui, et nous le sommes tellement que, lorsque nous ne pouvons blâmer ce qui est, nous avons une prétendue prévoyance sombre et morose qui nous fait blâmer ce qui peut arriver et ce qui communément n'arrive point. Le pain est à bon marché, les établissemens utiles et bienfaisans se multiplient tous les jours, jamais la charité n'a été plus active; enfin la conscription ne nous arrache plus nos enfans: cependant on répète toujours avec humeur que *cet état de choses ne peut durer*, et la *désastreuse* prévoyance des frondeurs conserve toujours sa tristesse.

L'AUTEUR.

Rien ne le prouve mieux que le singulier

début d'un journal parlant du département du Gard : cet article qui m'est resté dans la tête commençoit ainsi [1] :

« *Nous jouissons encore de la tranquillité dans notre malheureux département.* » On ne pouvoit nier que ce *malheureux département* qui jouissoit toujours de la tranquillité, ne fût par conséquent *très-heureux*; mais on *prévoyoit* qu'il cesseroit de l'être. Avec cette *prévoyante* manière de juger, il faut avouer qu'il n'est point d'action digne de louange, ni de situation dont on puisse être satisfait.

LA COMTESSE.

Et que n'a-t-on pas dit contre les missionnaires, dont les travaux sont si bienfaisans ! A Marseille, ils ont fait faire une infinité de restitutions, entre autres chez MM. Rey frères, M. Vintimille, M. Bergerac et beaucoup d'autres ; à Mantes, ils ont eu les mêmes succès, et leurs sermons, comme partout, ont produit une infinité de réconciliations. A Aix, ils ont apaisé des querelles violentes, empêché des duels ; et à Dôle (Jura), ils ont de même fait chérir leurs prédications, rétabli l'union dans

[1] *La Renommée*, mardi 18 janvier 1820.

plusieurs familles, et l'esprit de charité dans toutes les classes.

L'AUTEUR.

Tant que la France n'aura pas un plus grand nombre de curés, les missions seront non-seulement utiles mais nécessaires; ces nouveaux apôtres poursuivent leur sainte carrière avec le courage héroïque de la foi, noircis et calomniés par les ennemis de la religion, rien ne les intimide, rien ne les rebute, rien n'excite leurs craintes ou leur ressentiment; on pourroit leur appliquer ces belles paroles de Bossuet : « Le monde vous hait, parce que
» vous n'en voulez pas suivre les œuvres ni
» marcher dans ses sentiers; on vous hait
» gratuitement, vous êtes heureux, vous por-
» tez le caractère de J.-C., vous devez dire :
» Venez, calomniateurs, venez, que je vous
» embrasse! vous imprimez sur moi ce beau
» caractère de J.-C.; *ils m'ont haï gratuite-*
» *ment*, etc. »

(*Sermon de Bossuet, sur la Calomnie.*)

LA COMTESSE.

Quant à vous, chère amie, consolez-vous des injustices en pensant au bien que vos ouvrages ont fait, surtout relativement à l'éducation ; ils vous ont procuré une multitude d'amis dans toutes les classes ; vous leur devez la vive et tendre affection de toute la jeunesse des deux sexes, sensible et studieuse, de tous les pays....

L'AUTEUR.

Et votre amitié (si fidèle) depuis votre première enfance.

LA COMTESSE.

Il est vrai que sur ce que j'entendois dire de vos ouvrages je me passionnai pour vous avant même d'être en état de les lire; mais la plus digne récompense de vos travaux en ce genre est au Palais-Royal !....

L'AUTEUR.

Ah ! je le sens du fond de l'âme !....

LA COMTESSE.

La bienfaisance, la bonté, les talens, l'instruction et la conduite de LL. AA. RR. Mgr et Mademoiselle d'Orléans sont assurément l'éloge le plus parfait de vos ouvrages sur l'éducation.

L'AUTEUR.

Et je n'en désirerai jamais d'autre.

J'ai donné le détail des événemens de ma vie et de mes opinions morales et religieuses : je dois, pour compléter cet ouvrage, parler aussi de mes opinions littéraires.

CHAPITRE PREMIER.

De la Composition en général.

Indépendamment de tout sentiment religieux, les savans, dignes de ce nom, reconnoissent unanimement que les beautés, seulement littéraires, dans tous les genres, se trouvent dans tous les livres saints.

En effet, que de traits remarquables et de comparaisons frappantes ! quelle grandeur et quelle simplicité majestueuse dans la Genèse ! quelle élévation et quelle poésie dans les Psaumes de David, dans Isaïe et Habacuc ! quel vague, quel beau désordre, quelle connoissance du cœur humain, et quelle profonde et touchante mélancolie dans le livre de Job ! quel sentiment et quelle naïveté dans Ruth et Noëmi ! quelles admirables leçons sociales dans l'Ecclésiastique ! etc., etc.; enfin, quelle profondeur de pensée dans les Évangiles ! quels apologues ingénieux! quelle pureté de principes! quelle divine charité! quelle morale toujours conséquente et sublime!... C'est en faisant une étude particulière de ces livres sacrés, que les auteurs classiques du siècle de Louis XIV se sont élevés à un rang que toutes les révolutions du globe et tous les *nivellemens* faits de nos jours n'ont pu leur ôter [1].

L'homme ne doit la science qu'à la possibilité de rendre compte de quelques phénomènes

---

[1] Le grand Racine a dû à l'Écriture Sainte les plus belles inspirations du chef-d'œuvre de la scène françoise, *Athalie*; et sans cette même étude, Corneille n'eût jamais fait *Polyeucte*. Racine a même pris dans cette source inépuisable, des beautés supérieures qu'il a placées dans des sujets profanes; entre autres, dans la tragédie de *Phèdre*, ce beau monologue :

« Où fuir? où me cacher? dans la nuit infernale! etc. »

n'est point dans Euripide, mais il se trouve tout entier dans les *Psaumes de David*.

« Où fuirai-je, Seigneur, pour me dérober à votre colère?
» Irai-je au ciel? vous y régnez! Descendrai-je aux enfers? vous
» y étendez votre main vengeresse, etc., etc. »

Je suis le premier auteur qui ait fait cette remarque, que j'ai citée ailleurs avec beaucoup de détail.

(Note de l'auteur.)

de la nature; il n'a que la faculté de discerner, de pénétrer, de découvrir, et non celle de créer. Quand il se croit inventeur, il s'abuse, il ne fait jamais qu'appliquer d'une manière nouvelle une loi prise dans la nature, ou tirer un résultat nouveau d'une de ces lois; il n'est jamais alors que profond observateur ou bien imitateur heureux. Le génie, dans l'homme, n'est que la pénétration; le génie créateur n'appartient véritablement qu'à Dieu.

C'est la contemplation de l'univers qui, même dans la littérature, a fait naître toutes les idées du beau, et ces lois si justes qui prescrivent la simplicité dans les moyens, l'unité dans le plan, la variété dans les détails, la liaison dans les diverses parties, l'harmonie, l'accord, la majesté dans l'ensemble, la morale et l'utilité dans le but...

La création entière fut l'ouvrage d'une seule pensée, mais d'une pensée divine, qui, par son étendue et par sa profondeur, en fait naître une infinité d'autres. Dieu voulut que ce grand ouvrage offrît toujours à l'homme coupable et déchu le souvenir ou la réalité d'une *punition paternelle*. Dieu mit sur tout l'univers l'empreinte auguste et touchante de sa justice, de son amour pour ses créatures et de sa bonté suprême. Il répandit sur la terre beaucoup moins de maux que de biens; il y prodigua les richesses réelles, il y sema les maux avec mesure, et, toujours à côté d'eux, il plaça les remèdes ou les dédommagemens [1]. Les anciens (les Grecs) ont excellé dans la littérature, parce qu'ils ont observé la nature avec beaucoup plus de soin et d'attention que les modernes; ils n'étoient pas sur ce point, ainsi que sur beaucoup d'autres, aussi savans que nous; mais il seroit facile de prouver qu'ils furent, à cet égard, des observateurs infiniment plus réfléchis et plus ingénieux. Par exemple, les modernes ont

---

[1] *Voyez* les développemens de cette idée dans le *Dictionnaire des étiquettes, des mœurs, des usages,* etc., à l'article qui a pour titre, *Spectacle de la nature,* qui est un discours sur la création; je fis paroître pour la première fois ce discours (il y a quelques années) sans nom d'auteur, dans *le Mercure,* car il est permis de garder l'anonyme dans un écrit moral et qui n'attaque ni les personnes, ni leurs ouvrages. On loua beaucoup ce discours dans plusieurs journaux, et quand je le plaçai dans le livre des *Étiquettes* et que je m'en déclarai l'auteur on n'en fit même pas mention. (*Note de l'auteur.*)

fait du papillon le symbole de l'inconstance, *parce qu'il voltige de fleurs en fleurs*; et les Grecs en firent le symbole de l'immortalité de l'âme, symbole admirable, parce qu'il n'en est point de plus naturel, ni de plus frappant. En effet, lorsque le papillon sort de la chrysalide qui le renferme, il laisse tomber sur la terre sa grossière dépouille, et, déployant ses ailes, il s'élève vers les cieux.... Voilà certainement l'image la plus frappante de l'âme immortelle s'échappant de l'enveloppe terrestre qui la recèle. Les anciens ont consacré la rose à la beauté, dont elle est l'image, et ils ont consacré le myrte à l'amour; pourquoi? c'est que cet arbre ne souffre aucune autre plante dans le terrain qu'il occupe : on ne trouve pas une herbe dans les bois de myrte, les racines de l'arbre s'étendent dans tout leur espace, et les empêchent d'y croître; cet arbre usurpateur veut régner seul et exclusivement. Nul végétal ne convenoit mieux à la décoration des autels de l'amour. C'est avec cette finesse et cette profondeur d'observation que les anciens sont parvenus à représenter avec tant de vérité tout ce qu'ils ont voulu peindre, et c'est par l'étude du spectacle offert par la création qu'ils ont formé les règles immuables de la peinture, de la sculpture et de l'art dramatique.

CHAPITRE II.

Suite du précédent.

En admirant, à certains égards, la supériorité des anciens dans les arts et dans la littérature, je répéterai cependant ici ce que j'ai dit ailleurs avec plus de détail [1]; c'est que, très-souvent, faute de réfléchir sur leurs mœurs et sur leurs préjugés, nous leur supposons des intentions et des finesses qu'ils n'ont pas eues. Les anciens poussoient la superstition jusqu'à croire qu'il y avoit des mots et des phrases dont la seule prononciation pouvoit attirer quelque malheur, idée qui leur faisoit souvent donner de fausses épithètes aux choses qu'ils redoutoient; ils leur attribuoient des noms flatteurs comme pour se les rendre favorables. Ceux qui s'embarquoient sur la mer que nous appelons *mer Noire*, la nommoient

---

[1] Voyez les *Annales de la vertu*.

mer *Hospitalière*, quoiqu'elle fût dangereuse. Ils appeloient les furies *Euménides*, c'est-à-dire, *douces, bienfaisantes, bénévoles*. C'est encore ainsi que dans *les Perses* d'Eschyle, lorsqu'Atossa demande si Xercès est vivant, elle dit : Quels chefs vivent encore ? *Qui sont ceux de ces rois qu'il nous faut pleurer ?* Ce n'est vraisemblablement qu'un effet de cette superstition, au lieu d'une tournure délicate de sentiment. Enfin, c'est par *euphémisme* que Phèdre dit à sa confidente : *C'est toi qui l'as nommé*. Ce mot, que nous applaudissons sans le comprendre, n'est certainement qu'un *euphémisme*; c'est-à-dire, une crainte superstitieuse qui empêche Phèdre de prononcer le nom d'Hippolyte [1].

[1] Il a manqué aux *philosophes* du dernier siècle deux choses essentielles en littérature, la connoissance des langues vivantes, et celle des usages de l'antiquité. Timanthe, peintre grec, fit le fameux tableau du *Sacrifice d'Iphigénie*, dans lequel il représenta Agamemnon le visage voilé. MM. de Voltaire, Marmontel, et plusieurs autres auteurs de ce siècle, se sont extasiés très-mal à propos sur l'idée de ce tableau; ils ont trouvé qu'il y avoit du génie à voiler le visage d'Agamemnon, parce que, suivant eux, c'étoit exprimer que l'art ne pouvoit

En accordant aux anciens ce qu'il est impossible de leur refuser avec justice, on doit dire, avec la même équité, que les grands auteurs modernes, le Tasse, Milton, Shakspeare, Corneille, Racine, ont sur eux une immense supériorité sur le point le plus essentiel, la morale, qui, bonne à tout, est nécessaire à la perfection des ouvrages, même profanes, les poëmes et les tragédies. L'Évangile n'a pas seulement épuré les mœurs et le caractère, il a perfectionné toutes les littératures européennes ; la fausse religion des an-

rendre la douleur de ce malheureux père ; mais le vrai mérite d'un artiste est de vaincre une difficulté, et non de l'éluder, et parmi les Grecs, les grands artistes ont toujours préféré les sujets qui demandoient l'expression la plus forte et la plus pathétique ; ils ont rendu avec une parfaite vérité la douleur de Niobé, qui voit périr ses enfans, et les douleurs morales et physiques de Laocoon entouré de serpens, et mourant avec ses enfans. Enfin, tous les éloges donnés au tableau de Timanthe, ne sont fondés que sur l'ignorance des usages de l'antiquité ; les hommes, et surtout les héros, ne pouvoient, sans une sorte de honte, verser des larmes en public ; lorsqu'Ulysse, chez Alcinoüs, est attendri par le récit de ses propres exploits, célébrés par le chantre Phémius, il se cache le visage afin de dérober ses pleurs ; et Ticiens a rempli d'erreurs et d'inconséquences leur logique, leur philosophie, et leurs plus éloquentes productions en tous genres; l'affreux système de la fatalité ne leur permettoit ni l'indignation, ni l'admiration; leurs seuls mobiles d'intérêt dans les poëmes et dans la tragédie furent la *terreur* et la *pitié*, et les modernes y ont joint le sentiment le plus digne d'exalter l'âme humaine, l'admiration.

M. Marmontel, après avoir loué avec exagération le mérite littéraire des anciens, attribue surtout ce mérite à la mythologie. Il .... manthe, en voilant la tête d'Agamemnon, n'a voulu exprimer que cette espèce de bienséance.

Quant à la connoissance des langues vivantes, on sait que ce manque d'instruction a fait faire à ces mêmes littérateurs les plus étranges bévues. M. de Voltaire, dans sa traduction de *Jules César* de Shakspeare, fait toujours donner à cet empereur, par Calpurnie, le titre de *mylord*, qui se trouve en effet dans l'anglais, mais qui signifie Monseigneur; et Voltaire s'épuise en moqueries sur la *sottise* de donner à un Romain un titre d'honneur anglois. M. de Marmontel, en parlant de *la Lusiade*, attribue au Camoëns les idées ridicules de la préface du traducteur de ce beau poëme. On pourroit citer bien d'autres traits de ce genre, mais ceux-ci paroissent suffisans.

(Note de l'auteur.)

poursuit ainsi : « Enfin, une religion qui par-
» loit aux yeux et qui animoit tout dans la
» nature, dont les mystères étoient eux-mê-
» mes des peintures délicieuses, dont les cé-
» rémonies étoient des fêtes riantes ou des
» spectacles majestueux; un dogme où ce
» qu'il y a de plus terrible, la mort et l'a-
» venir, étoit embelli par les plus brillantes
» peintures; en un mot, une religion poéti-
» que, puisque les poëtes en étoient les ora-
» cles, et peut-être les inventeurs; voilà ce
» qui environnoit la poésie épique dans son
» berceau. » Il y a, dans ce singulier paragraphe, autant d'erreurs que de mots : la
riante mythologie n'offre que deux ou trois
idées gracieuses, la ceinture de Vénus, les
grâces et les muses; mais les fêtes de Bellone,
dont les prêtres assommoient à coups de fouet
tous ceux qu'ils rencontroient en parcourant
les rues; les orgies de Bacchus, les baccha-
nales, les indécentes fêtes de Flore, dont le
sage Caton fit une satire si bien fondée, n'é-
toient ni *majestueuses*, ni *riantes*; le *dogme*
de cette religion *n'embellissoit ni la mort,
ni l'avenir*; les Champs Élysées, où tout le
bonheur se trouvoit dans une éternelle pro-

menade; le Tartare, gardé par l'horrible chien à trois têtes, rempli par les furies, les parques, et présentant de toutes parts les supplices les plus bizarres et les plus affreux; toutes ces choses n'offrent pas des *peintures délicieuses*. Il est vrai que tout, dans les campagnes, retraçoit des souvenirs mythologiques, mais les souvenirs les plus désastreux, et qui rappeloient des fleuves de sang, des cavernes habitées par des monstres, les grées, trois sœurs qui n'avoient à elles trois qu'un seul œil et une seule dent, les lamies, qui dévoroient tous les petits enfans, les cyclopes, les centaures, les gorgones, les géans, les crimes de Jupiter et des autres dieux, leurs enlèvemens, leurs meurtres, les abominables histoires de leurs demi-dieux, où l'on voit le détail de tant de carnage, d'incestes, de mutilations et de cruautés de tout genre, etc., etc., etc.; voilà ce que M. Marmontel appelle des *mystères délicieux* et des *fêtes majestueuses et brillantes*.

On doit savoir gré aux anciens poëtes, de n'avoir jamais peint l'exaltation des passions dans les femmes qu'ils ont voulu rendre intéressantes; le bon goût et l'observation leur avoient appris qu'*une femme passionnée avec abandon* est toujours vicieuse et perd tout le charme naturel de son sexe. Nos grands maîtres, Corneille, et surtout Racine, ont fait la même réflexion. Pauline, dans *Polyeucte*, aime Sévère, mais n'est point une femme passionnée ; les héroïnes intéressantes de Racine, *Monime*, *Iphigénie*, *Atalide*, *Andromaque*, *Aricie*, etc., conservent toute la modestie et toute la douceur de leur sexe ; toutes les femmes passionnées de ces pièces, *Phèdre*, *Roxane*, *Hermione*, etc., sont odieuses et coupables ; mais dans la décadence actuelle de notre littérature, les productions d'une certaine secte d'auteurs offrent précisément tout le contraire. Enfin, cette même décadence a produit ce qu'on appelle le *genre romantique*.

CHAPITRE III.

Du prétendu genre appelé Romantique.

Personne encore n'a pu comprendre la définition du genre *romantique*, genre, dit-on, créé dans ce siècle, et qui est formé par deux espèces de compositions : l'une, désignée par nos littérateurs modernes sous le titre de *genre rêveur* ou *mélancolique*, et l'autre sous celui de *genre idéal* et *terrible*. 1°. Le *genre rêveur* n'est pas neuf, on en trouve le plus sublime modèle dans le livre de Job ; et de nos jours, les Méditations d'Young sur le tombeau de sa fille et sur la mort, sont de grandes et belles *rêveries* [1]. On pourroit citer encore à ce sujet un nombre infini de charmantes élégies françoises.

2°. *Le genre idéal et terrible* n'offre pas une dénomination plus heureuse : d'abord l'*idéal*, en littérature, ne peut être que le *faux* ou l'emploi de la fable ; et, quant au *terrible*, on en trouve les exemples les plus effrayans dans nos

---

[1] Sans parler des ingénieux tombeaux d'*Hervey*.
(Note de l'auteur.)

tragédies modernes, particulièrement dans Shakspeare, Corneille, Crébillon, etc. Quoi de plus terrible que cette scène d'Atrée et Thyeste, dans laquelle le dernier dit à son frère, en recevant la coupe de réconciliation :

« Barbare, c'est du sang que ta main me présente! »

Et le dénouement de Rodogune, où l'on voit Cléopâtre vouloir empoisonner son fils et s'empoisonner elle-même, afin d'atteindre sa rivale ?

Entend-on par *romantique* le mépris de toutes les règles que nous ont laissées les anciens et tous nos grands maîtres ? Mais Shakspeare et tous les auteurs anglais (à l'exception du sage Addisson dans sa tragédie de *Caton*) les ont constamment violées, ainsi que l'ont fait leurs imitateurs les Allemands. Il est donc évident que les auteurs de ce siècle, qui s'engagent dans cette mauvaise route, n'inventent rien et ne font que renouveler de monstrueux écarts méprisés dans tous les siècles par tous les bons esprits. Les règles n'ont été inventées que pour rendre les représentations théâtrales d'une parfaite illusion, c'est-à-dire d'une grande vraisemblance, mérite indispensable qui peut seul donner un véritable intérêt à ces compositions.

Les *romantiques* prétendent qu'on ne trouve que dans leurs écrits ce *beau vague* qui charme l'imagination. En effet, le vague nous plaît, c'est pour nous l'infini; nous nous y perdons, mais nous croyons seulement nous y égarer. Le plus beau *vague* se trouve dans les livres saints et dans les imitations par nos grands poëtes de ces livres sacrés, entre autres dans cette belle pièce de vers de Jean-Baptiste Rousseau :

J'ai vu mes tristes journées, etc.

Le vague n'est point un genre, il ne convient *épisodiquement* qu'à la poésie, et seulement dans quelques morceaux majestueux et mélancoliques.

Serait-ce donc le style général des auteurs romantiques qui constitue ce *genre* prétendu nouveau? Mais il y a plus d'un demi-siècle que Diderot, Helvétius, d'Alembert, Raynal, etc., ont introduit dans notre littérature l'impropriété d'expressions, le néologisme, l'emphase, les galimatias. Et même beaucoup plus anciennement, avant que notre langue poétique fût tout-à-fait formée, un poëte très-médiocre, Saint-Amand, fit beaucoup de vers *romantiques*, entre autres ceux-ci :

> « Tantôt délivré du tourment
> » De ces illusions nocturnes,
> » Je considère au firmament
> » L'aspect des flambeaux taciturnes,
> » Et voyant qu'en ces doux déserts
> » Les orgueilleux tyrans des airs
> » Ont apaisé leur insolence,
> » J'écoute, à demi transporté,
> » Le bruit des ailes du silence
> » Qui vole dans l'obscurité ». »

Si ces vers paroissoient aujourd'hui pour la première fois, ils auroient certainement un grand nombre d'admirateurs.

J'ai fait, il y a plus de quarante ans, des extraits fort détaillés de tous nos anciens poëtes ; ce recueil manuscrit est aujourd'hui entre les mains de mon amie, madame la comtesse de Choiseul (née princesse de Beaufremont); et j'ai remarqué que dans ces vieilles poésies on trouvoit sans cesse de l'obscurité et le ton le plus emphatique. Tel fut le commencement de l'art et telle en est la décadence. Comme je n'ai mis dans le recueil dont je viens de parler que les vers les plus raisonnables, je n'y ai point placé ceux qu'on vient de lire de Saint-Amand; je les ai lus dernièrement dans *la Gazette de France*, et le rédacteur qui les cite fait ensuite cette judicieuse réflexion :

« Il est curieux de remarquer qu'un genre qui appar-

CHAPITRE IV.

Suite du précédent.

J'AVOIS, depuis dix ou douze jours, terminé cet article, lorsque j'ai reçu le numéro du 23 avril de cette année 1825, du journal intitulé : *Annales de la littérature et des arts*, et j'y ai trouvé un article (de M. Briffaut) si parfait sur le *romantique*, que je veux en enrichir ce petit traité, d'autant plus que l'auteur a considéré ce genre sous un rapport moral que je n'ai osé traiter, parce que je n'en aurois pas eu le talent. L'article a été composé sous la forme ingénieuse d'un dialogue,

» tenoit à la médiocrité, quand la langue poétique étoit
» à peine formée en France, soit devenu, de nos jours,
» le jargon de ceux qui voudroient dénaturer cet idiome
» devenu si parfait, et fausser son génie, en dépit de la
» grammaire, de la logique, du goût et du sens com-
» mun. »

Il me semble qu'on ne peut rien dire de plus sensé, de plus spirituel, et l'on n'est pas étonné de trouver un tel article dans cet excellent journal.

(Note de l'auteur.)

entre M. Fontanes et lord Byron. L'auteur montre dans ce dialogue, deux talens éminemment supérieurs et bien rarement réunis, celui d'une critique également piquante, spirituelle et judicieuse, et celui de l'indignation la plus vertueuse et la plus énergique du moraliste le plus éloquent. Si l'on s'occupoit encore de littérature, ce morceau produiroit unanimement la plus vive sensation; il est si beau qu'il est impossible d'en faire un extrait, et il est trop long pour le donner ici tout entier, mais je ne puis m'empêcher d'en citer au moins quelques vers.

Lord Byron dit d'abord :

» Vous voyez Thémistocle et Tyrtée à la fois :
» Saluez en moi seul deux gloires réunies.

FONTANES.

» Vous semblez bien léger pour peser deux génies.

» Vous, le réformateur de notre vieux Parnasse!
» Vous dont l'heureux génie a tout changé de face,
» Et, d'un culte nouveau, prêtre plein de ferveur,
» Mis le crime à la mode et le vice en faveur!
» Oh! que sous votre plume énergique et touchante,
» L'adultère attendrit et l'homicide enchante !
» Quel aimable intérêt inspirent vos brigands !
» Vos plans sont, il est vrai, parfois extravagans;

» Mais que n'embellit point le vernis romantique !
» Chez vous, le meurtrier est un mélancolique
» Qui pleure sur le sort des malheureux humains,
» Et fait du sentiment, un poignard dans les mains.
» J'aime votre penseur dont la haute science
» Méprise du vieux temps la sotte expérience,
» Demande compte à Dieu de tout ce qu'il a fait,
» Blâme son monde informe et son ciel imparfait,
» Les change, et dans l'oubli, créant des lois plus sages,
» Met l'œuvre des six jours qu'il réforme en six pages.
» Grâce à vous, désormais tout est mieux arrangé.
» Quel auteur, avant vous, bravant le préjugé,
» Eût osé convertir, dans ses pages fleuries,
» Les amours en bandits, les grâces en furies ?
. . . .
. . . .
» Votre muse, en marchant de sophisme suivie,
» Ote à l'âme son guide et son but à la vie.
» L'âme avec son auteur n'agit plus de concert :
» La vie est un néant ; le monde est un désert ;
» L'homme, ce roi du monde, égaré dans l'espace,
» Sans que la main d'un frère à sa main s'entrelace,
» Étranger à l'hymen, à la nature, au ciel,
» Pour trône des débris, un tombeau pour autel,
» Une lyre pour bien, pour spectacle le vide,
» Seul, rêve, pleure, chante, et d'un long suicide
» Savourant à loisir la sombre volupté,
» Repousse fièrement son immortalité.
» Dans l'Europe éclairée ont couru vos préceptes.
» Vous faites secte enfin, et vos nombreux adeptes,
» De la mélancolie enseignant le bonheur,
» D'attrister l'univers se disputent l'honneur.
» Partout le chagrin gagne : on ne voit sur la terre

» Que troubadours pleurant, dont le chant solitaire
» Donne au plaisir proscrit un lugubre congé :
» Et tout chante et tout pleure en ce siècle affligé.

LORD BYRON.

» C'est un bien qu'il me doit.

FONTANES.

» Ah ! milord, quel mérite !
» Faire du genre humain le singe d'Héraclite,
» Du monde un champ de pleurs, du génie un fléau,
» De l'homme un automate, héritier d'un tombeau !
» Daignerez-vous de Pope écouter l'humble élève ?

LORD BYRON.

» Parlez.

FONTANES

» J'aime qu'on pense, et non pas que l'on rêve.
» J'aspire à voir le monde où Dieu nous plaça tous,
» Peuplé d'êtres actifs, non de sauvages fous.
» Je veux des citoyens, des époux, et des pères,
» Instruits de leurs devoirs, veillant à leurs affaires,
» Et rendant à l'état ce qu'ils tiennent de lui ;
» Non ces jurés pleureurs, ces professeurs d'ennui,
» Ces amateurs de deuil dont la sombre manie
» Au sein des visions promène leur génie,
» Malheureux sans malheur, tristes sans désespoir,
» S'exilant au désert sans quitter leur boudoir.
. . . .
. . . .

Lord Byron répond d'une manière très-brillante, mais en misanthrope athée; il termine ainsi cette tirade :

« J'ai visité la terre, où j'ai cherché des hommes ;
» Elle n'en porte plus : sur son aride sein
» D'une race avortée erre l'ignoble essaim.
. . . .
. . . .
» Plus d'amour, d'amitié, de grâces, de génie,
» C'est du monde expirant la stupide agonie.

FONTANES.

» Eh bien ! il faut tenter, fût-il à son déclin,
» Ou de guérir ses maux, ou d'adoucir sa fin.
» Poete, oubliez-vous votre saint ministère?
» La lyre est dans vos mains pour consoler la terre.
» Vous devez aux mortels, jusqu'à leur dernier jour,
» Des leçons de vertu, de concorde et d'amour.
» Parlez : que diriez-vous d'un pilote en délire,
» Qui, d'écueils en écueils, prêt à voir son navire,
» Poussé par tous les vents, s'enfoncer dans les flots,
» Loin de les diriger, riroit des matelots,
» Et, glaçant leur espoir, en troublant leur courage
» Leur montreroit partout une mer sans rivage?

Je supprime avec beaucoup de regret dix-huit beaux vers, et la réplique de lord Byron, ainsi que la dernière réponse véritablement admirable de M. Fontanes.

Alors lord Byron s'écrie :

« Ah ! je vois qu'entre nous il n'est point de traité !
» Vous chantez le devoir et moi la liberté.

» Vous courtisez encor, dans les formes prescrites,
» Votre antique Apollon, vos muses décrépites.
» Quittons-nous : mais tremblez ! le classique est bien bas,
» Le monde est sous mes lois. »

FONTANES.

» Il n'y restera pas. »

C'est ainsi que finit ce dialogue inimitable ; cette brillante et originale production est parfaitement bien placée dans un journal si digne d'éloges à tous égards.

CHAPITRE V.

Sur le Galimatias.

FONTENELLE, précurseur de la fausse philosophie, n'a point été, comme on le croit communément, le premier auteur moderne qui ait mis les *galimatias* à la mode ; il a souvent de l'afféterie, la finesse de ses pensées est quelquefois trop recherchée, cependant on comprend toujours ce qu'il veut dire ; mais sur la fin de sa vie (on sait qu'il a vécu cent ans), quelques auteurs de ce temps séduits par la tournure délicate de son esprit, et voulant l'imiter, commencèrent à introduire dans notre littérature les galimatias. Collé [1], fort jeune alors, composa pour s'amuser un couplet vide de sens; il le fit chanter chez madame de Tencin qu'il mit seule *dans la confidence*, ce couplet fut trouvé charmant, le voici :

> Qu'il est heureux de se défendre,
> Quand le cœur ne s'est pas rendu !
> Mais qu'il est fâcheux de se rendre,
> Quand le bonheur est suspendu ;
> Souvent par un malentendu
> L'amant adroit se fait entendre.

Ce badinage avoit tellement l'apparence de signifier quelque chose, que Fontenelle, en l'entendant chanter, crut le comprendre, et pria sérieusement de le recommencer pour le saisir mieux. Madame de Tencin interrompit le chanteur en apprenant à Fontenelle que ce couplet n'étoit qu'un galimatias : *Il ressemble si fort*, répondit Fontenelle, *à tous les vers*

---

[1] A propos de Collé, j'ai fait, à son sujet, dans mes Mémoires, une très-forte bévue que l'on a judicieusement relevée dans les journaux : je lui attribue le drame de *Béverley*, qui est de Saurin ; bévue d'autant plus étrange de ma part, que j'ai cité ailleurs plusieurs fois cette pièce avec le nom de son véritable auteur.
(Note de l'auteur)

que j'entends lire ou chanter ici, qu'il n'est pas étonnant que je me sois mépris.

Fontenelle, comme poëte, malgré sa finesse et sa délicatesse, a été fort médiocre, parce que, ni en prose, ni en vers, il n'a eu le sentiment de l'harmonie, c'est lui qui a fait ces deux vers si ridicules :

» Nuit, Mort, Cerbère, Hécate, Erèbe, Averne,
» Noires filles du Styx que la fureur gouverne. »

Le premier vers prononcé un peu vite est absolument inintelligible à l'oreille ; et le même auteur en a fait plusieurs de cette force, ou du moins à peu près.

Son ami Lamothe, beaucoup trop déprisé de nos jours, lui étoit infiniment supérieur en poésie. Il a fait des odes dans lesquelles on doit admirer plusieurs strophes de la plus grande beauté. On peut critiquer quelques expressions de ses fables, mais on ne rend pas justice à un assez grand nombre qui sont véritablement charmantes, et enfin l'auteur d'*Inès* sera toujours mis au rang des littérateurs et des poëtes estimables.

On doit à nos philosophes modernes le renouvellement du galimatias ; j'en citerai ici un de d'Alembert, d'autant plus étrange, qu'il se trouve dans son *fameux* discours préliminaire (*de l'Encyclopédie*); si ridiculement vanté. D'Alembert n'a certainement pas lui-même compris ce qu'il disoit lorsqu'il a donné cette définition : « L'architecture n'est, au vrai que le masque embelli de l'un de nos premiers besoins. »

On peut juger encore le style de M. d'Alembert par un parallèle important dans lequel il a mis toute son imagination et toute son éloquence ; le voici :

« Ne seroit-il pas facile de comparer ensem-
» ble nos trois plus grands maîtres en poésie,
» Despréaux, Racine et M. de Voltaire ? Ne
» pourroit-on pas dire, pour exprimer les dif-
» férences qui les caractérisent, que Despréaux
» frappe et fabrique très-heureusement les
» vers ; que Racine jette les siens dans une es-

1 *Ne pourroit-on pas observer* encore qu'il est singulier de ne pas placer au rang de nos plus grands maîtres en poésie, J.-B. Rousseau ? est-ce parce qu'il n'a point fait de tragédie ? Mais Despréaux n'étoit pas auteur dramatique! Est-ce parce que Voltaire écrivoit à madame du Châtelet : *Rousseau est allé à Bruxelles faire de mauvaises odes ?* Cependant ce même Rousseau n'en a pas moins

» pèce de moule parfait qui décèle la main de
» l'artiste sans en conserver l'empreinte; et
» que M. de Voltaire, laissant comme échap-
» per des vers qui coulent de source, semble
» parler, sans art et sans étude, sa lan-
» gue naturelle? Ne pourroit-on pas obser-
» ver, qu'en lisant Despréaux, on conclut
» et on sent le travail; que dans Racine
» on le conclut sans le sentir, parce que
» si, d'un côté, la facilité continue en écarte
» l'apparence; de l'autre la perfection conti-
» nue en rappelle sans cesse l'idée au lecteur;
» qu'enfin dans M. de Voltaire, le travail ne
» peut ni se sentir ni se conclure, parce que
» les vers les moins soignés qui lui échappent
» par intervalles laissent croire que les beaux
» vers qui précèdent et qui suivent n'ont pas
» coûté davantage au poëte? Enfin ne pour-
» roit-on pas ajouter, en cherchant, dans les
» chefs-d'œuvre des beaux-arts, un objet sen-

conservé le surnom de *Grand*, qu'il conservera toujours; et Voltaire n'a-t-il pas aussi dénigré un autre poëte, supérieur dans plus d'un genre? N'a-t-il pas appelé un polisson, l'auteur de l'*Épître sur la convalescence*, du *Vert-vert*, de la *Chartreuse*, du *Méchant*, etc.?

(Note de l'auteur.)

» sible de comparaison entre ces trois grands
» écrivains, que la manière de Despréaux,
» correcte, ferme et nerveuse, est assez bien
» représentée par la belle statue du Gladia-
» teur [1]; celle de Racine, aussi correcte, mais
» plus moelleuse et plus arrondie, par la
» Vénus de Médicis; et celle de M. de Voltaire,
» aisée, svelte et toujours noble, par l'Apol-
» lon du Belvédère [2]? »

A-t-on jamais écrit un galimatias plus singulièrement diffus, plus ennuyeusement pesant, avec des expressions plus bizarres, et un langage plus dissonant?

---

[1] Est-ce le *Gladiateur mourant*, ou le *Gladiateur combattant*? Ces deux statues sont également *belles*. L'auteur n'auroit pas dû nous laisser dans cette incertitude; mais il n'avoit jamais été à Rome, et peut-être n'avoit-il entendu parler que d'un Gladiateur. (Note de l'auteur.)

[2] De toutes les statues antiques, l'*Apollon du Belvédère* est la seule dont on n'ait jamais fait une belle copie; l'auteur n'avoit vu que des copies de ces statues; ainsi en supposant qu'il eût du goût, il est clair qu'il place ici M. de Voltaire au-dessus de Racine. Au reste, il est agréable de savoir que la manière d'écrire de Racine est *arrondie*, et que la manière d'écrire de Voltaire est *svelte*. (Note de l'auteur.)

En 1406, au sujet du schisme des deux papes Benoît et Innocent, un orateur célèbre, dans une assemblée publique, parla ainsi :

« Hélas ! le présent scisme n'a-t-il pas bien
» fourme d'un cercle où l'on ne trouve ne fin,
» ne issue ! Plusieurs ont été autres scismes,
» mais ce ne furent que des demi-cercles, ce
» n'étoient que lignes droites où on trouvoit
» tantôt le bout, et le mettoit-on en leur
» affin !... Si les parties de la circonférence
» touchoient au point du milieu, le cercle se-
» roit despecié. Ainsi semble-t-il des deux sei-
» gneurs desquels dépend cette besogne, etc. »

Cette introduction bizarre de mots scientifiques dans des discours oratoires étoit alors généralement admirée. Le siècle de Louis XIV n'offre aucune trace de ce mauvais goût.

Mais les philosophes du dix-huitième siècle remirent ce langage à la mode; en parlant de l'illusion théâtrale, M. Diderot dit :

« Cette illusion dépend des circonstances ;
» ce sont les circonstances qui la rendent plus
» ou moins difficile à produire. Me permettra-
» t-on de parler un moment la langue des
» géomètres ? On sait ce qu'ils appellent une

» équation. L'illusion est seule d'un côté qui
» est égale à une somme de termes, les uns
» positifs, les autres négatifs, dont le nombre
» et la combinaison peuvent varier sans fin,
» mais dont la valeur totale est toujours la
» même; les termes positifs représentent les
» circonstances communes, et les négatifs les
» circonstances extraordinaires; il faut qu'el-
» les se rachètent les unes par les autres. »

C'est encore M. Diderot qui s'exprime ainsi sur l'art d'écrire :

« On a une idée juste de la chose : elle est
» présente à la mémoire; cherche-t-on l'ex-
» pression, on ne la trouve pas. On combine
» les mots de grave et d'aigu, de prompt et
» de lent, de doux et de fort; mais le réseau
» toujours trop lâche, ne retient rien.... Un
» musicien saisira le cri de la nature, lors-
» qu'il se produit violent et inarticulé; il en
» fera la base de la mélodie; c'est sur les
» cordes de cette mélodie qu'il fera gronder
» la foudre, etc., etc. »

Le ridicule dans tous les genres a été épuisé par les philosophes modernes et par leurs disciples, *en morale*, en littérature et en politique [1]. On cite avec raison, comme une chose très-ridicule, ce passage de Barthélémi Gracian, un ancien auteur : « Les pensées partent » des vastes côtes de la mémoire, s'embarquent » sur la mer de l'imagination, arrivent au » port de l'esprit, pour être enregistrées à la » douane de l'entendement. »

Ce même Gracian a écrit qu'*un héros, sur la fin de ses jours, devient souvent la parque de son immortalité.*

Ce qu'il y a surtout de honteux pour eux, c'est que ce ne fut point l'imagination qui les égara, car ils ont pillé toutes les extravagances qu'ils nous ont débitées, dans de vieux livres que les grands écrivains du siècle de Louis XIV firent justement tomber dans le mépris et dans l'oubli; les blasphèmes et les impiétés de Voltaire et de ses disciples ne leur appartiennent même pas ; j'ai prouvé dans mon ouvrage de *la Religion*, etc., qu'ils les ont pillés dans le *Dictionnaire des hérésies*, de Pluquet, et qu'il n'y a pas dans leurs ouvrages une seule opinion de ce genre qui n'ait été soutenue par un hérétique, et personne, à cet égard, n'a pu me contredire. Ce qui prouve que le siècle de Louis XIV a parfaitement connu tous les argumens anti-religieux et toutes les folies qui ont paru et qui paroissent encore de nos jours de si lumineuses nouveautés.

(Note de l'auteur.)

Ces phrases sont sans doute très-ridicules ; mais du moins on les comprend, et nos philosophes modernes, en renouvelant ce genre d'écrire, l'ont rendu tout-à-fait inintelligible.

Voici encore un galimatias de M. Diderot :

« La véritable manière de philosopher seroit
» d'appliquer l'entendement à l'expérience,
» l'entendement et l'expérience aux sens, les
» sens à la nature, la nature à l'investiga-
» tion des instrumens, les instrumens à la re-
» cherche et à la perfection des arts, qu'on jet-
» teroit au peuple pour lui apprendre à res-
» pecter la philosophie. »

Je ne sais pas si cela peut s'appeler *la véritable manière de philosopher*; mais ce n'est
certainement pas *la véritable manière* de rai-
sonner juste et avec clarté.

Voici un autre passage tiré du même livre :

« L'animal est un système de molécules orga-
» niques, qui, par l'impulsion d'une sensation
» semblable à un toucher obtus et sourd, que
» celui qui a créé la machine leur a commu-
» niqué, se sont combinées jusqu'à ce que cha-

» cune ait rencontré la place la plus convena-
» ble à son repos. »

On pourroit multiplier à l'infini les citations du même genre tirées des écrits philosophiques !

Voici des vers curieux, et qui semblent faits pour ce moment-ci, mais qui sont tirés du *Mercure* de septembre 1727.

> A force de chercher quelque chose qui pique,
> Du nouveau, du brillant, ou bien du gracieux,
> On donne dans l'obscur, le faux, le précieux ;
> Et souvent l'orateur, plus souvent le poète,
> Dans son propre pays a besoin d'interprète,
> Qui puisse expliquer au lecteur
> Ce qu'a voulu dire l'auteur.

CHAPITRE VI.

De l'Inconséquence.

LES écrivains dont je viens de parler, en y joignant J.-J. Rousseau et Helvétius, ont poussé plus loin encore le ridicule de l'inconséquence et des contradictions ; le pour et le contre alternativement soutenus dans le même ouvrage, de belles phrases et des blasphèmes sur la religion, d'excellens et d'abominables sentimens dans le même volume, les auteurs se montrant successivement bons citoyens et séditieux, chrétiens, déistes, sceptiques, athées : voilà ce que présentent constamment leurs écrits. M. l'abbé Barruel, dans ses *Lettres helviennes*, a fait ce curieux rapprochement, tout en citations scrupuleusement exactes, et ces citations forment cinq gros volumes¹!...... Ils ont poussé l'inconséquence jusqu'à se dépriser et se déshonorer eux-mêmes, se louant, se vantant, avec un orgueil sans exemple, et détruisant tous ces éloges par les plus étranges aveux. J.-J. Rousseau, dans ses *Confessions*, dit nettement et en propres termes qu'il est le plus vertueux et le meilleur des hommes, et il convient qu'il a été libertin, ingrat; qu'il a volé et rejeté son crime sur une personne innocente; qu'il a changé de religion par une vue d'intérêt, et qu'il a mis tous ses enfans à l'hôpital. Diderot et d'Alembert, dans mille endroits de leurs écrits, élèvent aux nues le

¹ Qui ne sont qu'un très-petit échantillon des inconséquences philosophiques. (Note de l'auteur.)

grand œuvre de l'*Encyclopédie*, et répètent sans cesse que cette entreprise *immortalisera ses auteurs*; et dans d'autres pages, ils en parlent avec une modestie qui va jusqu'à l'humilité. Enfin Diderot lui-même en porte ce jugement : « L'*Encyclopédie* fut un gouffre où
» des espèces de chiffonniers jetèrent pêle-mêle
» une infinité de choses, mal vues, mal di-
» gérées, bonnes, mauvaises, détestables,
» vraies, fausses, incertaines, et toujours in-
» cohérentes et disparates. » A côté de cela, il déclame avec emportement contre ceux qui osent censurer l'*Encyclopédie*. M. de Voltaire, dans son *Dictionnaire philosophique*, appelle noblement ces critiques des *gadouards*; et d'Alembert, dans sa préface du troisième volume de l'*Encyclopédie*, après avoir prodigué de pompeux éloges à tous ses associés, ajoute modestement : « Nous croyons pouvoir
» nous appliquer ce mot de Crémutius Cordus :
» *Non-seulement on se souviendra de Brutus*
» *et de Cassius, on se souviendra encore de*
» *nous.* » Cette citation est très-remarquable, quoiqu'elle ait échappé jusqu'ici à la pénétration de la critique. Ce Brutus uni à Cassius désigne le républicain meurtrier de César......

Et Crémutius Cordus fut un *philosophe* séditieux, dont tous les *ouvrages* furent brûlés publiquement par un ordre du sénat.... L'allusion est ingénieuse et très-juste.

Nous allons maintenant offrir quelques réflexions sur les différens genres d'écrire.

CHAPITRE VII.
Du Style en général.

M. Marmontel a fait une poétique dans laquelle on trouve beaucoup d'esprit, mais aussi beaucoup d'idées fausses; on l'a refondue depuis dans ses *Mélanges*. Une véritable et admirable *poétique* sur la langue françoise est, comme je l'ai déjà dit, l'*Histoire naturelle* de M. de Buffon; elle ne donne point de préceptes, mais elle offre les modèles le plus parfaits de presque tous les genres de l'art d'écrire. En effet, quelle noblesse et quelle majesté dans les articles du cheval, du lion, de l'éléphant, etc.! Quel coloris sombre et terrible dans la description du tigre, du léopard, du kamichi! Que de délicatesse et de douceur dans l'histoire de la colombe! et dans celle du chien quelle sensibilité ! dans celle du colibri, et même celle de l'âhon ; que de gentillesse et de grâce ! Quant à la versification, nous avons l'*Art poétique* de Boileau.

Le Cours de littérature de M. de La Harpe est sans doute une espèce de poétique très-estimable ; mais on y trouve une partialité qui rend souvent ses jugemens [1], sinon faux, du moins très-exagérés, soit en bien, soit en mal ; ainsi une bonne poétique complète est un ouvrage à faire, et qui demanderoit au moins trois volumes in-octavo.

Je ne prétends ici qu'énoncer mes opinions littéraires ; par conséquent cette espèce de petit traité sera fort court : je tâcherai que du moins, malgré sa brièveté, la jeunesse y puisse trouver quelques idées neuves [2].

Pour réussir dans quelque genre que ce puisse

---

[1] Et il a trop négligé dans cet ouvrage notre littérature ancienne, dont il n'avoit qu'une notion très-superficielle, et qui même ne remonte qu'à *Marot*.
(Note de l'auteur.)

[2] Je place dans ce résumé plusieurs choses prises de mon *Dictionnaire des étiquettes*, etc., parce que dans la nouvelle édition qu'on s'apprête à faire de cet ouvrage, j'en veux ôter tout ce qui a rapport à la littérature.
(Note de l'auteur.)

être, il faut de la réflexion et de l'étude, et l'art d'écrire en demande beaucoup. Les qualités indispensables d'un bon style sont : *la clarté, le naturel, la pureté, l'harmonie, l'élégance.*

La clarté exclut les tournures amphibologiques, ou embrouillées, ou diffuses ; lorsqu'on est diffus, on est ordinairement obscur, parce que l'attention du lecteur s'éteint dans les verbiages. Un trop grand grand laconisme peut souvent aussi, faute des explications nécessaires, jeter de l'obscurité dans un ouvrage.

Le naturel préserve de l'enflure, de l'emphase, du galimatias, toujours produit par d'ambitieuses prétentions.

La pureté du langage est formée par une construction de phrase simple, correcte, par une parfaite connoissance de la propriété des mots, ainsi que de la juste valeur et de la force des expressions.

L'harmonie consiste à plaire à l'oreille, à éviter les hiatus, les liaisons dures ou ridiculement répétées, ainsi que la répétition d'une même consonne [1], les rimes en prose, et les

---

[1] Comme dans ce vers

« Non, il n'est rien que Nanine n'honore. »

(Note de l'auteur.)

vers blancs ; en général, il faut que toute *phrase finale*, celle qui termine un paragraphe, soit un peu allongée ; presque toujours, lorsque cette phrase manque de *nombre*, elle laisse à l'oreille quelque chose à désirer. Il faut surtout savoir varier l'harmonie, et ne la pas confondre avec la monotonie : l'harmonie, qui doit avoir dans le cours d'un ouvrage du charme et de la douceur, doit aussi changer de caractère suivant les genres ; elle est le véritable coloris du style, et successivement brillante, sonore, vive, animée, ou lente et remplie de mollesse, représente à l'oreille, autant qu'il est possible, l'image de la pensée ; la rudesse même peut quelquefois être une beauté, comme dans ce vers imitatif :

Sa croupe se recourbe en replis tortueux ;

ou dans celui-ci :

Pour qui sont ces serpens qui sifflent sur nos têtes ?

Ici, l'imitation est formée par le son, et quelquefois elle est produite par le seul arrangement des mots, ainsi que dans le vers et demi suivant :

Tel on voit, dans les airs, d'une flèche cruelle
L'oiseau timide atteint....

Cet enjambement, et le mot *atteint*, placé brusquement à la fin de la phrase, représente parfaitement à l'oreille l'oiseau percé d'une flèche. L'harmonie du style est si bien une sorte de déclamation indépendante des inflexions de la voix, que tout lecteur (pourvu qu'il ait une bonne prononciation) paroît toujours bien lire, lorsqu'il lit tout haut, sans aucun ton, un livre supérieurement bien écrit.

Les ouvrages en vers de Racine, de J.-B. Rousseau, et en prose, de Fénélon, de Massillon, et surtout de Buffon, renferment tous les secrets de l'harmonie; c'est là qu'il faut les étudier. Voyez, entre autres, de ce dernier, la description du kamichi, oiseau de proie des déserts, planant sur de vastes marais. Lisez tout haut, sans nulle inflexion, ce morceau; vous entendrez une musique lente, vague, mélancolique et ténébreuse, dont l'espèce d'illusion est véritablement admirable. Il n'y a dans ce morceau, ni traits d'esprit, ni pensées brillantes; toute sa beauté est due à *l'art d'écrire*, et il est sublime. L'élégance se compose de la clarté, du choix heureux des expressions, de l'harmonie des périodes, et de la réunion de la noblesse et de la grâce.

CHAPITRE VIII.

Suite du précédent.

M. DE BUFFON a dit que *tout l'homme est dans le style;* c'est trop dire, car avec une infinité de défauts particuliers, on peut écrire parfaitement, sans que le style décèle ces défauts; mais il est très-vrai que l'âme et l'esprit se montrent dans le style. Il est certain qu'il faut bien penser pour écrire constamment bien, et que, presqu'en tout, le bon goût tient essentiellement à la morale. Tout ce que la morale condamne est sans charme et manque de goût. Le ton tranchant dans la jeunesse, l'arrogance à tout âge, l'aigreur et la hauteur dans les discussions littéraires, la grossièreté, l'indécence, toutes ces choses sont de très-mauvais goût. La véritable grâce est due à l'heureux accord de mille qualités charmantes; elle gagne tous les cœurs et n'a rien de frivole; c'est elle qui embellit l'affabilité des princes et qui double le prix des bienfaits; c'est elle qui, dans les diverses actions, donne le ton et le maintien qu'il faut avoir. On n'a point cette grâce-là sans bonté, sans délicatesse, et sans une véritable sensibilité. L'observation du monde peut apprendre à le critiquer avec finesse ; mais il faut sentir pour bien peindre des tableaux nobles et touchans. L'impie, l'hypocrite et le méchant ne loueront jamais dignement la vertu ; il y a toujours dans leurs éloges quelque chose de faux, de froid et d'emphatique. Pour bien parler de la vertu, il faut du moins en avoir goûté les charmes ; il faut la pratiquer ou la regretter. L'orgueil, par les prétentions outrées qu'il inspire, fait tomber dans l'affectation, la pédanterie. Pour être toujours naturel, il faut une certaine mesure de modestie et de bonhomie. Jamais avec un esprit frivole, une mauvaise tête, et une imagination déréglée, on ne sera capable d'embrasser et de combiner un vaste plan, ni de classer ses idées dans l'ordre et avec l'enchaînement qui doivent seuls leur donner toute la force qu'elles peuvent avoir. Enfin, la raison est indispensablement nécessaire pour bien écrire. Par conséquent, cet art, loin d'être étranger à la morale, tient d'elle sa véritable perfection ; c'est sous ce rapport que l'on doit envisager la littérature et que l'on doit louer le goût des lettres. Ainsi, pour cultiver véritablement son esprit, il faut s'attacher à perfectionner sa raison, son caractère et ses sentimens. J'ai l'air de parler ici en moraliste, mais c'est aussi parler en littérateur. Si, dans l'étude des belles-lettres, on suit une autre route, on pourra montrer de l'esprit, écrire quelques belles pages, mais on tombera infailliblement dans les erreurs les plus dangereuses, dans les plus étranges contradictions, et l'on ne fera jamais un ouvrage véritablement estimable, et par conséquent utile. Un cours parfait de littérature seroit aussi un excellent cours de morale. Quant aux différens genres de style, on sait que les romans héroïques doivent offrir toutes les richesses de la diction la plus pure et la plus élégante; que l'histoire doit être écrite avec une majestueuse simplicité; la chaleur et les grands mouvemens de l'éloquence y seroient déplacés; parce que, pour l'intérêt propre à ce genre, il est nécessaire que l'historien paroisse surtout sage et modéré. Il doit être judicieux et non passionné, sensé, profond, et non brillant. Je ne parle ici que d'une histoire suivie, longue et détaillée; mais un morceau d'histoire, un grand tableau dans un cadre resserré, demande un autre style. Là, tout doit étonner et frapper; les nuances, les gradations et les développemens ne peuvent entrer dans ce plan; on ne doit offrir que de grandes masses et des traits saillans; il faut surtout marcher vers le but et avec une sorte d'impétuosité. Nous avons de beaux modèles, dans notre langue, de ce style et de cette narration rapide. Le premier de tous est le *Discours sur l'Histoire universelle* de Bossuet.

L'idée sublime qui forme le plan de cet admirable discours y donne une grandeur, une importance, une majesté qui en font un ouvrage à part. Qu'il est beau, qu'il est moral, ce tableau frappant où le hasard aveugle ne fait rien, où Dieu conduit, prépare et règle tout! Ce n'est point un historien, c'est un interprète de la sagesse souveraine, qui, dédaignant de pénétrer les vains projets des hommes, et de peindre leurs caractères, ne voit en eux que les instrumens des volontés suprêmes, et qui, s'élevant au-dessus des vues humaines, ne rend compte des révolutions des empires qu'en suivant la marche et en découvrant les desseins profonds de la Providence. Son ton est majestueux, et est tellement celui de l'inspiration, qu'il semble qu'il lui seroit aussi facile de dévoiler l'avenir que de retracer le passé.

Après ce chef-d'œuvre, on peut citer, l'*Histoire de la révolution de Portugal*, de l'abbé de Vertot. Tout marche au but, dans ce petit ouvrage, avec une rapidité qui entraîne le lecteur; une sagacité supérieure y tient lieu de pensées fortes; il est brillant, de finesse et de pénétration. Les causes des événemens s'y trouvent dévoilées avec une parfaite connoissance des hommes et des affaires. Les caractères, que tout autre n'auroit pu qu'à peine ébaucher, y sont finis, et tout entiers. L'auteur, en préparant avec un art admirable, le triomphe de la maison de Bragance, a su jeter

Je ne puis m'empêcher de me vanter ici d'avoir contribué à la réputation si méritée de cet ouvrage; on prétendoit universellement que le chef-d'œuvre de cet auteur étoit l'*Histoire des révolutions de Suède*; j'osai, dans plusieurs de mes ouvrages, critiquer ce jugement, en faisant, comme je le sentois, l'éloge de l'*Histoire de la révolution de Portugal*, et j'ai eu depuis le plaisir de voir cette opinion généralement adoptée, et de ne plus entendre parler de la romanesque *Histoire des révolutions de Suède*. (Note de l'auteur.)

ter sur la fin de cette histoire tout l'intérêt que pouvoit avoir le dénoûment le plus heureux d'un ouvrage dramatique.

Nous avons encore un excellent modèle du *style rapide* dans le précis de l'histoire de Carthage, par M. le vicomte de Châteaubriand.

CHAPITRE IX.

Des Discours oratoires.

On peut appeler discours oratoires nos discours académiques. Si quelque chose leur manque, ce n'est assurément pas cette prétention, que feu M. Thomas a portée au dernier excès. Avec beaucoup de talent et de mérite, il a gâté ce genre par l'enflure et le galimatias; mais il faut convenir que, sur ce dernier point, il a été très-surpassé par ses admirateurs. D'Alembert, en voulant imiter la finesse de Fontenelle, a outré ses défauts. Cet écrivain parle souvent, dans ses éloges, comme les *Précieuses* de Molière. Thomas a pris pour modèle Bossuet; mais combien il est loin, dans ses meilleurs morceaux, de cette éloquence frappante et majestueuse du plus grand de nos orateurs ! La composition est pour Thomas un travail, une combinaison de littérateur, et toujours mêlée de réminiscences : elle est pour Bossuet une création sublime, et tour à tour le résultat d'une méditation profonde, ou d'une heureuse inspiration. Il semble que les écrivains qui manquent de naturel doivent être, dans leur langage, plus réguliers et plus exacts que les autres; mais être *compassé* n'est pas être *pur*, et quand on blesse continuellement le goût et la raison, et qu'on ne cherche que des tournures bizarres, on blesse sans cesse la langue, on dédaigne même de l'étudier, et l'on finit par croire que la négligence, à cet égard, est de la hardiesse. Aussi M. Thomas n'est-il pas un bon écrivain : on trouve souvent dans ses ouvrages une incorrection qu'on ne passerait pas à un écolier. En voici une étrange dans son *Essai sur les éloges* : il dit qu'il ne parle point de tous les éloges faits du temps de Fontenelle; il ajoute : « Si le public les connoît, c'est à lui à les apprécier; s'il ne les connoît point, *ils le sont déjà.* »

Il est impossible de faire une faute de langage plus grossière; mais, outre cette faute, il y en a une de sens commun bien étonnante dans ces deux lignes, car, d'après ce raisonnement, on ne parlera donc d'aucun ouvrage, parce qu'ils sont tous ou connus ou inconnus. D'ailleurs, dans ces mêmes pages, l'auteur parle très-longuement de ceux de Fontenelle, qui certainement étoient déjà *appréciés*. C'est dans cet ouvrage que M. Thomas, pour peindre Louis XIV, dit *qu'il fut jeté hors des bornes de la nature*, phrase ridicule qui n'a même pas le mérite de donner une idée confuse de Louis XIV ; car ce prince ne fut que trop *dans la nature*, comme amant, comme père,[1] et comme conquérant. Enfin, toujours dans cet ouvrage, l'auteur porte ce jugement de d'Alembert :

« Il a un style précis qui n'orne point sa
» pensée, qui ne l'étend pas, dont la clarté fait
» le développement, et dont la parure est la
» force. »

Voilà du *précieux* et du galimatias : on s'en moquoit encore il y a trente ans; mais peu d'années après, ce même langage, dans les

---

[1] Quand il voulut faire succéder ses enfans bâtards au trône.

(Note de l'auteur.)

tribunes républicaines, ravissoit d'admiration.

Tous les littérateurs qui écrivoient ainsi, et qui vouloient acquérir une grande réputation, avoient bien raison de déifier M. de Voltaire, afin de se mettre sous sa puissante égide. Si M. de Voltaire, qui détestoit l'emphase et le galimatias, ne les eût pas protégés, comme il se seroit moqué d'eux!....

M. Thomas, par ses talens, ses succès et ses défauts, a fait beaucoup de tort à la littérature françoise; il a formé une mauvaise école, qui est si opposée au génie françois, et qui décline tellement, que les vieillards peuvent espérer de la voir entièrement s'éteindre.

On doit sans doute comprendre les oraisons funèbres dans les discours oratoires. On a étrangement profané ce genre depuis vingt-cinq ans; n'avons-nous pas lu l'oraison funèbre de *Danton*, c'est-à-dire *son éloge depuis sa mort !...* Nous avons un assez grand nombre de très-beaux sermons de différens prédicateurs, mais nous n'avons point d'oraisons funèbres que l'on puisse comparer à celles de Bossuet. Il y a une immense difficulté dans ce genre, et qui n'existoit pas pour les orateurs païens : c'est d'accorder les louanges données aux guerriers, aux héros et aux souverains, avec l'inflexible austérité de la morale évangélique. C'est un talent qui demande tous ceux de l'art oratoire, le tact, la finesse de l'esprit, l'étendue des lumières, la sûreté des principes, la sagesse conciliante unie à l'immuable vérité ; enfin, l'éloquence qui entraine et qui persuade : et tel est l'art sublime dont les oraisons funèbres de Bossuet offriront à jamais le modèle et les chefs-d'œuvre. M. Thomas, dans son *Essai sur les éloges*, dit que, long-temps après la mort d'Homère, on prononçoit tous les ans son éloge à Smyrne, et qu'un philosophe grec, arrivant à cette époque dans cette ville, fut prié de s'en charger ; que, pour s'y préparer, il se rendit, suivi du peuple, au lieu où étoit la statue d'Homère, qu'il la tint long-temps embrassée, et qu'ensuite il parla avec la plus grande éloquence.

Dans l'ancienne Rome, les empereurs, ainsi que nos académiciens modernes, faisoient, en montant sur le trône, l'éloge de leurs prédécesseurs. L'empereur Auguste prononça, dans la tribune, l'éloge funèbre de César : ce prince étoit, dit-on, fort éloquent [1]. Tibère fit l'éloge funèbre d'Auguste son beau-père, et celui de Tibère fut prononcé par Caligula. On n'auroit pu choisir un orateur plus digne de faire un tel éloge. Néron fit l'éloge de Claude; il vanta sa *profonde sagesse*, ce qui fit rire les Romains malgré la dignité de l'orateur. Au reste, Néron fut le premier qui ne fit pas lui-même ses discours : le philosophe Sénèque les composoit pour lui [2]; et, depuis Néron, les empereurs, trouvant cette manière plus facile, en général l'adoptèrent.

Les éloges funèbres ne furent connus en France que sur la fin du quatorzième siècle. On croit que le premier François auquel on ait rendu cet hommage fut le célèbre du Guesclin. Cette oraison funèbre fut prononcée, en 1389, neuf ans après la mort du connéta-

---

[1] Il faisoit des vers, il avoit composé un poëme sur la Sicile et une tragédie d'*Ajax*.

(Note de l'auteur.)

[2] Ce philososophe, qui louoit la *profonde sagesse* de l'imbécile Claude, avoit fait contre lui une sanglante satire, intitulée l'*Apocoloquintose*, ou *Métamorphose de l'empereur Claude en citrouille*.

(Note de l'auteur.)

ble, par un évêque d'Auxerre, et en présence de toute la cour. Le texte fut :

Nominatus est usque ad extrema.

« Son nom a été connu aux extrémités de la terre. »

Le *grand œuvre* de la prédication évangélique, les *Sermons*, demanderoient un article à part, et qui ne pourroit être bien fait que par un ecclésiastique. Nous dirons seulement que la morale n'a toute la force qu'elle peut avoir, que lorsqu'elle promet un prix immense pour les sacrifices continuels qu'elle exige ; et lorsque ses préceptes, aussi anciens que purs et sacrés, sont enseignés par un orateur à la fois humble, énergique, éloquent, chargé spécialement de cette respectable mission, dont la vie entière puisse offrir le modèle le plus parfait de toutes les vertus, et qui, ne s'appuyant jamais sur lui-même, ne nous parle de nos devoirs, ne nous ordonne de les suivre qu'au nom de la Divinité !... Voilà ceux auxquels appartient véritablement le droit sublime de rétablir la morale et les mœurs...

Mais quelle influence dans ce genre peuvent raisonnablement avoir des philosophistes également inconséquens dans leur conduite et dans leurs discours, donnant leurs propres opinions comme des oracles, déclarant avec arrogance que tous ceux qui ne s'y soumettent pas sont des imbéciles, des hommes orgueilleux, intrigans, vindicatifs, pleins de foiblesses et de contradictions, et soutenant alternativement et toujours le pour et le contre?.....

CHAPITRE X.

De l'Art dramatique.

Quant à l'art dramatique, voici, je crois, ce qu'on en peut dire : Vingt-sept années se sont écoulées depuis la révolution; et, en cherchant seulement dans ce même nombre d'années, avant la révolution, on trouvera la tragédie de *Tancrède;* celle d'*Iphigénie en Tauride,* de Guymond de Latouche; *Zelmire, Bayard,* et le *Siége de Calais,* de Dubelloy; *Warwick,* de M. de La Harpe; *Guillaume Tell*[1]; *Hypermnestre,* de Lemière, etc., etc...

---

[1] Cette pièce eut beaucoup de succès dans la nouveauté; mais elle est très-médiocre. Un jeune auteur, plein de verve et de talent (M. Pichald) vient d'en faire

Les bonnes comédies furent plus rares ;
mais a-t-on fait, depuis la révolution, une
pièce plus morale, mieux conduite et plus intéressante que l'*École des Pères*, de M. Pieyre ?
un drame plus national et plus agréable que la
Partie de chasse d'Henri IV ? une pièce satirique plus plaisante que *le Barbier de Séville* ?
une comédie plus spirituelle et plus brillante
que *l'Optimiste* ? On ne peut se dissimuler que
l'art dramatique est étrangement déchu depuis

une sur le même sujet et qui est reçue à la Comédie Françoise ; j'en ai entendu quelques fragmens qui m'ont paru d'une grande beauté ; j'ai admiré surtout l'originalité du caractère de *Guillaume Tell*, que l'auteur a su rendre aussi touchant qu'énergique, en alliant en lui à l'amour de la justice et de la liberté, les sentimens naturels les plus humains, et en le rendant toujours accessible à la pitié ; c'est une conception très-neuve, car on a toujours jusqu'ici mêlé plus ou moins de férocité aux grands sentimens patriotiques : on trouvera aussi une intéressante originalité dans le caractère de l'épouse de *Guillaume Tell*. Le même auteur a fait encore une tragédie de *Léonidas**, que je ne connois pas, mais d'excellens juges m'ont dit qu'elle est admirable : elle est également reçue à la Comédie Françoise.

(Note de l'auteur.)

* Depuis cette note écrite, *Léonidas* a été joué avec le plus grand succès.

(Note de l'éditeur.)

vingt-sept ans; il est facile d'en trouver les raisons.

D'abord, pendant les cinq ou six premières années de la révolution, on vouloit de la férocité dans les tragédies; c'étoit, ce qu'on appeloit alors, de la grandeur et de l'énergie. Ensuite beaucoup d'auteurs s'appliquoient à trouver des *allusions flatteuses*, des *rapprochemens flatteurs*; par conséquent il falloit éviter avec soin tout ce qui pouvoit au contraire donner lieu à des applications fâcheuses, soit dans le choix des sujets, soit dans les caractères et le développement des sentimens; et, malgré toutes ces précautions, des censeurs impitoyables signaloient leur zèle en mutilant, sous des prétextes toujours puériles et souvent risibles, ces pauvres tragédies composées avec tant de prudence. Les *vils esclaves*, qui écrivoient sous le règne du *tyran* Louis XIV, n'eurent aucune de ces entraves. Corneille et Racine écrivirent d'inspiration tout à leur aise; enfin quelques auteurs ont uniquement travaillé pour un *seul acteur*, et, en faisant des tragédies, n'ont songé qu'à *un rôle* toujours de même genre : ce n'est pas ainsi que l'on fait de bonnes pièces.

Cependant on pourroit citer de ces derniers temps trois tragédies qui annoncent beaucoup de talent. Quant aux comédies, on a trop agi dans ce siècle pour avoir pu observer ; on a mal peint, parce qu'on a mal vu ou qu'on n'a pas voulu voir. Et d'ailleurs les usages, les manières, le ton, variant et changeant sans cesse avec les divers gouvernemens, les tableaux ont été trop fugitifs pour qu'il ait été possible d'en saisir bien fidèlement les traits. On peut bien, par une esquisse rapide et légère, fixer l'image d'une ombre ; mais l'ombre elle-même, dépourvue de couleurs, vaut-elle la peine qu'un grand maître emploie son talent à en perpétuer le souvenir ?

Pour former des ridicules généraux et des mœurs, il faut de longues habitudes. Nous n'en avons plus ; nous sommes à la fois usés, tout neufs, indécis, irrésolus sur le ton, les manières, les formes que nous devons adopter. Il y a dans la société une telle bigarrure, qu'il est impossible d'y saisir un seul trait caractéristique. Les bons *peintres de mœurs* peuvent bien faire quelques petits portraits isolés ; mais pour tracer ces tableaux frappans de ressemblance, que chacun reconnoît, parce que tout le monde en rencontre les originaux, il faut attendre. Ainsi le temps seul pourra nous rendre la bonne comédie.

Lorsqu'un auteur dramatique veut faire une pièce de caractère, il me semble qu'avant de s'occuper du plan il doit examiner si le caractère qu'il se propose de mettre sur la scène sera plus saillant, offrira un résultat plus moral en le présentant d'une manière burlesque, ou bien en le plaçant dans une pièce d'un comique noble, ou enfin dans un drame pathétique. Par exemple, le caractère de l'avare fournissoit naturellement des scènes beaucoup plus comiques que celui du misanthrope. Comme il faut placer le caractère qu'on veut peindre dans les situations qui peuvent le mieux le faire ressortir, le *colérique* ne sauroit convenir à la comédie; ce caractère est fait pour la tragédie, il a été peint dans *Venceslas*, dans *le Duc de Foix*, etc. Le *Joueur* anglois et l'imitation de Saurin sont des pièces médiocres; mais l'idée d'offrir les funestes conséquences de ce caractère étoit bonne et morale; il falloit le traiter dans ce genre, il falloit, non que le joueur égayât les spectateurs, mais qu'il les fît frémir. Le caractère du *Méchant* demandoit surtout une intrigue profondément combinée, un grand mouvement, et c'est précisément ce qui manque à cette pièce si charmante d'ailleurs. Congrève a peint le méchant avec beaucoup plus de génie dans sa pièce intitulée : *Double dealer*. L'intrigue de cette pièce est un chef-d'œuvre [1]. Tout caractère *bourgeoisement* bas doit être banni du genre sérieux ; il n'y paroîtroit que plat et dégoûtant. Le caractère de l'hypocrite ne pouvoit être placé avec un grand succès que dans une pièce comique ; car l'hypocrisie ne forme point le caractère du *Mahomet* de Voltaire ; elle n'est pour lui qu'un moyen, et l'auteur auroit pu intituler cette pièce *l'Ambitieux*. Le glorieux devoit produire une comédie d'un genre noble ; il falloit représenter un grand seigneur insolent et dédaigneux, mais dont l'orgueil fût nécessairement modifié par l'habitude de vivre à la cour et par l'usage

---

[1] Le dénoûment n'en vaut rien, et la licence de cette pièce est extrême ; mais, avec quelques changemens, il seroit facile, en conservant les beautés supérieures de cette comédie, d'en enrichir notre théâtre. Il est étonnant que nos littérateurs, en parlant de Congrève, n'aient jamais imité cette pièce qui est certainement son chef-d'œuvre. (Note de l'auteur.)

du monde, comme la misanthropie d'Alceste est contrainte par les mêmes bienséances. On ne pouvoit donner au glorieux des ridicules frappans et grossiers; il falloit les peindre avec finesse et profondeur; c'est ce que n'a pas fait Destouches; son glorieux ne ressemble à personne; cet ouvrage offre l'exemple singulier d'un drame intéressant, rempli de mérite, et dont cependant le caractère principal est manqué. Après avoir décidé de quelle manière on doit offrir le caractère principal, c'est-à-dire, si ce sera d'une manière comique ou sérieuse, on ne doit plus s'occuper que du soin de le placer dans une situation embarrassante qui le développe tout entier, en lui causant toute la gêne qu'il peut souffrir; et pour cela, il faut toujours que la situation contraste avec le caractère. C'est ainsi que Molière place l'avare dans la nécessité de faire une dépense, de donner un grand festin; c'est ainsi qu'il représente le misanthrope passionnément amoureux d'une coquette qui n'aime que le monde et la dissipation. Il y a des caractères qui demandent une intrigue, tels que le méchant, le jaloux, l'ambitieux. Une femme angloise, qui avoit beaucoup de talent et un nom singulier, *Su-*

zanne *Cent-Livres* [1], a fait une charmante comédie de caractère et d'intrigue, intitulée *The Buzy Body*, nom qui ne pourroit être traduit en françois que par celui d'*affairé* : mais pour bien exprimer le sens de celui de la pièce angloise, il faudroit dire l'*Affairé officieux et brouillon*.

Les grands caractères, c'est-à-dire, ceux qui sont dominés par un vice ou un travers marquans, sont non-seulement épuisés en littérature, mais n'existent plus dans la réalité. Le dernier degré de la civilisation, sans les détruire, les mitige et les masque ; les convenances sociales, devenues vulgaires, en adoucissent les traits ; l'amour-propre y mêle d'autres travers qui en font des caractères composés ; ils n'ont presque plus rien de théâtral : le vice au fond est le même, mais le ridicule n'y est plus. Les bons peintres de mœurs peuvent aujourd'hui montrer plus que jamais de la finesse et de la pénétration ; mais ils ne seront plus comiques, ils ne feront plus rire ; on ne trouveroit plus dans tout Paris un seul Harpagon. Tous nos Harpagons ont de bonnes ma-

---

[1] Son mari, qui étoit François, s'appeloit Cent-Livres. (Note de l'auteur.)

nières et un langage raisonnable; on ne pourroit les peindre que par leurs actions, et rien ne seroit moins plaisant. Il y avoit jadis beaucoup d'avares aussi francs que celui de Molière; et ce personnage étoit d'autant plus comique pour les spectateurs, que l'amour de l'argent n'étoit nullement alors un vice général. On a donc tort de reprocher à nos auteurs dramatiques qu'ils ne savent nous égayer que par des bouffonneries et des caricatures : ce qui peut fournir un bon comique ne se trouve plus dans la société. Il n'y a plus d'originaux, il n'y a plus de ridicules. Nous avouons franchement, qu'en faisant cette remarque, nous n'avons nullement l'intention de faire l'éloge du temps présent [1]. On a inventé de nos jours un genre

---

[1] J'ai indiqué, dans mon *Journal imaginaire* (ou *Feuille des gens du monde*), deux caractères composés qui, je crois, feroient un bon effet au théâtre : l'un est l'*Égoïste par réflexion*, c'est un homme né sensible, qui n'a conservé de la bonté que les premiers mouvemens qui sont tous naturellement généreux, et qui ensuite, par réflexion, par calcul d'intérêt personnel, se dément, se rétracte, et sacrifie toujours sa parole et ses amis. Il est puni par le mépris, par l'abandon, par l'isolement; on lui suppose même une perversité qu'il n'a pas ; on

de pièces très-nuisible à l'art dramatique en général : c'est ce qu'on appelle *des pièces de circonstance*, c'est-à-dire des pièces jouées d'abord à la cour, ensuite à Paris, et qui expriment l'amour pour le souverain, ou qui célèbrent d'heureux événemens publics. Ces pièces, qui n'offrent ni intrigues, ni caractères, ne peuvent rester au théâtre, ainsi que l'annonce leur titre, et elles sont un très-mauvais emploi du temps et des veilles des auteurs dramatiques. Il vaudroit beaucoup mieux, dans ces occasions, faire comme autrefois de véritables pièces, précédées de petits prologues d'une ou deux scènes. Aux fêtes de la cour de Louis le Grand, on vit successivement les premières représenta-

croit qu'il n'a jamais rien promis de bonne foi, on l'accuse d'une fausseté qu'il n'a jamais eue. Il n'est que foible, inconséquent, personnel; on en fait un hypocrite. Ce caractère est neuf, il est cependant très-commun. Il en est un autre du même genre, mais moins odieux, que l'on pourroit appeler *la fausse obligeance*. Qui n'a pas rencontré des gens qui font avec chaleur et sincérité mille offres de service, qui se chargent des affaires des autres, promettent tout et ne tiennent rien, parce que la paresse et l'étourderie ne leur permettent jamais de remplir leurs nombreux engagemens.

(Note de l'auteur.)

tions des pièces de Racine, de Molière, et des opéras de Quinault. De tels ouvrages honoreroient beaucoup plus des fêtes royales que ne peuvent le faire les *pièces de circonstance* les plus flatteuses. L'usage des *prologues* a été suivi sous les deux derniers règnes; cependant un auteur, qui a saisi où créé tous les genres de flatterie, ainsi que tous ceux de la satire, M. de Voltaire, qui a tant calomnié les rois, inventa les *pièces de circonstance*. Il fit, pour louer Louis XV, un drame intitulé *Trajan* (flatterie qui, depuis, n'a été que renouvelée). L'ouvrage ne valoit rien, et le roi lui-même le jugea ainsi. Après la représentation, M. de Voltaire entr'ouvrit la loge où étoit le roi, et, s'adressant à M. le maréchal de Richelieu, lui dit, de manière à être entendu du roi : Trajan est-il content? Le roi, choqué de cette liberté, terrassa l'auteur par un regard sévère. M. de Voltaire, déconcerté, se hâta de s'éloigner[1]. Cet essai ne mit pas en vogue les *pièces de circonstance*, qui n'ont été à la mode que

[1] Cette anecdote est rapportée dans le *Cours de littérature* de M. de La Harpe, qui n'est pas suspect de malveillance, lorsqu'il parle de M. de Voltaire.

(Note de l'auteur.)

depuis la révolution. Enfin, une chose également nuisible à la littérature, au bon goût et aux mœurs, c'est la grande quantité de spectacles. Avant la révolution, nous n'avions que la Comédie Françoise, l'Opéra, la Comédie Italienne, les Bouffons, et c'étoit assez.

CHAPITRE XI.

De l'Art des Préparations dans les ouvrages dramatiques

SOUVENT une seule pensée, un seul vers, peut motiver l'action ou le dénoûment le plus extraordinaire : si l'on retranchoit de *Rodogune* ce seul vers que dit Cléopâtre :

Tombe sur moi le ciel, pourvu que je me venge !

le dénoûment de cette pièce, cité comme le plus beau qu'il y ait au théâtre, ne seroit plus qu'une atrocité sans aucune vraisemblance. Si, de même, on retranchoit de *Zaïre* cette belle réticence :

Je ne suis point jaloux ; si je l'étois jamais !...

le meurtre de *Zaïre* ne seroit que révoltant.[1] Nul auteur tragique n'a mieux que Racine connu l'art des préparations; c'est surtout dans ses immortels ouvrages qu'il faut l'étudier. Mais, pour bien employer cet art si nécessaire, il faut indispensablement faire avec soin les plans de ses ouvrages en tout genre, comédies, tragédies, romans, nouvelles, etc., etc., et c'est ce qu'on fait bien rarement aujourd'hui; c'est pourquoi la vraisemblance manque à tant d'écrits : il faut avoir prévu les préparations nécessaires, pour les

---

[1] Entre mille injustices reprochées à M. de Voltaire, dans ses Commentaires des pièces du grand Corneille, l'une des plus choquantes est cette étrange note sur ce vers de Corneille, cité ci-dessus :

« Tombe sur moi le ciel, pourvu que je me venge ! »

L'auteur de *Zaïre* devoit, mieux que personne, en sentir la beauté.

Deux invraisemblances intolérables dans le beau roman de *Clarisse*, par Richardson, ont donné lieu à de justes critiques, ce qui est d'autant plus fâcheux que ces invraisemblances produisent les plus belles scènes du roman. Richardson auroit pu prévenir ce défaut en ajoutant quelques traits de plus, dès le commencement de l'ouvrage, aux caractères de Clarisse et de Lovelace.

(Note de l'auteur.)

placer à propos dans le cours de l'ouvrage ; elles tiennent à une succession d'idées qui demande absolument un plan bien combiné ; alors on s'interdit tout détail qui pourroit contrarier ou contredire ces préparations. En lisant attentivement tous nos bons ouvrages d'imagination, on pourra facilement s'initier dans tous les secrets d'un art, en général, si négligé et néanmoins si indispensable.

CHAPITRE XII.

De la Tragédie.

Nous allons maintenant nous occuper de la tragédie. La simplicité, tant vantée dans les ouvrages d'imagination, n'est point par elle-même une beauté ; car, si elle n'étoit pas fondée sur une idée originale et frappante, ou si elle ne donnoit pas lieu à des développemens du plus grand intérêt, elle paroîtroit fort insipide, même avec un bon style ; elle ne seroit qu'un dénûment d'imagination. La tragédie de *Bérénice*, malgré le charme du style, et même l'intérêt touchant du caractère de Bérénice, est une pièce froide qui n'a jamais pu se soutenir au théâtre. Chez tous les peuples, et dans tous les temps, l'art dramatique a toujours commencé par des fictions d'une excessive simplicité. Dans *le Prométhée* qui nous reste d'Eschyle, on ne trouve ni invention, ni événemens, ni incidens. Quoiqu'il y ait du génie dans la manière dont l'auteur a tracé le caractère inflexible et fier de Prométhée, cette pièce n'est pas comparable à celles de Sophocle et d'Euripide. Les plus belles pièces de ces derniers n'ont traversé les siècles avec tant d'éclat que parce qu'elles joignent l'imagination à la beauté du style et à la vérité des sentimens. Par exemple, il y a tant de mouvemens, d'incidens merveilleux, de reconnoissances, et de coups de théâtre dans *OEdipe*, que, si ce sujet étoit moins usé, on en pourroit faire le plus frappant et le plus beau des mélodrames. Les coups de théâtre ne rendent donc point une pièce moins estimable, s'ils sont bien amenés, et si d'ailleurs les caractères sont bien faits, les sentimens bien développés, et si le style est élégant et pur.

Héraclius et *Rodogune* sont des pièces admirables; cependant l'action en est excessivement compliquée, mais elles n'en sont que plus théâtrales. Il est étrange de prétendre que l'intérêt si puissant excité par la surprise et la curiosité, doive être banni du théâtre, des poëmes, et des romans. Pourquoi la lecture de *la Henriade* est-elle, malgré ses beaux vers, si ennuyeuse ? c'est qu'on ne trouve dans ce poëme ni mouvement, ni situations extraordinaires et frappantes. Sans doute les charmes du style, l'élévation des sentimens, la vérité des caractères et des peintures, sont dans la tragédie, des beautés du premier ordre; mais l'ouvrage n'est aussi parfait qu'il peut l'être que lorsqu'on y trouve une fiction originale, attachante, et une grande pompe de spectacle; enfin, il faut observer que les pièces des anciens sont infiniment moins longues que les nôtres. Les actes de leurs tragédies n'ont en général que deux ou trois scènes assez longues, et quelquefois ils n'en ont qu'une seule. Ainsi, dans un moindre espace, ils ont dû naturellement placer moins d'incidens. Il est à désirer que les auteurs dramatiques, en cherchant des sujets ou en traitant ceux qu'ils ont choisis, ne soient pas dominés par la crainte d'entendre comparer leurs pièces à des mélodrames; car cette crainte gêneroit, ou même gâteroit leur talent; et bientôt nous n'aurions plus que des tragédies sans effet et sans imagination. Qu'ils tâchent de bien écrire, de n'être ni communs, ni emphatiques, de tracer de grands caractères, de bien peindre les passions; mais qu'ils tâchent aussi d'inventer des fictions théâtrales, et d'offrir un beau spectacle, toutes ces choses réunies forment la perfection de l'art dramatique. Quelques personnes trouvent mauvais que dans les sujets tragiques on ose tracer des caractères atroces. A cela je répondrai que, si l'on n'admettoit plus dans les ouvrages d'imagination que des criminels intéressans, ou du moins excusables, cette fausse délicatesse seroit aussi nuisible à la morale qu'à l'art dramatique. Dès qu'on présente le crime, on doit le montrer épouvantable et monstrueux. D'ailleurs on trouve dans beaucoup de tragédies justement célèbres les monstres les plus révoltans, entre autres, *Mahomet*, qui n'élève des enfans tombés entre ses mains que pour leur faire égorger leur père, atrocité qui se passe sous les yeux des spectateurs; et Cléopâtre, dans *Rodogune*, qui fait poignarder le fils le plus soumis, et qui veut empoisonner l'autre. L'*atrocité* d'un crime n'est donc point un sujet de critique dans une tragédie; mais un défaut intolérable, c'est de faire commettre une atrocité par un personnage que l'on a voulu rendre intéressant pendant quatre actes, tels, par exemple, que *Fayel* dans *Gabrielle*, ou *Barnewelt* dans la pièce de ce nom, de M. de La Harpe. *Mahomet*, et *Cléopâtre* dans *Rodogune*, commettent des *atrocités*, mais sont représentés comme des monstres; et ce spectacle est aussi moral que terrible. Une autre règle, sinon *écrite*, du moins consacrée par l'exemple de tous les grands maîtres, c'est qu'il faut que la terreur n'agisse que sur l'âme, et que par conséquent elle n'offre rien qui puisse agir immédiatement sur les sens. C'est pourquoi le dénoûment du *Calas* de M. Chénier a causé tant d'horreur et d'indignation. Il faut avoir bien peu réfléchi sur l'art dramatique, pour amener sur la scène un homme *disloqué* par le supplice de la question. On le répète, jamais les grands maîtres n'ont présenté ces *atrocités dégoûtantes*. Dans le *Philoctète* grec on voit, il est vrai, un héros souffrant des douleurs physiques; mais il veut les cacher, et c'est sur le soin, qu'il est forcé de prendre, de les dissimuler, que porte tout l'intérêt de la pièce.

Lamothe et beaucoup d'autres auteurs ont dit qu'il n'existe point de tragédie dont l'ensemble soit véritablement moral; il en est une, néanmoins, qui est profondément morale d'un bout à l'autre, c'est *Britannicus*. Dans cette admirable tragédie tous les caractères sont parfaitement développés et soutenus, celui d'*Agrippine* est remarquable par son originalité; avec tous les traits qui peuvent peindre noblement et avec grandeur une femme intrigante et ambitieuse, il offre une infinité de petits détails qu'un mot de plus ou de moins rendroit facilement comiques [1], et le mérite infini des détails complète son étonnante vérité. Il falloit tout l'art et tout le goût de Racine pour oser placer, dans une tragédie, un tel caractère avec toutes ses nuances, dont quelques-unes sont si près du ridicule. Cette pièce a le mérite d'offrir à la jeunesse les leçons morales

[1] Son engouement de la faveur; son indulgence pour Néron, quand elle croit reprendre son empire; la manière dont elle vante son crédit, etc., aucun des commentateurs n'a bien senti la beauté originale de ce rôle. (Note de l'auteur.)

les plus énergiques et les plus frappantes. Qu'est-ce qui prépare, forme et développe *Néron ?* l'orgueil le plus puéril et la foiblesse de prêter l'oreille aux insinuations perfides d'un vil flatteur : n'est-ce pas l'histoire de tous les jeunes gens corrompus ? Racine a représenté admirablement un jeune homme prêt à parvenir au dernier degré de corruption, uniquement parce qu'il préfère depuis long-temps un complaisant subalterne à un ami véritable ; il craint qu'on ne le croie mené par *Burrhus,* et il se laisse mener par *Narcisse.* Que résulte-t-il de cette foiblesse et de cette inconséquence absurde ? D'abord l'éloignement de ceux qu'il doit révérer et chérir, et par conséquent l'ingratitude ; bientôt cette ingratitude, augmentant avec ses déréglemens, devient une haine atroce. Il craint de justes reproches ; plus foible à mesure qu'il s'éloigne de la vertu, il ne veut ni réparer ni expier ; il s'enfonce dans un abîme : et, au cinquième acte, *Néron* tout entier produit l'horrible catastrophe du dénoûment. Que de leçons sublimes dans cette conception !

On pourroit citer encore plusieurs tragédies, tant nationales qu'étrangères, très-morales dans leur ensemble et par leur but; il en est une surtout de Shakspeare, qu'on ne sauroit trop louer sous ce rapport, c'est *Richard III*, où l'ambitieux usurpateur est peint avec les couleurs les plus énergiques, et de manière à inspirer non-seulement de l'horreur pour son caractère et ses crimes, mais un profond mépris pour son extravagance. Le dénoûment est admirable, lorsqu'après la bataille de Bosworth que l'usurpateur vient de perdre, il s'avance seul, à pied sur le théâtre, et voulant fuir, s'écrie avec désespoir : *Mon royaume pour un cheval*[1]!...... Ce mot est véritablement sublime dans la bouche d'un homme qui a commis tous les forfaits pour parvenir au trône. La belle scène des ombres au milieu des deux camps ne pourroit être admise sur notre théâtre françois, mais elle seroit merveilleusement placée à l'Opéra, ou dans un mélodrame. On ne doit pas attribuer à notre siècle le mince honneur d'avoir inventé les mélodrames; c'est à peu près ce qu'on appeloit, dans le dix-septième siècle, des *tragédies à machines*; le grand Corneille fit les premières.

---

[1] *My kingdom for a horse!* (Note de l'auteur.)

Comme, en général, il n'y a dans ces pièces ni vérité, ni développement de sentimens, ce genre sera bientôt épuisé : mais c'est le spectacle favori du peuple, et il mériteroit toute la surveillance de la police. Ces pièces pourroient devenir très-utiles, si elles offroient toujours la morale la plus pure et la plus irréprochable.

CHAPITRE XIII.

De l'Art théâtral, de la Déclamation, etc.

L'art théâtral dans le grand genre, c'est-à-dire, dans la tragédie, est composé de deux parties : la déclamation qui enseigne à bien dire des vers; et le jeu, moins susceptible d'enseignement, qui exprime les passions. Par une conséquence très-remarquable aujourd'hui dans les écoles dramatiques, on néglige presque entièrement la déclamation, la seule chose de l'art que des maîtres puissent enseigner, et l'on s'attache à former le jeu des élèves que rien ne peut perfectionner que l'expérience et le talent naturel. La beauté de la déclamation consiste dans la pureté de la prononciation; l'art d'adoucir et de conduire sa voix, et de donner aux paroles une justesse raisonnée d'inflexions. En général la moitié de tout rôle tragique ne demande qu'une belle déclamation; les récits, le débit, une multitude de scènes n'exigent absolument que cette partie de l'art. Si l'acteur déclamoit mal, quel que fût son talent dans les mouvemens énergiques et passionnés, il ne rempliroit qu'imparfaitement un beau rôle; il seroit médiocre dans la plus grande partie de ce rôle, tout le charme des beaux vers seroit perdu dans sa bouche. S'il avoit d'ailleurs de grands succès, il gâteroit l'oreille et le goût de ses admirateurs; il seroit coupable d'un attentat que nul poëte et même nul littérateur ne doit excuser; il dépouilleroit Racine de sa divine harmonie.

Lorsqu'on veut apprendre à chanter, on commence par *solfier;* le maître, avant de songer à donner au chant du charme, de l'âme, et de l'expression, s'occupe uniquement à former l'organe de la voix et la justesse des intonations. Il semble de même que, dans l'art théâtral, on devroit commencer par enseigner seulement la déclamation, en faisant apprendre à l'élève, non des rôles, mais des odes et des morceaux détachés de nos meilleurs poëmes. Quand il déclameroit parfaitement les odes de Rousseau et les beaux vers de la *Henriade*, des poëmes de M. Delille, etc., on lui donneroit des rôles.

On n'a jamais mieux déclamé que Le Kain, mademoiselle Clairon, et Monvel : l'art de la déclamation a beaucoup perdu depuis trente ans. Mademoiselle Vestris commença à le gâter par une prononciation vicieuse, que presque tous les acteurs ont imitée depuis. Elle mettoit des *e* muets au dernier mot de tous les vers masculins terminés par un *r*; par exemple, elle eût dit :

J'ai cru sur mes projets, sur vous, sur mon *amou-re*,
Devoir en Musulman vous parler sans *détou-re*;

et en appuyant à l'excès sur ce *re*, qu'elle ajoutoit. Il est inconcevable qu'une prononciation aussi ridicule, non-seulement n'ait pas été sifflée par le public, mais que personne, avant l'auteur de cet ouvrage, ne l'ait critiquée, et que les acteurs l'aient adoptée. Il y a environ cinquante ans qu'un acteur nommé *Aufrène* débuta avec beaucoup d'éclat dans la tragédie; il avoit imaginé de jouer la tragédie sans déclamation, avec le ton et les gestes les plus familiers. Il en résultoit qu'il dénaturoit les beaux vers de Racine, de Corneille et de Voltaire; qu'il déjouoit les autres acteurs qui paroissoient emphatiques auprès de lui, et qu'il gâtoit l'art. Les gens que séduisent toujours les nouveautés bizarres et les lieux communs, furent enchantés de cette nouvelle manière, précisément parce qu'elle étoit excessivement discordante avec la bonne, et ils croyoient répondre victorieusement à ceux qui la condamnoient, en répétant qu'elle étoit plus naturelle, ce qui assurément est incontestable; car on ne peut nier qu'il n'y a point de héros, de rois et de princesses, qui, par l'extérieur et le langage, soient semblables aux personnages du théâtre. Mais si l'on veut les voir dans la pure réalité, il faut donc aussi les faire parler en prose, ou du moins abolir cette haute et divine poésie réservée pour eux seuls; et ne plus écrire la tragédie qu'en employant les vers familiers de la simple comédie.

Comme il y a de l'idéal dans le langage de la tragédie, on doit en retrouver dans toutes les autres parties du jeu des acteurs; et, sans cet accord, l'illusion même de la tragédie seroit détruite; c'est l'harmonie de l'ensemble qui la produit; c'est cette nature embellie, mais possible, comme la Vénus de Praxitèle; c'est ce beau idéal, qui, en élevant l'âme, frappe, séduit l'imagination, et qui fait d'une belle tragédie le chef-d'œuvre des conceptions littéraires, et de sa représentation le plus ravissant, le plus noble amusement que l'homme ait jamais inventé.

Combien, depuis les anciens Grecs, l'art de la déclamation a dû gagner et se perfectionner! L'expression du visage, le jeu muet, la douceur des inflexions de la voix, toutes ces choses qui demandent tant de talent, n'existoient pas pour des acteurs qui jouoient avec des masques, et qui étoient obligés de toujours forcer leur voix pour être entendus; et des hommes qui jouoient des rôles de femmes, de jeunes princesses!

On doit à M. le comte de Lauraguais d'avoir débarrassé la scène françoise des balcons qui obstruoient ridiculement le théâtre; et l'on doit à mademoiselle Clairon d'avoir perfectionné le costume théâtral: elle supprima les paniers, les gants, et elle prit le costume de ses rôles. Jusque-là, au mépris de l'antiquité, on n'avoit porté au théâtre que l'habit de cour françois; le respect pour nos rois faisoit penser que nul *costume ne pouvoit être plus majestueux et plus beau.*

Il est une partie de l'art théâtral dont on n'a jamais parlé, et qui mérite cependant quelque attention, c'est le *jeu muet* des acteurs; cette expression silencieuse est souvent nécessaire, cependant on peut en abuser. Sans doute, lorsque Monime s'interrompt pour dire à Mithridate:

Seigneur, vous changez de visage,

ce mot ne produiroit aucun effet si la physionomie de Mithridate n'eût pas, à l'avance, exprimé la surprise et le mécontentement: mais il ne faut pas que le jeu muet des acteurs puisse jamais distraire d'un récit ou d'un détail important fait de vive voix; par exemple, dans la belle scène d'Agrippine et de Néron dans *Britannicus,* le visage de Néron doit exprimer en général un peu de dédain, de la froideur et de la dureté; néanmoins s'il varioit ses expressions, il causeroit une distraction fâcheuse sur le discours d'Agrippine. On pourroit donner plus d'étendue à ces réflexions, mais je ne prétends donner ici qu'une indication superficielle qui du moins a le mérite d'être neuve.

CHAPITRE XIV.

De la Comédie.

En 3564 (du monde), Eupolis, Cratinus et Aristophane ont rendu fort célèbre la comédie appelée *ancienne*, qui a tenu lieu, chez les Grecs, de satire[1].

En 3680, Ménandre fut l'auteur de la nouvelle comédie. On ne lui rendit pas justice de son vivant ; on lui préféra les pièces de Philémon, qui lui étoit fort inférieur.

Tout le monde convient que nos bons auteurs comiques, et surtout Molière, sont infiniment supérieurs à ceux de l'antiquité ; il n'est point de pièces dans ce genre que l'on puisse mettre au-dessus du *Misan-*

---

[1] On y représentoit des personnages existans et sous leurs noms. (Note de l'auteur.)

-thrope [1], de *l'Avare*, de *l'École des maris*, des *Femmes savantes*, du *Tartufe* [2], etc.;

[1] Le caractère, le plan et tous les détails de cette comédie sont également dignes d'admiration.

Timon, le *Misanthrope* des anciens, n'a rien de commun avec le nôtre : ce Timon est un rustre bien grossier et bien farouche qui dit des injures à tous ceux qu'il rencontre. Le *Misanthrope* de Molière est un homme de la cour continuellement gêné et mis au supplice par toutes les entraves de la politesse et de l'usage du monde. Il y avoit du génie à le placer sur un théâtre, où l'esprit observateur et droit peut trouver tant de choses à blâmer. Le héros de la pièce est intéressant, parce que son dégoût pour le genre humain vient surtout d'une vertueuse indignation contre le vice, l'intrigue et la fausseté; d'ailleurs il est si naturellement frondeur, qu'on sent qu'il a dû l'être, même au collége, et que cet esprit de denigrement est né avec lui, c'est-à-dire avec le développement de sa raison; enfin, pour que rien ne manque à ce grand tableau, il est passionnément amoureux d'une coquette médisante, frivole, légère, qui n'aime que le monde et la dissipation. Au dénoûment, Alceste, forcé de renoncer à elle, est puni de son humeur atrabilaire et de son inconséquence; ce qui complète la perfection de cette pièce incomparable.

(Note de l'auteur.)

[2] M. Marmontel, dans ses Mélanges, dit que le plus beau plan de comédie, le seul qui lui ait causé un véritable étonnement, est celui du *Tartufe*. J'ose dire

de *la Métromanie* de Piron, *du Méchant* de Gresset, du *Joueur* de Regnard, etc.

Assurément on ne citera pas au nombre de nos bons ouvrages dramatiques ceux de M. de Voltaire dans ce genre, par exemple, *Charlot* ou *la comtesse de Givry*, drame absurde, avec divertissement; *le Droit du seigneur, le Dépositaire, l'Hôte et l'Hôtesse, la Princesse de Navarre, la Femme qui a rai-*

que ce jugement est bien peu réfléchi, car le plan du *Tartufe*, et son dénoûment (partie essentielle d'un plan), sont les seules choses que l'on puisse justement critiquer dans cette belle pièce. Est-il croyable qu'un homme marié en secondes noces à une jeune femme vertueuse et charmante, que cet homme, ayant de son premier mariage des enfans qui ne lui ont jamais donné le moindre mécontentement, les déshérite et prenne sa femme en aversion, parce qu'il s'est entiché d'une amitié folle et passionnée pour un hypocrite qui le décide à lui donner sa maison et tout son bien, uniquement parce que ce tartufe lui présentoit de l'eau benite à l'église et qu'il lui a conté qu'il avoit eu de grands remords, et qu'il s'étoit confessé d'avoir un soir tué une puce avec colère?.... Je conviens qu'il faut un talent prodigieux pour faire passer de telles invraisemblances; aussi les détails de cette comédie sont-ils admirables, mais *le plan en est excessivement défectueux.*

(Note de l'auteur.)

son, *Trajan* ou *le Temple de la gloire*, première pièce de circonstance du théâtre françois, flatterie faite pour Louis XV, et qui, comme nous l'avons déjà dit, déplut également au prince et au public; *Samson*, *Pandore*, *Tanis et Zélide*, la fête de *Bellebat*, etc., opéras que le plus mauvais auteur de nos jours rougiroit d'avoir faits; *les Deux tonneaux* et *le Baron d'Otrante*, opéras comiques, d'une platitude qui n'est pas concevable, quand on songe au nom de l'auteur. Le baron d'Otrante est un jeune seigneur de dix-huit ans, qui ouvre la scène par ces jolis vers :

<blockquote>
Je prétends qu'on me réjouisse,
Dès que j'ai le moindre désir;
Holà! mes gens, qu'on m'avertisse
Si je puis avoir du plaisir!
</blockquote>

Quand M. de Voltaire n'est pas satirique, voilà, dans le genre comique, son naturel et sa gaieté; le reste de la pièce répond parfaitement à ce début; et voici, quand il n'est ni tragique ni licencieux, sa galanterie. Il s'agit d'une belle personne :

<blockquote>
Elle donne des lois
Aux bergers, aux rois,
A son choix.
</blockquote>

Qui pourroit l'approcher
Sans chercher
Ce danger?
On meurt à ses yeux sans espoir ;
On meurt de ne les plus voir.

(Divertissement de *la Comtesse de Givri*.)

Voici encore de la galanterie :

Vous seule ornez ces lieux :
Des rois et des dieux
Le maître est dans vos yeux [1].
Ah! si de votre cœur
Il étoit vainqueur,
Quel bonheur !
Tout parle en ce beau jour
D'amour.
Un roi brave et galant,
Charmant,
Partage avec vous
L'heureux pouvoir de régner sur nous.

(Divertissement de *la Comtesse de Givri*.)

M. de Voltaire a prodigué, dans ses poésies lyriques, cette *harmonieuse* mesure (des vers de neuf syllabes), comme dans ce chœur de *Tanis et Zélide* :

Demeurez, régnez sur nos rivages ;
Connoissez la paix et les beaux jours ;
La nature a mis dans nos bocages
Les vrais biens ignorés dans les cours.

[1] Agréable inversion.

Ce n'est pas ainsi que Racine et Quinault ont fait des chœurs et des vers lyriques, et tous ceux de M. de Voltaire, en ce genre, sont de la même force. Dans son *Trajan* ou *Temple de la gloire*, ouvrage à grande prétention, on trouve cette tirade :

> Tout rang, tout sexe, tout âge,
> Doit aspirer au bonheur¹.
> Le printemps volage,
> L'été plein d'ardeur,
> L'automne plus sage,
> Raison, badinage,
> Retraite, grandeur,
> Tout rang, tout sexe, tout âge
> Doit aspirer au bonheur.

Si J.-B. Rousseau, M. de Pompignan, Gresset, Piron, eussent fait de tels vers et de telles pièces, comme M. de Voltaire s'en seroit moqué, et qu'il auroit eu raison ! Que l'on compare toutes ces productions lyriques au *Devin du village*, et le vrai talent de J.-J. Rousseau n'étoit pas celui de la poésie.

Quant aux deux seules comédies de M. de

---

¹ Ce n'est pas tout-à-fait *un devoir*, surtout pour le bonheur dont il s'agit ; mais, au fond, la *pensée* est d'une incontestable vérité.

(Note de l'auteur.)

Voltaire, qui soient restées au théâtre (*l'Enfant prodigue* et *Nanine*), ses admirateurs même conviennent que ces pièces sont infiniment au-dessous des moins bonnes de Lachaussée et de Destouches; la versification en est très-défectueuse, on y trouve même beaucoup de vers ridicules : c'est dans *l'Enfant prodigue* qu'une jeune personne *innocente*, bien élevée et non mariée, dit que deux époux qui ne s'aiment pas sont

> Sans joie à table, et la nuit sans amour!

On trouve aussi le vers suivant dans cette pièce.

> Souffrir n'est rien, c'est tout que de déchoir.

« Ce vers auroit beaucoup plus de justesse en le retournant ainsi :

> Déchoir n'est rien, c'est tout que de souffrir.

Les caractères de cette pièce n'ont ni vérité ni vraisemblance, et toutes les plaisanteries en sont détestables. Pour *Nanine*, l'auteur n'a dû son succès qu'à son nom, ses cabales, et le talent de mademoiselle Gaussin. Toutes les jeunes et jolies actrices aiment le rôle de Nanine, parce qu'elles y paraissent successivement sous deux costumes, l'un très-brillant, et l'autre tout-à-fait champêtre; mais la pièce n'en est pas moins un tissu d'extravagances : il est révoltant que Nanine, qui a été élevée par la baronne, supplante sa bienfaitrice, sans éprouver de remords ni même le moindre scrupule; il est absurde qu'un jardinier bien grossier, qui dit : *j'allions, je venions*, ait la folie de demander en mariage une belle demoiselle richement habillée, couverte de pierreries, admise à la table des maîtres du château. Il est incompréhensible que le comte d'Olban, auquel l'auteur a voulu donner une grande élévation d'âme, un esprit supérieur, prétende se justifier auprès de la femme qu'il trahit et qu'il abandonne, en lui disant que le monde est *une loterie* et que *l'amour a deux carquois*, et qu'ensuite il charge son valet de chambre d'aller, sans délai, acheter à Paris, pour son mariage avec Nanine, les plus belles étoffes d'or et d'argent, les plus beaux diamans de Lempereur [1], une superbe voiture, six chevaux, etc. Cette commission de deux ou trois

---

[1] Fameux joaillier du temps. (Note de l'auteur.)

cent mille francs, au moins, est exécutée avec une célérité peu commune : le valet de chambre revient au bout d'une demi-heure, en annonçant qu'il rapporte tous ces magnifiques achats ; et qu'enfin cet amant passionné, sur la seule lecture d'un billet ambigu, mais pour lui seul, car les expressions employées par Nanine annoncent non l'amour, mais le plus profond respect, que cet amour, dis-je, *vainqueur du préjugé* [1], se persuade que Nanine, amoureuse d'un paysan du village voisin, lui envoie tous ses diamans, en ajoutant qu'elle se flatte qu'il *daignera* les accepter. D'après cette lecture, le comte d'Olban, malgré la grandeur de son âme, ordonne qu'on dépouille sur-le-champ l'objet d'une passion si exaltée, que l'on force Nanine à reprendre ses habits de villageoise (qu'apparemment elle a conservés), qu'on la chasse de la maison, qu'on la conduise et qu'on la laisse toute seule sur le grand chemin ; et le style de cette comédie, toujours lâche, diffus, rempli de fautes de langage, et surtout emphatique, ne rachète dans aucune scène ces défauts cho-

---

[1] Le second titre de la pièce est *le Préjugé vaincu*.
(Note de l'auteur.)

quans de vraisemblance, l'immoralité du sujet qui présente la raison et la fidélité tournées en ridicule, et le triomphe du parjure et de l'ingratitude.

Je finirai cet article par quelques réflexions sur nos valets de comédie.

Les *Crispins*, les *Frontins*, les *Pasquins*, toujours très-fripons et très-gais dans les comédies, les opéras comiques et les mélodrames, ne peuvent avoir qu'une funeste influence sur les mœurs du peuple, surtout quand les spectacles sont multipliés, et que les prix des places et les heures des représentations permettent aux personnes de toutes les classes d'y aller souvent.

Nos valets de comédie, copiés d'après ceux de Plaute, n'ont aucune vérité; mais les modèles de ces personnages existoient réellement dans l'antiquité. Des esclaves achetés dans l'enfance et élevés avec les enfans de leurs maîtres, prenoient une sorte d'éducation et cette finesse et cette souplesse que peuvent donner la foiblesse et la dépendance. Ils devenoient souvent les confidens de leurs jeunes maîtres, et cherchoient à se rendre utiles en les servant dans leurs intrigues. Telle est sans doute la véritable origine de nos soubrettes et de nos Crispins; mais il faut observer que, chez les anciens, ces personnages n'avoient pas les inconvéniens qu'ils ont parmi nous. Ces valets représentoient des esclaves, et le profond mépris pour cette classe préservoit de la tentation de les imiter.

CHAPITRE XV.

De l'Histoire et des Historiens.

Le dix-septième siècle, si fécond en grands écrivains, ne l'a pas été en historiens. Bossuet rouvrit avec un éclat prodigieux cette noble et belle carrière; et devant y conserver toujours la première place, il y resta seul pendant un demi-siècle, comme si l'étendue de ses idées, de son plan, qui embrassoit l'univers entier, tant de force, de profondeur, de majesté, eussent suffi pour illustrer et pour achever de remplir à jamais ce champ si vaste!....

Le dix-huitième siècle a été très-riche en bons historiens, mais les plus estimables ont paru dans les quarante premières années de ce siècle. Les idées morales étoient saines encore; les sophistes, qui eurent depuis tant de vogue, n'avoient point encore bouleversé la littérature et gâté l'esprit public.

Quintilien, en parlant des qualités nécessaires à un grand orateur, dit : *Je le veux tel qu'il n'y ait qu'un honnête homme qui puisse l'être.* On en peut dire autant des historiens. Que sont-ils lorsqu'ils manquent de principes et de véracité? Le sage, le laborieux et véridique Rollin offrit, dans ce genre, à la jeunesse et au public, un grand et solide travail qui honorera toujours la littérature françoise. M. de Voltaire a été équitable pour cet écrivain. Dans son Dictionnaire et dans d'autres ouvrages, il loue son naturel et son style. L'abbé de Vertot, l'abbé de Saint-Réal, l'abbé de Velly, s'illustrèrent dans la même carrière. Un philosophiste cynique aspira à de plus bruyans succès, et n'obtint qu'une honteuse et funeste célébrité, dont tout l'éclat s'est évanoui : ce fut l'abbé Raynal. Son histoire du stathoudérat est ridiculement écrite; et son *Histoire philosophique des Indes* offre, dans un style boursouflé, des peintures indignes de l'histoire, des mensonges odieux et des erreurs monstrueuses. Il est remarquable que le titre *philosophique* ait été déshonoré par les ouvrages qui, dans ce genre, ont fait le plus de bruit : l'histoire dont nous parlons et le *Dictionnaire philosophique*. Ces ouvrages doivent sans doute contenir de pernicieuses doctrines ; mais il semble que leurs auteurs, par respect pour ce qu'ils appeloient la philosophie, auroient dû naturellement réserver les turpitudes qui s'y trouvent pour leurs pamphlets anonymes [1]. Le mépris de toute morale et de toute bienséance dans les ouvrages volumineux qui portent ce titre, est assurément une maladresse incompréhensible dans de tels écrivains.

Tout ouvrage qui n'a pas le ton qu'il doit avoir manque de goût, et ce seul défaut empêcheroit M. de Voltaire d'être placé au rang des grands historiens. Outre le ton épigrammatique qu'on s'accorde à lui reprocher, il manque sans cesse, en écrivant l'histoire, aux

---

[1] Entre autres infamies consignées dans le *Dictionnaire philosophique*, voyez les articles *Déjection*, *Ignorance*, *Passions* ; et dans l'*Histoire philosophique*, les détails sur les Bayadères, la secte des Budoïstes et tant d'autres morceaux. (Note de l'auteur.)

convenances les plus connues et les plus généralement suivies ; par exemple, dans l'*Histoire de Charles XII*, il se cite lui-même, non en note, mais dans le cours de l'ouvrage et de la narration qu'il interrompt pour raconter ce qu'il a vu et ce qu'il a entendu dans sa première jeunesse. Mais quand son style seroit aussi parfait à cet égard, qu'il l'est d'ailleurs par le naturel et la clarté, il n'en mériteroit pas moins d'être exclu de la liste des historiens estimables ; car nul autre n'a fait des bévues historiques plus étranges et des mensonges aussi audacieux et aussi multipliés ; écoutons-le lui-même sur ce point : en envoyant à son ami Damilaville un morceau d'histoire manuscrit, il lui dit :

« Nous étions convenus, malgré la loi de
» l'histoire, de supprimer des vérités ; par-
» courez ce manuscrit, et si vous y trouvez
» quelque vérité qu'il faille encore immoler,
» ayez la bonté de m'en avertir. » (*Lettres de Voltaire.*)

Ici toute réflexion seroit inutile : nous n'en ferons point.

Un autre *philosophe*, mais qui avoit un caractère plein de droiture et un fond de respect pour la religion (M. Gaillard), a été l'un des meilleurs historiens de ce siècle. L'*Histoire de François I*er., la *Rivalité de la France et de l'Angleterre* [1], l'*Histoire de Charlemagne*, sont des ouvrages excellens, à quelques erreurs près d'opinions et de principes, mais en très-petit nombre. L'auteur avoit une belle âme, beaucoup d'esprit, de raison et de sagacité, un très-bon style; il étoit aussi laborieux que véridique; son érudition étoit prodigieuse; enfin, il avoit toutes les qualités qui forment les grands historiens. D'autres écrivains, quoique très-inférieurs à ceux qu'on vient de nommer, se sont néanmoins distingués aussi dans ce genre; entr'autres, M. Desormeaux qui nous a donné une histoire intéressante du grand Condé. Enfin, dans ce moment, nous avons

---

[1] Les philosophes ne lui ont jamais pardonné d'avoir dit nettement dans cette histoire qu'il falloit reconnoître quelque chose de *véritablement miraculeux* dans la *Vie de Jeanne d'Arc*. M. Gaillard a vu toutes les horreurs de la révolution; ses yeux s'ouvrirent, il se jeta dans les bras de la religion avec toute la sincérité de son noble caractère. Il se retira à Chantilly, où il mourut au commencement de ce siècle.

(Note de l'auteur.)

encore plusieurs historiens dont les talens et les principes sont également dignes d'éloges.

Je ne dirai qu'un mot des Mémoires historiques. Le siècle de Louis XIV en a fourni plusieurs excellens, entre autres les *Mémoires du cardinal de Retz*, aussi intéressans par les faits que par la manière de peindre et de conter. Il est dommage que tant de talent, de connoissance des hommes et des affaires, soit déparé par un esprit factieux et turbulent. Les Mémoires de madame de Nemours prouvent que leur auteur possédoit une sagacité bien rare dans une femme, et ils montrent aussi une impartialité plus rare encore, surtout dans les temps de factions. Je me glorifie d'avoir tiré de l'oubli, il y a plus de trente-six ans, ces excellens Mémoires ; ils entrèrent dans un Cours de lectures historiques que je faisois alors ; j'en parlai avec admiration dans un de mes ouvrages ; on en fit aussitôt une nouvelle réimpression, et ils furent généralement relus [1].

[1] Quiconque aime les lettres trouvera toujours un grand plaisir à *ressusciter* un bon ouvrage ; j'ai éprouvé qu'il y en a beaucoup aussi à faire connoître un excellent ouvrage étranger dont personne encore n'a fait mention ;

Les Mémoires de Gourville sont très-curieux; ceux de madame de Motteville sont remarquables, surtout par leur candeur et le ton de sincérité qu'on y trouve d'un bout à l'autre. Quant aux Mémoires de mademoiselle de Montpensier, on désireroit qu'une princesse du sang s'exprimât avec plus d'élégance et de pureté; mais, tels qu'ils sont, ces Mémoires fourniront toujours à l'histoire d'utiles matériaux. On pourroit citer encore beaucoup d'autres Mémoires estimables de ce temps.

Il est à remarquer que les mœurs ont une influence frappante sur ce genre d'ouvrages: quand elles sont bonnes, les Mémoires sont toujours écrits avec noblesse, ou du moins avec décence. Quand la religion, et par conséquent les mœurs, tombent en décadence, les Mémoires deviennent cyniques et de véritables libelles; ceux qui nous restent du temps de la régence sont une des preuves de cette

c'est ainsi qu'ayant lu en anglois, six ans après leur publication à Londres, les *Vies des célèbres poëtes anglois*, de Samuel Johnson, je me hâtai d'en parler dans *Adèle et Théodore*, et au bout de peu de mois j'eus la satisfaction d'en voir paroître une traduction françoise.

(Note de l'auteur.)

vérité; et cette preuve ne s'est malheureusement que trop multipliée jusqu'à nos jours [1].

Une belle idée seroit d'entreprendre de purifier l'histoire (et par conséquent les Mémoires historiques) de tous les mensonges qui la souillent. On feroit un ouvrage très-volumineux, et qui justifieroit une infinité de grands personnages calomniés dans l'histoire.

Un homme de beaucoup d'esprit, qui a passé plusieurs années à Constantinople, voyagé dans les Indes, et qui possède les langues orientales, a fait, d'après les lectures et les traditions qu'il a recueillies, un Mémoire très-intéressant sur Alexandre le Grand, et dans lequel il entreprend de prouver que ce héros n'a commis aucun des crimes que l'histoire lui impute. Nous ne citerons qu'un trait de ce Mémoire, mais qui, dans le système de l'ingénieux auteur, nous paroît être de la plus grande force.

On a généralement accusé Alexandre d'avoir poussé le délire de l'orgueil jusqu'à vouloir se faire rendre les honneurs divins; tous

---

[1] *Voyez* les Mémoires de J.-J. Rousseau, ceux de madame d'Épinay, etc., etc., etc. (Note de l'auteur)

les historiens disent qu'il se fit adorer publiquement en Perse. Voici comment le Mémoire le justifie à cet égard.

« Ce prince, comme tous les conquérans qui
» ont connu le cœur humain, s'étoit imposé la
» loi de respecter les *constitutions politiques*
» et les coutumes des nations soumises par ses
» armes. En arrivant dans une terre conquise, informé d'avance des usages du
» pays, il les adoptoit sur-le-champ, comme
» s'il n'eût fait que suivre ses propres habitudes, et il exigeoit que sa suite et son
» armée s'y conformassent ainsi que lui. Or
» l'usage universel en Perse étoit de saluer le
» roi, et même les princes du sang, en mettant un genou en terre; Alexandre, sans
» l'exiger, reçut naturellement de tous les
» Perses cette espèce de salut que lui refusèrent plusieurs Grecs de sa suite. » Et j'ajouterai que, dans l'antiquité, la coutume de
l'Orient étoit de dire, par une exagération de
langage passée en habitude, qu'on alloit *adorer le roi*, pour exprimer qu'on alloit lui *faire
sa cour*, lui *rendre ses hommages*, etc. C'étoit uniquement une manière orientale de
parler, à laquelle on n'attachoit aucune idée

de culte et d'idolâtrie, puisqu'on le trouve dans la Bible et dans la bouche des plus saints personnages ; souvent les prophètes l'emploient en sortant de l'audience d'un roi auquel ils viennent d'annoncer avec autorité les sévères volontés de l'Éternel.

On sait que les Grecs étoient naturellement inconstans et malins. Ceux qui suivirent Alexandre furent bientôt excédés des campagnes de guerre et de la fatigue des conquêtes ; ils vouloient retourner dans leur pays ; ils se révoltoient sans cesse. Alexandre eut plus de peine à les retenir et à les contenir qu'à conquérir l'univers. De retour chez eux, après la mort du héros, il n'est pas étonnant que ces Grecs mutins et mécontens aient rempli leurs récits de faussetés et de fables. Quand ils ont dit qu'en Perse on *adoroit* Alexandre, et qu'on ne l'abordoit qu'en se mettant à genoux, et qu'il avoit ordonné aux Grecs d'en faire autant, ils ont dit des faits réels, et cependant ils ont menti, en l'accusant d'avoir exigé un culte parce que ces démonstrations et ces manières de parler n'étoient point une idolâtrie ; qu'il ne les avoit point inventées, et qu'en cela, comme partout ailleurs, il ne faisoit que se conformer aux usages du pays où il se trouvoit¹. Cependant les seules traditions des Grecs ont formé son histoire, mais tous les livres orientaux le disculpent entièrement sur ce point et sur tous les autres. Ces livres ne parlent de lui qu'avec amour et vénération, et lui donnent toujours les titres de *bienfaiteur* et de *père*. Se faire ainsi chérir des nations vaincues, seroit en quelque sorte légitimer les conquêtes, si l'inflexible justice pouvoit jamais les approuver.

Combien d'autres mensonges on pourroit découvrir dans les historiens profanes de l'antiquité! mais ceux de l'histoire moderne sont innombrables². L'un de nos plus véridiques

¹ Usages moins surprenans chez les païens et des idolâtres, que ceux qui, parmi nous, autorisent des princes chrétiens à se faire servir à *genoux*, et à partager dans nos temples l'encens offert à la divinité. Ce dernier honneur, si bizarre et si scandaleux, étoit même rendu au plus petit seigneur de paroisse.
(Note de l'éditeur.)

² Un homme qui avoit une grande instruction, feu M. Crawfurt, m'a protesté que ses recherches historiques lui avoient positivement prouvé que le maréchal d'Ancre et sa femme étoient entièrement innocens de tous les

historiens est M. Gaillard ; et celui qui, de son propre aveu, a le plus outragé la vérité est M. de Voltaire. C'est lui qui a constamment soutenu que le testament imprimé du cardinal de Richelieu n'étoit pas de ce ministre, quoique le maréchal de Richelieu lui eût dit, écrit et répété qu'il n'existoit pas une pièce plus authentique, puisque sa famille possédoit l'original de ce testament. M. de Voltaire n'a jamais voulu se rétracter ; c'est encore M. de Voltaire qui a dit, dans le *Dictionnaire philosophique* et dans le *Siècle de Louis XIV*, qu'à la mort de Cromwell la cour de France prit le deuil, et que la seule mademoiselle de Montpensier *eut le courage d'aller au cercle de la reine en robe de couleur;* et cependant les mémoires de mademoiselle de Montpensier sont entre les mains de tout le monde, et elle y dit expressé-

crimes qu'on leur a imputés. M. Crawfurt vouloit faire une brochure sur ce sujet, mais la mort l'en a empêché.
(Note de l'auteur)

Il est plaisant que l'on ait comparé M. de Voltaire à un moine. L'illustre auteur de l'*Esprit des lois* dit que M. de Voltaire *n'écrira jamais bien l'histoire, parce que, semblable à certains moines, il n'écrit que pour son couvent, c'est-à-dire la secte philosophique.*
(Note de l'auteur)

ment qu'à la mort de Cromwell on n'eut pas l'humiliation de prendre le deuil pour cet usurpateur sanguinaire, puisque la cour étoit en deuil d'un autre prince; et elle ajoute ces paroles : *Sans cela, je crois que j'aurois eu le courage de me dispenser ce soir-là d'aller au cercle de la reine.* On peut juger que l'historien qui a fait des mensonges si grossiers, si faciles à découvrir, et sans aucun intérêt, en a fait bien d'autres quand il s'agissoit de satisfaire ses passions, ses inimitiés, et d'appuyer ses systèmes. M. l'abbé Guénée, dans son excellent ouvrage intitulé *Lettres de quelques Juifs à M. de Voltaire*, a relevé une multitude de mensonges inouïs de cet écrivain sur la *Bible*, et une énorme quantité de fausses citations. Tous les ouvrages historiques de M. de Voltaire en sont remplis; c'est là ce qu'il appeloit *immoler des vérités à l'utilité publique*, c'est-à-dire à la propagation de l'impiété et des principes qui y conduisent. Mais, de tous les mensonges historiques et littéraires de M. de Voltaire et de ses amis, le plus odieux et le plus effronté est celui dont l'abbé de Caveirac fut l'objet. Jean Novi de Caveirac, né à Nimes en 1713, embrassa l'état ecclésiastique, et publia beaucoup d'ouvrages estimables relatifs à la théologie, la morale et la politique. L'un des meilleurs a pour titre : *L'accord parfait de la nature, de la raison, de la révélation et de la politique.* Le titre seul annonce la conception la plus morale et le plan le plus étendu. Si cet ouvrage eût eu la réputation qu'il devoit avoir, il eût servi de préservatif aux systèmes philosophiques modernes. Voltaire et ses sectateurs le sentirent; le génie du malheur inspira ce qu'ils devoient faire dans cette occasion : la génération qui s'éteignoit connoissoit l'ouvrage et l'estimoit; les philosophes *travailloient* pour la jeunesse, et, par leurs nombreuses brochures, s'étoient emparés de tous ses loisirs. Il s'agissoit de l'empêcher de lire cet excellent ouvrage de l'abbé de Caveirac : le critiquer étoit difficile et hasardeux, et d'ailleurs c'étoit un moyen sûr de le faire lire. On prit un autre parti : les calomnies, ainsi que les délations, ne coûtent rien aux chefs de parti et même à ceux qu'ils font agir.

Voltaire et ses sectateurs, n'osant attaquer le livre de l'abbé de Caveirac, résolurent de déshonorer l'auteur et de le rendre un objet de mépris et d'exécration. L'abbé de Caveirac avoit fait anciennement un *Mémoire sur le mariage des calvinistes*, à la suite duquel il avoit ajouté une *dissertation sur les journées de la Saint-Barthélemy*. Le titre n'annonçoit rien qui dût piquer la curiosité; on ne lut point cette brochure qui resta à peu près ignorée; l'édition, au bout de douze ou quinze ans, fut dispersée, on ne la trouvoit plus dans le commerce; l'auteur mourut : alors Voltaire s'empara de l'ouvrage pour le travestir, dans un extrait calomnieux, avec la plus impudente fausseté. Il écrivit, répéta dans tous ses pamphlets, et fit répéter par toute sa secte que l'abbé de Caveirac étoit un *monstre*, qui avoit fait, dans cet ouvrage, la plus *infâme apologie de la Saint-Barthélemy*. On le crut, et l'auteur et ses ouvrages non-seulement perdirent toute réputation, mais tombèrent dans un profond mépris, sur la parole de tant de calomniateurs réunis. Quel triomphe pour la secte d'avoir ainsi couvert d'ignominie un homme plein de talens, qui étoit pieux et qui étoit prêtre, et de plonger dans l'oubli des ouvrages lumineux contre le philosophisme!..... Cependant le temps, qui tôt ou tard dévoile la vérité, fit connoître à quelques gens de lettres (mais depuis la mort de Voltaire) cet ouvrage de l'abbé de Caveirac; et ils virent avec autant d'indignation que de surprise que toutes les déclamations contre cet ouvrage n'étoient que d'atroces calomnies. Le seul but de l'auteur dans cet écrit a été de prouver, en déplorant avec énergie l'horreur du massacre, que la religion n'en fut que le prétexte; que ces forfaits furent l'ouvrage d'une barbare politique et des haines particulières, et qu'enfin il périt moins de monde dans ces horribles journées qu'on ne l'avoit cru d'abord. Voici à ce sujet comment l'auteur s'exprime :

« Éloignés de deux siècles de cet affreux
» événement, nous pouvons en parler, non
» sans horreur, mais sans partialité. On peut
» répandre des clartés sur ses motifs et ses ef-
» fets tragiques, sans être l'approbateur tacite
» des uns ou le contemplateur insensible des
» autres; et quand on enlèveroit à la journée
» de la Saint-Barthélemy les trois quarts de
» ses excès, elle seroit encore assez affreuse
» pour être détestée de ceux en qui tout senti-
» timent d'humanité n'est pas entièrement
» éteint. »

Ajoutons à ceci que les philosophistes n'ont

jamais parlé de la véritable *apologie* de la Saint-Barthélemy, faite par Naudé, dans son livre intitulé *des Coups d'État*, dans lequel il loue ce massacre comme l'action de la plus haute sagesse politique, en n'y blâmant qu'une seule chose, c'est qu'on n'ait pas exterminé tous les calvinistes sans en épargner un seul. L'ouvrage de Naudé fit du bruit, et étoit fort connu; néanmoins Voltaire et ses amis gardèrent à cet égard le plus profond silence. Pourquoi? Naudé étoit impie et séditieux; il fut, dans ses ouvrages, le précurseur de la philosophie moderne.

Toute la secte philosophique s'accordoit à mentir avec cette impudence dans les libelles et dans les ouvrages historiques [1]; leur chef le recommandoit sans cesse : *non pas timidement* (disoit Voltaire), *non pas pour un temps, mais hardiment et toujours..... Mentez, mes amis, mentez; je vous le rendrai dans l'oc-*

---

[1] Quand les amis mêmes de Voltaire le lui reprochoient et lui représentoient qu'il étoit sans exemple d'écrire ainsi des livres sérieux d'histoire, il répondoit qu'il falloit aux François non des histoires, *mais des historiettes.*

(Note de l'auteur.)

casion [1]. » Ce furent les mensonges inouïs d'un libelle de Voltaire contre M. de La Baumelle, qui attirèrent à M. de Voltaire cette réponse énergique et foudroyante :

« Je suis dégoûtant, dites-vous, pour le pu-
» blic ; et qu'êtes-vous à ses yeux ? Qu'est pour
» les dévots l'auteur de *la Pucelle ?* pour les
» chrétiens, l'auteur des *Sermons des Cin-*
» *quante ?* pour les rois, l'auteur de ces mots
» à jamais odieux : *Il n'est qu'un Dieu et*
» *qu'un Roi* [2] *?* pour ce roi, l'auteur de sa
» vie [3] ? pour les âmes généreuses, l'implacable
» ennemi de Desfontaines, de Jean-Baptiste
» Rousseau [4] ? pour des esprits vrais, l'infidèle
» compilateur de l'Histoire universelle ? pour
» les cœurs droits, le pâle envieux de Mauper-
» tuis, de Montesquieu et de Crébillon ? pour
» toutes les nations, l'homme qui a médit de
» toutes ? pour les libraires, l'écrivain contre
» lequel tous les libraires élèvent leurs voix ? »

[1] Lettre a Thiriot, 21 octobre 1736.

[2] Le roi de Prusse.

[3] Cette *Vie privée du roi de Prusse*, par Voltaire, est un vrai libelle.

[4] Et depuis, de Fréron et de tant d'autres.

(Notes de l'auteur.)

Si l'auteur de cette lettre l'eût écrite quinze ou vingt ans plus tard, que de reproches nouveaux et sanglans il auroit pu faire[1]!.....
Admirons en tremblant la providence qui a déshonoré avec tant d'éclat cet affreux philosophisme, en mettant en action et faisant triompher par la terreur ses maximes, ses principes, son impiété, et qui nous a prouvé que de toutes les erreurs qui tendent à égarer l'esprit humain, il n'en est point qui puissent produire un bouleversement aussi complet de toutes les idées morales, des scènes aussi sanglantes, des catastrophes et des crimes plus exécrables et plus funestes.

Les *Souvenirs*, qui contiennent surtout des anecdotes, sont des lambeaux historiques ou du moins des fragmens qui fournissent toujours quelques matériaux à l'histoire. Nous devons au siècle de Louis XIV des modèles parfaits

---

[1] A l'époque de 1753, où La Baumelle écrivoit ces Lettres, Voltaire n'avoit pas encore écrit ses ouvrages les plus horribles contre la religion, tels que *le Dictionnaire philosophique*, *la Philosophie de l'histoire*, etc., ni ses Commentaires sur Corneille, où l'*envie* se montre avec si peu d'adresse.

(Note de l'auteur.)

en tous genres, et même dans les plus légers et les plus frivoles. On a écrit de nos jours beaucoup de souvenirs, mais on n'en a point publié de plus agréables que ceux de madame de Caylus.

Les voyageurs sont aussi des historiens; et souvent beaucoup plus utiles que ceux dont on vient de parler : s'arracher du sein de sa famille et de son pays pour aller chercher de nouvelles lumières, afin d'en enrichir les arts et sa patrie, c'est montrer le sentiment le plus louable et le goût le plus noble. Il est à remarquer qu'immédiatement avant la révolution, les grands et périlleux voyages les plus célèbres n'ont été entrepris que par des hommes d'une des classes proscrites en France (la noblesse)[1].

L'illustre voyageur, dont on devoit un jour confisquer toutes les possessions, M. le comte de Choiseul, poursuivant le cours de ses paisibles conquêtes sur l'antiquité, découvroit des monumens oubliés depuis des siècles; il parcouroit les champs de la Phrygie, et,

[1] MM. de Choiseul, de La Peyrouse, de Châteaubriand, de Forbin.

(Note de l'auteur.)

s'emparant du tombeau de Patrocle et des ruines de Troie, il les dessinoit avec la perfection d'un habile artiste, et les décrivoit avec les talens réunis d'un savant et d'un éloquent littérateur : c'étoit en effet s'approprier ces grands débris de la fortune et de la gloire!.... et cependant, peu de temps après, à Paris, les tribunes révolutionnaires retentirent de déclamations sur l'ignorance et l'incapacité des nobles.

La manière d'écrire des voyages a souffert beaucoup de révolutions. Sur la fin du règne de Louis XIII et sous celui de Louis XIV, les gens du monde, en général, ne sortoient de leur pays que pour faire la guerre ou aller en ambassade ; et, quand par hasard ils voyageoient, c'étoit uniquement pour s'instruire des mœurs, des lois et du gouvernement des nations étrangères. Les voyages alors ne formoient parmi eux que des hommes d'état et d'honnêtes gens. Ils ne faisoient point de cours de chimie, de physique, de botanique et d'histoire naturelle; ils avoient peu de connoissance des beaux-arts. Dans ce temps, en France, les missionnaires, les savans et les négocians, entreprenoient seuls de grands voyages ; ces personnages avoient fait de bonnes études ; mais ils ne prétendoient nullement à la gloire de passer pour de bons écrivains : ils pensoient que, pour faire un bon ouvrage dans ce genre, il suffit d'avoir passé assez de temps dans les pays étrangers pour les bien connoître [1] ; ensuite, d'écrire correctement et avec clarté ; et enfin, de donner une idée juste et précise de ce qu'on a vu. Il a résulté, de cette manière de penser, des ouvrages auxquels les botanistes, les naturalistes et les physiciens, ont reproché quelques erreurs, mais qui d'ailleurs sont pleins de solidité et infiniment instructifs. Les auteurs ont tout vu et bien vu, parce qu'ils ont vu sans système et qu'ils ont séjourné tout le temps nécessaire pour s'instruire véritablement. Qui ne fait que parcourir un pays étranger, en rapporte une multitude d'idées

---

[1] C'est ainsi que pensoient Chardin, qui voyagea quarante ans ; Tavernier, Nichbur, etc., qui ne croyoient pas que, pour bien parler de l'Asie, il pût suffire d'y avoir fait un voyage. Tavernier fit trois voyages en Perse, séjournant long-temps à chaque voyage. Tournefort passa deux ans dans la Grèce. (Note de l'auteur)

fausses. Tous ceux qui ont habité long-temps une terre étrangère, diront qu'ils n'ont jamais conservé, au bout de deux ou trois ans, l'opinion qu'ils en avoient conçue dans les premiers mois, et non-seulement sur les lois, les mœurs et le caractère national, mais sur des choses purement physiques.

L'esprit le plus sain, le plus exempt de prévention apporte toujours dans un pays nouveau des opinions toutes formées, et ces opinions influent prodigieusement sur les premiers jugemens; d'ailleurs l'accueil personnel qu'on reçoit, les gens qu'on rencontre, les aventures qu'on éprouve, l'ennui ou l'agrément du voyage, ont encore une grande influence sur la manière de juger. Telle personne dont la santé se dérange en voyageant, en accuse le climat, qui peut-être n'a aucune part à ce malheur. Que ce même voyageur reste long-temps dans ce même pays, que sa santé se rétablisse et se fortifie, il effacera de son journal la satire du climat pour y substituer un éloge : il en est ainsi de mille choses et de presque tout. Ne trouveroit-on pas ridicule un jeune homme qui, sortant d'une profonde solitude s'aviseroit, aussitôt après son début dans la société, de faire un ouvrage sur les mœurs, les usages du grand monde et de son pays? Cependant il en connoîtroit parfaitement la langue, avantage qui manque à presque tous les voyageurs, même en Europe, et dont sont toujours privés ceux qui voyagent dans d'autres parties du monde. Les voyageurs modernes, très-différens des anciens, ont, en général, la prétention d'être à la fois grands écrivains, profonds penseurs et botanistes, naturalistes, chimistes, physiciens, connoisseurs distingués dans les beaux-arts, et philanthropes doués de la sensibilité la plus exaltée. Voilà bien des choses, et, dans ce grand nombre, il s'en trouve de nuisibles; l'enthousiasme et la passion ne valent rien dans un voyageur; la passion juge toujours mal; l'enthousiasme déclame et ne raisonne point : voilà pourquoi l'on trouve dans nos voyages tant de fragmens d'odes et d'hymnes en prose et si peu de pages instructives et sensées.

On doit encore reprocher à une grande partie de nos voyageurs l'esprit de système, la manie de juger par induction, et surtout celle d'offrir continuellement des contrastes piquans et des oppositions frappantes, ce qui, joint au désir excessif d'être éloquent, produit l'emphase, l'affectation, et n'engage que trop souvent à dénaturer les faits, à tracer des caractères à peu près imaginaires, et même à raconter certaines anecdotes, qui ne paroissent là que pour appuyer certaines idées, ou fournir le sujet de quelques tirades éloquentes : de sorte que le voyageur, égaré en nous décrivant avec effort ce qu'il a cru voir, nous entraîne avec lui dans des terres en effet inconnues ; qu'au lieu d'observer avec calme, fatiguant beaucoup plus son imagination que sa sagacité, il cesse d'être historien pour devenir créateur, et nous donne un ouvrage qu'on pourroit appeler un roman ou un poëme, si l'on y trouvoit l'unité d'intérêt, et plus de vraisemblance. Il faut convenir cependant que nous avons (mais en bien petit nombre) quelques excellens voyages modernes qui réunissent à l'agrément et à la beauté du style, toute la solidité des anciens [1]: Tout ouvrage, de quelque

---

[1] L'ouvrage de M. le comte de Choiseul, ceux de M. le baron de Humboldt, l'*Itinéraire* de M. le vicomte de Châteaubriand. (Note de l'auteur.)

genre qu'il soit, ne peut être véritablement bon sans un style élégant et pur. Espérons qu'à l'avenir les écrivains de ce genre d'ouvrages tiendront un sage milieu entre l'emphase et la sécheresse, et que, sans se livrer à chaque page aux *extases* et aux *ravissemens* sur la cime des montagnes; aux *horreurs religieuses*, dans les forêts antiques; aux *rêveries mélancoliques*, sur le bord des lacs; aux transports passionnés et poétiques à l'aspect des cascades et des rochers, ils n'auront point la froideur glaciale et l'impassibilité des anciens voyageurs, et qu'ils finiront par se persuader que les qualités les plus précieuses dans un voyageur sont la clarté, la simplicité, la raison, l'exactitude et la bonne foi.

CHAPITRE XVI.

Des différens genres de Poésie en général.

Nous n'avons point de meilleurs poëmes lyriques que ceux de Quinault (les chefs-d'œuvre du genre), de Lamothe, de Danchet [1], de

[1] On trouve dans l'un de ces opéras (*les Danaïdes*), une

Bernard, les poésies lyriques de Racine, les chœurs d'Athalie et d'Esther, sont aussi des modèles parfaits en ce genre, auxquels M. de Voltaire n'a jamais pu s'élever même au second rang : il semble néanmoins qu'un opéra soit beaucoup plus facile à faire qu'une tragédie, puisque cette espèce de poëme n'est point assujétie aux règles sévères des trois unités, de lieu,

scène véritablement sublime et toute entière de son invention : Hypermnestre vient, par un serment irrévocable, d'unir sa destinée à celle de Lincée ; l'autel de l'hymen est sur le théâtre ; après la cérémonie, Hypermnestre reste seule sur la scène, elle attend Danaüs, son père, qui doit lui révéler un secret important ; Danaüs survient, il commence par annoncer à sa fille que sa sûreté, sa vie sont attachées à la chose qu'il va lui demander, qui dépend d'elle, et qu'il exige, qu'avant de lui dévoiler ce mystère, elle fasse le serment de l'exécuter, ce qui lui sera très-facile : à ces mots, Hypermnestre, exaltée par le sentiment filial le plus pur, s'élance vers l'autel de l'hymen, sacré pour elle, où elle vient de donner sa foi à son amant ; et elle y prononce avec autant d'impétuosité que d'énergie le serment mystérieux exigé par son père, et ce serment est d'immoler l'époux qu'elle adore !..... Voilà, sans doute, la conception la plus neuve et la plus tragique, et qui, même dans une tragédie, produiroit un grand effet.

(Note de l'auteur.)

de temps, et d'action, et qu'il admet tous les sujets tirés de la fable et de la féerie ; mais il exige aussi une grande facilité de versification dans toutes les mesures de vers, et l'habitude constante des vers alexandrins a souvent privé de cette facilité de très-grands poëtes, entre autres, M. de Voltaire et l'auteur illustre de la traduction en vers des *Géorgiques.* M. de Voltaire a toujours, comme on sait, échoué dans le genre de l'ode qui demande particulièrement de la facilité, de l'harmonie dans la facture des petits et des grands vers, enfin une grande élévation d'âme et un véritable enthousiasme. Après les odes du grand Rousseau les meilleures que nous ayons sont de M. Le Franc de Pompignan ; on peut citer aussi avec éloges quelques strophes de Lamothe, et plusieurs odes entières d'auteurs tout-à-fait de nos jours.

Quant aux poëmes épiques je n'en ai point parlé parce que je ne pourrois citer comme modèle en ce genre que des poëmes antiques ou faits dans des langues étrangères ; mais nous en attendons deux, *Philippe Auguste* qui va paroître, et *Jeanne d'Arc* : ces deux ouvrages achèveront de compléter notre gloire littéraire nationale. Les talens déjà si bien prouvés de

M. Perceval de Grand-Maison, font attendre avec une juste et vive impatience son poëme de *Philippe Auguste* ; j'ai déjà parlé plusieurs fois de *Jeanne d'Arc*, beau sujet si indignement profané et dont une *femme* religieuse, royaliste et françoise s'est si légitimement emparée.

CHAPITRE XVII.
Suite du précédent.

Outre les fables de l'inimitable La Fontaine, nous en avons un assez grand nombre de très-bonnes, faites par d'autres auteurs; on en trouveroit même plusieurs dans les ouvrages de Lamothe, si décrié dans ce genre ; et, en élaguant, en choisissant avec goût dans les productions de tous nos fabulistes, on pourroit former un excellent recueil beaucoup plus moral que celui de La Fontaine, et peut-être égal au sien en mérite littéraire, mais non de cette sorte de mérite qui caractérise particulièrement La Fontaine : ce naturel charmant, cette grâce piquante, ces expressions originales, et cette naïveté si souvent unie à la finesse, et quelquefois à la profondeur. Quelle étonnante variété de tons et de talens dans ses fables! quelle vérité de dialogue! quelle critique piquante, ingénieuse et juste, dans la fable des *Oreilles du lièvre*, dans *le Mulet se vantant de sa généalogie*, dans *le Lion et le Tableau*, dans *le Loup et la Cigogne*, et tant d'autres! quelle ingénuité et que de grâces dans *la Bique et le Biquet*, *le Loup et l'Agneau*[1], etc., etc.! Que de sentiment dans *Baucis et Philémon*, dans *le Vieillard qui plante*, etc., etc.! Quelle belle poésie, quelle noblesse et quelle finesse dans *les Animaux malades de la peste*! dans *le Chêne et le Roseau*! et quelle manière de conter et de peindre!... Se peut-il que M. de Voltaire n'ait pas rougi d'écrire que La Fontaine n'avait *que le seul charme du naturel*[2]!

[1] J'ai cité, au sujet de cette fable, dans le cours de ces Mémoires, un mot charmant d'un enfant âgé de huit ans, mon élève (le jeune Alfred); ce mot rendroit cette fable aussi touchante que morale, si l'on supprimoit les vers qui la commencent : *La raison du plus fort*, etc.; ce que je fais toujours, quand je la récite à des enfans.

[2] *Voyez* ses notes à la suite du Siècle de Louis XIV.

(Notes de l'auteur.)

Il me semble que plusieurs autres fabulistes ont aussi *le charme du naturel*. Ce mérite, qui devient tous les jours plus rare, en est un grand sans doute, et nul autre mérite n'en sauroit tenir lieu. Mais un auteur peut avoir du naturel, sans être un écrivain supérieur dans son genre. M. de Florian a fait de très-jolies fables; on y trouve du naturel, de l'esprit et de la morale; ce recueil est en général fort agréable, mais n'offre rien de supérieur : l'auteur écrit foiblement en vers ainsi qu'en prose; son style manque absolument de couleur, de mouvement et d'harmonie; sa narration est quelquefois diffuse et languissante, et souvent il récite froidement ce qu'il faudroit peindre. Enfin La Fontaine étoit poëte, et la poésie se trouve rarement dans les fables modernes.

En général, il me semble que depuis La Fontaine on n'a pas assez profité, pour ce genre, des connoissances si répandues en histoire naturelle et en botanique. Que d'animaux nouvellement connus : la girafe, les gerboises, les sarigues, le pécari, etc., qui, par la singularité de leur conformation et par leurs mœurs, fourniroient d'excellens sujets de fables! et quelle multitude de plantes extraordinaires n'a-t-on pas découvertes dans ce siècle!

Les fables de La Fontaine ne sont point, en général, assez morales pour qu'on les puisse placer au rang des ouvrages utiles à l'éducation; d'ailleurs les sujets tirés de l'histoire des animaux présentent nécessairement des tableaux révoltans, qu'on doit éviter de mettre sous les yeux de la première jeunesse. Le loup dévorant l'innocent agneau, le vautour se précipitant sur la colombe, la tyrannie et la cruauté du lion, la férocité du tigre, toutes ces descriptions offrent des images atroces et dégoûtantes qui ne peuvent paroître vraisemblables que pour ceux qui ont le malheur de vivre depuis long-temps parmi les hommes. Les apologues, puisés dans le règne végétal, ne fournissent que des sujets dans lesquels de telles peintures ne peuvent se trouver; cependant les fleurs ont des caractères distinctifs, fixés surtout par leurs propriétés bonnes ou mauvaises; le poëte doit les étudier, les connoître, y conformer le plan de sa fiction, et il peut en tirer des contrastes aussi piquans et des résultats moraux aussi instructifs que de l'instinct et des mœurs des animaux. Dans ce genre de composition, une règle dont rien ne dispense, c'est de faire agir et parler suivant sa nature, l'animal, la plante, ou l'être matériel que l'on personnifie. La Fontaine même n'est pas, à cet égard, à l'abri de toute censure. Sa fable du pot de fer et du pot de terre est, dans ce sens, très-mauvaise, car les pots de fer et de terre ne voyagent ni ne marchent [1]. Dans *la Poule de Caux*, de M. de Florian, cette poule quitte la Normandie pour aller à Londres, où un coq anglois lui dit :

> Écoute, miss, tu vois en moi ton maître,
> Mais tu me plais : je suis sultan ici,
> Et je veux bien dans mon sérail t'*admettre* :
> Viens donc m'aimer, je te l'ordonne ainsi.

Quand *les Amans anglois* s'exprimeroient de la sorte, ce dont il est permis de douter sans être anglomane, cette déclaration n'en vaudroit pas mieux, car le coq n'est altier et bru-

[1] La Fontaine, sans la citer, a pris dans l'Écriture Sainte l'idée principale de cette fable, dont le fond est en effet très-bon, parce que l'Écriture ne fait point voyager le *pot de terre et le pot de fer*, elle dit seulement, ce qui est très-juste, que si le hasard fait heurter l'un contre l'autre ces deux pots, celui de terre sera infailliblement brisé.

(Note de l'auteur.)

tal qu'avec ses rivaux. La poule de M. Florian se transporte en Allemagne ; elle y choisit un coq qui, au moment de l'épouser, lui dit :

> Vous savez bien que, dans cette journée,
> Il faut d'abord, pour articles premiers,
> Que vous puissiez fournir seize quartiers.
> — Seize quartiers ? dit la poule étonnée.
> — Oui, c'est le taux ; rien de fait sans ce point.
> — Expliquez-vous, je ne vous entends point ;
> Quartiers de quoi ? — Mais, vraiment, de noblesse,
> Nous la cherchons bien plus que la tendresse
> Dans nos hymens, etc.

La poule qui est roturière, et qui n'a pas l'idée de proposer au coq de *l'épouser de la pate gauche*, quitte l'Allemagne, et se rend en Espagne ; un coq espagnol en devient amoureux et le lui déclare ; la poule s'attendrissoit, lorsqu'ils virent passer *une pie à l'œil hagard:* le coq s'écrie qu'il est perdu, parce que cette pie *les dénoncera à l'inquisition,* et qu'on les fera *rôtir* sur son *faux rapport.*

Il est inutile d'insister sur le ridicule de cette fiction, dans laquelle les personnages, non-seulement ne parlent point le langage qui convient à leur nature, mais disent constamment les choses les plus opposées à leurs mœurs, à leur manière de vivre et à leur instinct. Une fable ou un conte n'est qu'une allégorie qui doit renfermer, outre le sens propre, une allusion ingénieuse; mais l'allusion n'est bonne que lorsqu'elle résulte naturellement du sujet, et qu'elle s'accorde parfaitement avec le sens propre. Il faut enfin, je le répète, que le fabuliste ne suppose dans les êtres qu'il fait parler, que des discours qu'ils pourroient raisonnablement tenir s'ils avoient le don de la parole. Il ne seroit pas plus extravagant ni plus puéril, de peindre dans un conte une femme avec des ailes, pondant et couvant des œufs, et ayant toutes les habitudes d'une poule, que de représenter un coq craignant l'inquisition, ou exigeant d'une poule les preuves de noblesse qui font entrer dans les chapitres d'Allemagne. Comme l'a si bien dit Boileau, la raison et le vrai doivent se trouver jusque dans la fable, et même en faire le principal ornement.

Les plantes ont plusieurs caractéres distinctifs, outre ceux qui résultent de leurs propriétés. Leur genre d'utilité ou de beauté, leur aspect, leur port, les lieux où elles paroissent se plaire, les fictions consacrées par la poésie, les vertus dont elles sont les symboles, leur ont fait attribuer une multitude de qualités emblématiques dont il n'est pas permis de les dépouiller. Par exemple, il seroit absurde de faire parler avec arrogance *l'humble violette*, de donner le caractère de l'effronterie et de l'audace à la craintive et chaste sensitive. Le cèdre majestueux ne doit point avoir le langage du champêtre et simple noisetier, etc [1].

M. le duc de Nivernois nous a donné aussi quelques fables agréables, quoique le style en soit toujours extrêmement prosaïque. L'abbé Aubert, l'abbé Lemonnier en ont fait de très-jolies.

Je sens toute la médiocrité de la fable qu'on va lire ; je ne la place ici que comme variété, et parce que, n'ayant paru que dans un journal, elle n'a point été réunie à mes ouvrages.

---

[1] Ce dernier paragraphe est extrait de l'épître dédicatoire de mon *Herbier moral*, recueil de fables tirées du règne végétal.

(Note de l'auteur.)

LE GLAÇON ET LE CRISTAL DE ROCHE.

FABLE.

Fier de son vain éclat et de sa transparence,
　　Durant un hiver rigoureux,
Un Glaçon, suspendu sur une roche immense,
　　Avec orgueil et complaisance
Osoit se comparer au Cristal précieux
Que le roc enfermoit dans ses flancs caverneux.
　— Phénomène de la nature,
Que je suis, disoit-il, brillant et radieux !...
Le Cristal, il est vrai, peut servir de parure,
　　Et décorer les palais somptueux ;
Mais il doit tout à l'art, et sans la main habile
　　Qui le façonne, le mutile,
　　Pour dérober à tous les yeux
　　Ce qu'il a de défectueux,
　　Que seroit-il ? une pierre inutile
　　Qui n'auroit rien de merveilleux.
Et moi, sans le secours de l'humaine industrie,
　　Quand la campagne est stérile et flétrie,
Je brille sur les champs, sur les monts orageux,
　　Sur le ruisseau de la prairie.
　　— Quoi ! dit à son tour le Cristal,
Fragile et froid Glaçon, tu pousses la sottise
　　Jusqu'à te croire mon rival !
Nul ne t'a façonné. Mais que pourroit-on faire
D'un si mince sujet ? la main la plus légère

Voudroit vainement te polir ;
Elle ne pourroit obtenir
Qu'un travail ridicule, enfin.... que de l'eau claire.
Abjure donc l'erreur grossière
D'une stupide vanité,
Et reconnois la nullité
De ton existence éphémère.
Je le sais, tu peux éblouir ;
Cesse de t'en enorgueillir,
Puisqu'un seul des rayons d'une vive lumière
Suffira pour t'anéantir.
Sous le voile léger de cette allégorie,
Qui ne reconnoîtroit les auteurs sans talens,
Vides de sens et pleins d'effronterie,
Toujours glacés et toujours arrogans,
Dévorés d'une basse envie,
Et qui, dans leur folle manie,
Courant après l'esprit, prennent les faux brillans
Pour les dons heureux du génie !
Mais le flambeau de la raison
Sait dissiper l'illusion
De leur orgueilleuse chimère,
Et cette clarté salutaire,
Que nul d'eux ne peut soutenir,
Fait aussitôt évanouir
Leur célébrité passagère.

Il me reste à parler des *pièces fugitives* en vers ; ce genre comprend toutes les épîtres, toutes les petites pièces de société, impromptus, quatrains, etc. M. de Voltaire est cité, à cet égard, comme l'auteur des plus charmantes productions de cette espèce; mais tous les littérateurs impartiaux n'accorderont cette place qu'à Gresset. M. de Voltaire n'a point fait de pièces fugitives que l'on puisse comparer à l'épître sur *la Convalescence*, à *la Chartreuse*, à *Vert-vert*, et même à plusieurs épîtres de M. de Saint-Lambert; et même à celles de quelques auteurs modernes. L'épître si vantée des *Tu* et des *Vous* de M. de Voltaire, outre qu'elle est très-licencieuse, manque d'intérêt, de vérité et ne peint absolument rien; son épître du *Mondain*, très-immorale, n'est qu'un vrai plagiat, comme je l'ai prouvé ailleurs; ses pièces de société sont très-médiocres; plusieurs même sont indignes d'un nom si fameux, et entre autres les vers qu'il a faits pour madame Dubocage, et ceux qu'il adressa au roi de Prusse, qui lui avoit envoyé des pilules purgatives.

Les chansons et les vaudevilles sont passés de mode, parce que la politique nous a privés de la gaieté franche et presque toujours innocente, qui en faisoit tout le sel et qui formoit l'un des caractères distinctifs des François.

CHAPITRE XVIII.

Des Romans.

On ne faisoit jadis que des *romans historiques*, et l'on est tenté d'accorder une grande estime à ce genre, quand on songe que ce fut la lecture de ces ouvrages chevaleresques qui exalta et développa le courage et les qualités héroïques d'Alfred le Grand, roi d'Angleterre. On sait que ce prince, encore dans l'adolescence, écoutoit avec avidité les lectures tout haut de ces ouvrages que la reine sa mère se faisoit faire tous les jours.

Richardson, Fielding, Goldsmith, mirent à la mode les *romans de famille*, et l'on conviendra que *Clarisse*, *Paméla*, *Grandisson*, *Tom John*, le *Vicaire de Wakefield*, méritoient bien cet honneur. Je crois avoir renouvelé, parmi nous, la vogue des romans historiques, et afin que le lecteur ne confondît point les traits historiques avec les inventions de l'auteur, j'imaginai, en même temps, de mettre au bas de la page, à chaque détail vrai, le mot historique (ce qui n'interrompt point la lecture); et enfin, de renvoyer à la fin de chaque volume des notes instructives, mais qui ne seroient point assez dramatiques pour les placer dans le cours de l'ouvrage. Cette utile innovation a été employée pour la première fois dans les *Chevaliers du cygne*, et elle a été depuis généralement adoptée.

De nos jours les romanciers anglois sont rentrés avec éclat dans la vaste carrière des romans historiques; ils doivent cette restauration à Walter-Sott : je n'ai parlé que très-superficiellement de cet auteur d'une si grande célébrité, parce que je n'ai pu me procurer ses ouvrages en anglois dans les momens où j'aurois eu quelques loisirs pour les lire ; je n'ai donc fait que parcourir à la hâte quelques fragmens de traductions dont j'avoue que le style m'a rebutée; mais puisque les Anglois, si bons juges et nos maîtres en ce genre de littérature, admirent avec enthousiasme les productions de cet écrivain, on doit croire qu'elles ont un mérite supérieur : une telle réputation mérite bien un examen réfléchi, et je compte faire cet examen aussitôt que j'en aurai le temps, ce qui sera sûrement sous trois ou quatre mois.

La foule innombrable des romans dont l'Europe est inondée dans tous les pays, surtout depuis cinquante ans, a dû nécessairement faire le plus grand tort au *genre*; parce que, dans cette multitude, il y a en très-peu de bons, et que la masse forme une pitoyable collection d'ouvrages, ou plats, ou pernicieux. Il n'y a rien de plus facile que de faire un mauvais roman; et rien qui demande plus de réflexion, de connoissance du monde, du cœur humain, et des principes plus solides, que d'en faire un où tout soit vrai, bien conduit, moral et bien écrit, et tel doit être un bon roman. Un *Traité* sur un point de morale ou sur un sentiment a toujours de la sécheresse et de l'aridité. Les mêmes idées mises en action seront toujours beaucoup mieux développées et par conséquent plus utiles. Les dissertations les mieux écrites, les discours les mieux faits ne peindront jamais la vertu avec tous ses charmes ; la plus belle pensée n'attendrit point, ne fait point verser de larmes, si elle n'est pas le résultat d'une situation intéressante.

Rousseau a dit qu'*il faut des romans à une nation corrompue;* mais que seroit-ce si on lui en donnoit de corrupteurs !..... Les romans seront utiles à toutes les nations et dans tous les temps, quand leurs auteurs sauront bien écrire, qu'ils auront de l'imagination, de bons principes et des intentions pures.

La lecture des meilleurs romans a toujours quelques inconvéniens pour les femmes, tant qu'elles sont dans la première jeunesse. Cette lecture doit être réservée pour les délassemens instructifs de leur âge mûr ; mais je la crois bonne pour les jeunes gens, surtout pour ceux qui sont destinés à vivre dans le grand monde. Une tournure d'esprit romanesque est, pour un jeune homme, le préservatif d'une infinité de dangers.

Il existe un roman qui jouit d'une réputation qui me semble bien peu méritée, c'est *Manon Lescaut*, de l'abbé Prévôt. Comme tous les ouvrages de cet auteur, il est écrit avec beaucoup de négligence, et la conception m'en paroît mauvaise à tous égards. C'est un projet bien ignoble que celui de rendre intéressans un escroc et une fille publique, et d'en faire les *héros* d'un roman. D'ailleurs, sous le rapport de l'art, cet odieux dessein est mal exécuté. On donne au chevalier des Grieux un caractère facile et foible, et si peu de principes, que l'on prévoit, dès les premières pages, qu'il cédera sans résistance aux séductions les plus viles. Il falloit, au contraire, lui donner de l'énergie et de grands sentimens d'honneur ; il falloit que, comptant sur sa force, il se crût à l'abri d'une véritable passion pour un objet méprisable ; et que, victime de sa présomption et d'une passion violente, il fût entraîné, avec autant d'étonnement que d'horreur, dans l'abîme où l'auteur le fait tomber ; alors on auroit vu des combats déchirans, des situations attachantes, et même un fond de morale dans ce plan. Au lieu de cela, cet ouvrage est sans mouvement : il y a du naturel, mais sans couleur, et le vice y est peint avec une froideur et une espèce de simplicité révoltante. Enfin, le manque de talent se fait sentir au dénoûment, qui est fort tragique, et qui ne cause pas le moindre attendrissement. Le meilleur roman de l'abbé Prévôt est *le Doyen de Killerine* : il y a de la vérité dans les caractères et de l'intérêt dans les situations.

Les *contes moraux* ou *nouvelles*, qui ne sont que de petits romans très-abrégés, exigent surtout des auteurs les deux qualités qui constituent principalement les bons écrivains, la clarté parfaite et la précision sans sécheresse. Il est beaucoup plus facile de faire un roman agréable en deux ou trois volumes que de composer une nouvelle intéressante et morale : dans ce dernier ouvrage tout doit marcher au but avec rapidité, ou tout doit s'y rapporter ; c'est ainsi que la morale est toujours beaucoup plus frappante et par conséquent plus utile dans un conte qu'elle ne peut l'être dans un cadre plus étendu. On peut dire la même chose de la peinture et de la critique d'un ridicule ou d'un caractère ; aussi fait-on généralement beaucoup plus de romans que de nouvelles ; et les épisodes des romans en sont presque toujours la partie foible, tels que ceux de *Don Quichotte*, de *Gilblas*, etc., etc. L'histoire de *Clémentine* dans *Grandisson* n'est point un épisode puisqu'elle forme une des aventures du héros de cet ouvrage.

CHAPITRE XIX.

Du Style épistolaire.

Nous devons au siècle de Louis XIV des modèles en tout genre, et dans le genre épistolaire, ainsi que dans tous les autres. Sans parler des Lettres de madame de Sévigné, celles de madame de Maintenon sont parfaites; et celles de madame de Coulanges et de son mari, et de plusieurs autres, sont charmantes. Ce genre perdit beaucoup sous la régence et dans les premières années du règne de Louis XV. Parmi les hommes de la cour de ce temps, les seules lettres dignes d'être citées sont celles du chevalier de Boufflers; et dans le moment actuel, il existe beaucoup de personnes, et entre autres plusieurs femmes, qui écrivent des lettres avec un talent très-remarquable.

En général les auteurs, et même les plus célèbres, ne sont pas ceux qui écrivent le mieux les lettres de société; parce que leurs occupations ne leur permettent pas de les écrire avec soin, et que d'ailleurs ils réservent leurs meilleures idées pour leurs ouvrages. Les lettres de J.-J. Rousseau, de Voltaire sous le rapport du style et des pensées, sont fort médiocres, et presque toutes sont dépourvues de charme et de grâce.

On dit que le style épistolaire doit être *coupé*; mais ce principe, comme règle générale, seroit fort mauvais. En ceci, comme dans tous les autres genres, le style doit être celui qui convient au sujet qu'on traite. Si, sur une mort ou un événement tragique, on écrivoit une lettre de *compliment* en *style coupé*, on auroit un ton sentencieux qui seroit ridicule. Une lettre dans laquelle on exprimera de tendres sentimens, ne sera jamais dans ce style, qui, en lettres, n'est bon que pour conter avec légèreté des nouvelles et des anecdotes...

Voici quel étoit avant la révolution le protocole des lettres.

Les hommes donnoient le *monseigneur* aux maréchaux de France, et finissoient ainsi : Je suis avec respect, etc.¹ Les femmes écrivoient seulement, *Monsieur le maréchal*, et n'em-

¹ *Je suis avec respect* étoit plus respectueux que *pro-*

ployoient le mot *respect* que pour les parens auxquels on en doit, pour les princes du sang, pour les vieilles femmes et pour les princesses étrangères du sang royal. Hommes et femmes, avec leurs égaux, se servoient de cette formule : *J'ai l'honneur d'être votre*, etc.; avec les inférieurs, *je suis très-parfaitement votre*, etc.; car on avoit de la politesse avec tout le monde. Tous les hommes devoient placer le mot *respect* dans les lettres écrites à des femmes. Les princes du sang ne se dispensoient pas de cette espèce d'urbanité. On a substitué à tout cela, *les sentimens distingués, la haute considération, les civilités respectueuses*, etc. Quand on saura bien positivement comment il faut distribuer ces formules, on trouvera qu'elles valent bien les anciennes, pourvu que l'on conserve seulement le *respect* pour les femmes. Les vieillards tiennent encore, par habitude, à *l'obéissance des serviteurs et des servantes*. Cependant, il faut convenir que cette humilité est un peu forte : l'exagération des formules étoit extrême autrefois. Du temps

fond respect, parce que cela signifioit que ce qu'il y avoit de plus forcé en ce sens alloit sans dire.

(Note de l'auteur.)

de Louis XIII on disoit presque toujours à la fin de ses lettres, qu'on *étoit avec passion ;* Balzac termine ainsi toutes ses lettres. Au reste, il vaudroit mieux être *passionné* que *servile ;* mais il vaut encore mieux être vrai, et il est certain que des formules évidemment exagérées et menteuses sont mauvaises ; ainsi nous n'en avons jamais eu de bonnes.

CHAPITRE XX.

Des Journaux et des Journalistes.

Depuis vingt-cinq ans, le principal défaut des journalistes, lorsqu'ils parlent des ouvrages nouveaux (pour les faire connoître au public), est de n'en pas rendre compte : car plus de la moitié de leurs articles est employé à faire des dissertations et des réflexions générales. Un auteur critiqué peut souscrire à un arrêt rigoureux, s'il est parfaitement motivé ; et comment peut-il l'être, si l'on parle de tout autre chose ? Le vrai talent d'un journaliste consiste à donner une idée juste et précise de la production qu'il annonce ; c'est, dans ce cas, ce que tout lecteur cherche et désire : ce n'est pas une digression qu'on lui demande, c'est un bon extrait qu'on attend de lui ; il n'a, pour le faire, qu'un espace très-borné. Il doit donc se hâter d'arriver au fait : tout préambule, quelque ingénieux qu'il puisse être, est déplacé dans ce genre, parce qu'il ôte la possibilité de donner les détails nécessaires sur le livre qu'on admire ou qu'on désapprouve. Si vous avez le talent de produire, réservez ces *prologues* sentencieux pour des traités de morale; faites des livres : mais si vous vous érigez en juge littéraire, ne vous occupez que du soin de faire connoître au lecteur, autant qu'il est possible, le plan, le but, les défauts et les beautés de l'ouvrage que vous annoncez. Un journaliste doit relever, avec fermeté, dans un livre, toutes les erreurs dangereuses, mais en respectant ceux qui les débitent; il doit encore les excuser autant qu'il est possible, en cherchant des raisons ingénieuses qui puissent justifier, non leurs ouvrages, mais leurs motifs, leurs intentions, leur caractère. Les ménagemens pour les personnes ne peuvent être poussés trop loin. Malheureusement les auteurs ont, en général, le tort de s'identifier tellement avec leurs productions, qu'ils prétendent que les critiquer vivement, c'est déchirer leur personne. Cette idée est toujours une injustice, et souvent même une maladresse; car il est plusieurs auteurs qui valent beaucoup mieux que leurs livres. Enfin, un journaliste, qui est par état un écrivain essentiellement moraliste, doit juger avec la plus grande rigueur tous les ouvrages contraires à la morale. C'est dans ce cas qu'il peut légitimement employer l'ironie piquante, et tout ce qui peut tourner en ridicule les principes corrupteurs qu'il doit combattre. Mais ce ton seroit également odieux et déplacé dans la critique des ouvrages dont la morale est pure, et qui d'ailleurs ne sont pas méprisables sous le rapport littéraire. La moquerie alors décèleroit la haine, et le juge, justement suspect, seroit récusé.

Il n'y a eu jusqu'ici, parmi les auteurs, que deux sortes d'anonymes. Les uns, par modestie, taisent leurs noms, mais n'attaquent personne; les autres cachent leurs noms pour attaquer, ou pour être licencieux avec impunité. Ceux-là sont si lâches, que toutes leurs satires, fussent-elles fondées (ce qui n'est jamais), ne pourroient avoir la moindre autorité; et leurs auteurs, indignes d'être placés dans la classe des bons critiques, le seront toujours dans celle des libellistes. Maintenant il existe une troisième espèce d'anonymes, ce sont les journalistes; non-seulement ils ne signent point leurs articles les plus offensans, mais ils y mettent de fausses lettres initiales; non-seulement ils se cachent, mais ils se masquent. Quel est le motif de cette précaution? Est-ce en effet pour rester inconnu? Non, car on connoît assez généralement, du moins à Paris, les auteurs de ces articles, qui d'ailleurs ne les désavouent jamais.

Il est vrai, cependant, qu'en province, et dans les pays étrangers, on n'a point du tout la clef de ces lettres mystérieuses : on y voit souvent tout l'alphabet déchaîné contre un pauvre auteur, sans connoître les noms de MM. A, B, C, D, etc. A quoi bon ces déguisemens? Que signifie cette espèce d'anonyme? Quel en est le motif? Mais une chose beaucoup plus extraordinaire encore, c'est qu'on prétend qu'il est si respectable, qu'un auteur injurié, et même calomnié, ne doit jamais, dans ses réponses, le dévoiler. S'il désigne par son véritable nom le journaliste pseudonyme, celui-ci s'en plaint gravement, comme d'un très-mauvais procédé. On ne doit respecter que l'anonyme par modestie; l'anonyme satirique ne mérite aucun égard; quand on attaque, il faut se nommer. Les gens de cœur qui veulent se battre, ne doivent pas se couvrir d'un voile, quelque transparent qu'il puisse être, ni chercher un demi-jour pour porter leurs coups. Si se cacher dans l'ombre est une lâcheté, ne pourroit-on pas trouver que, dans ce cas, se dérober à l'éclat du grand jour, est un manque de courage, ou du moins une sorte de timidité peu généreuse? Enfin, les auteurs critiqués se nommant, ne faudroit-il pas de l'égalité dans l'attaque et dans la défense? On se respecte toujours davantage, c'est-à-dire, on discute avec plus de politesse, lorsqu'au lieu d'une fausse lettre initiale, on place son nom tout entier au bas de ses articles. Il faut convenir que, dans le moment actuel, il y a parmi les journalistes beaucoup plus de gens de lettres distingués par leur esprit et par leurs talens, qu'il n'y en avoit dans le bon temps de la littérature; et c'est un mal, parce que de petits systèmes ou de petites rancunes les empêchent de faire de bons ouvrages. Ils font souvent des articles spirituels; ils n'en font presque jamais d'utiles : ils pourroient, en jugeant d'après leurs lumières, contribuer à relever la littérature, et ils précipitent son entière décadence, en employant de la manière la plus étrange, la louange outrée ou la censure la plus amère; au reste, tous ces reproches ne sont qu'en général; il faut toujours admettre des exceptions, et personne ne les admet avec plus de plaisir que moi. Je terminerai cet article par un excellent mot de M. de Voltaire, qu'il adresse aux journalistes :

« Quand on juge, il faut être instruit;
» quand on critique, il faut être *scrupuleuse-*
» *ment exact.* »

CHAPITRE XXI.

Des Auteurs et de la décadence des Lettres.

Le manque de principes, qui produit toujours, à quelques égards, le manque de goût; la fausseté, qui précède toujours une dépravation générale; l'affectation qui gagnoit presque tous les esprits; la politique, qui occupe depuis si long-temps toutes les têtes, telles sont les principales causes de la décadence des lettres. Plusieurs années avant la révolution, Marivaux, Thomas, Diderot, Raynal, d'Alembert, avoient déjà gâté la prose françoise, et l'on ne prenoit plus pour modèles, dans l'art d'écrire, les grands écrivains de ce siècle : Massillon, Montesquieu, Buffon (le plus parfait de tous), J.-J. Rousseau et Voltaire.

Le bon style n'a point de *manière*, il est inimitable ; mais il est très-facile d'imiter celui qui a une *manière* très-marquée ; comme le style de Marivaux, de d'Alembert (dans ses éloges), et des autres auteurs que l'on vient de nommer ; c'est ne prendre que leurs défauts ; mais les imitateurs et beaucoup de lecteurs prennent cette malheureuse ressemblance pour le talent qui les a séduits. M. de Voltaire (si bon juge quand il parloit de bonne foi) disoit en vain : « Que seroit-ce qu'un ou-
» vrage rempli de pensées recherchées et pro-
» blématiques ? combien sont supérieurs à
» ces idées brillantes ce vers simple et na-
» turel :

» Cinna, tu t'en souviens et veux m'assassiner !

» L'envie de briller et de dire d'une ma-
» nière nouvelle ce que les autres ont dit, est
» la source des expressions nouvelles comme
» des pensées recherchées. Qui ne peut bril-
» ler par une pensée, veut se faire remarquer
» par un mot.... Si on continuoit ainsi, la
» langue des Bossuet, des Racine, des Pas-
» cal, des Corneille, des Boileau, des Fé-
» nélon, deviendroit bientôt surannée. Pour-
» quoi éviter une expression qui est d'usage
» pour en introduire une qui dit précisé-
» ment la même chose ? Un mot nouveau
» n'est pardonnable que quand il est abso-
» lument nécessaire, intelligible et sonore ;
» on est obligé d'en créer en physique : mais
» fait-on de nouvelles découvertes dans le
» cœur humain ? Y a-t-il une autre grandeur
» que celle de Corneille et de Bossuet ? Y a-t-
» il d'autres passions que celles qui ont été
» maniées par Racine, effleurées par Qui-
» nault ? Y a-t-il une autre morale évangélique
» que celle de Bourdaloue ? etc. »

(*Dictionnaire philosophique*, mot Esprit.)

M. de Voltaire, qui, lorsqu'il écrivoit sérieusement, auroit dû être l'oracle du Parnasse, a
vainement soutenu toute sa vie cette doctrine

littéraire. Ses adorateurs les plus passionnés, loin de profiter de ces sages leçons, adoptoient des principes tout-à-fait opposés. Il y eut une malédiction sur une plume si souvent souillée dans la fange. L'impiété de M. de Voltaire a fait des disciples sans nombre, son bon goût naturel n'en a fait aucun. Cet homme qui pouvoit illustrer son siècle et qui l'a perdu, cet homme, tour à tour si brillant et si méprisable, si noble et si bas, cet homme inconcevable a pourtant laissé d'excellens préceptes de littérature. On invite les jeunes amis des lettres à les chercher, non dans cette scandaleuse et dégoûtante édition où ce qu'il a fait de plus beau se trouve enseveli dans le plus vil fumier, mais dans ses œuvres choisies. J'espère que les jeunes gens qui veulent entrer dans la carrière des lettres, me permettront de leur donner quelques conseils, et de leur offrir des réflexions, fruits d'une longue expérience. On ne doit donner un ouvrage à l'impression que lorsqu'on a acquis, du moins à peu près, tout le talent qu'on peut avoir, et surtout lorsqu'on a un style formé. Offrir au public des ouvrages d'écolier, c'est en quelque sorte lui manquer de respect, excepté dans les sciences exactes; car la solution d'un problème ou sa découverte sont des choses de fait, l'âge n'y fait rien; mais, dans les ouvrages d'imagination, il est en général impossible d'écrire et de composer aussi bien à dix-neuf ou vingt ans qu'à vingt-quatre et vingt-cinq. Quatre ou cinq années de plus d'études et de lectures forment une différence infinie à un âge où l'on a toute son activité et un enthousiasme pour les lettres, que rien encore n'a pu refroidir.

Tout auteur qu'on ne peut citer comme écrivain, sera toujours rangé dans la classe des auteurs médiocres. Mais, en littérature, il est dans cette classe des degrés si honorables! Qui pourroit ne pas se contenter des succès que Lamotte obtint, et de la réputation que ses ouvrages ont conservée? Il est plus glorieux qu'on ne pense de s'élever à la première place des littérateurs du second ordre, car on ne l'obtiendra jamais sans la pureté des principes moraux. On excuse quelques écarts dans les hommes de génie; on n'en tolère point (du moins avec un peu de temps) dans les hommes que le feu d'une brillante imagination n'a pu égarer; une tête froide, une âme peu susceptible d'exaltation rendent plus facile la persévérance dans les études ; on acquiert alors, par le travail et par la méditation, une sorte de mérite que les grands hommes ont eu bien rarement. Enfin on peut se flatter de faire des ouvrages éminemment utiles, et par conséquent durables, avec de l'esprit, de la suite, du bon sens et d'heureuses combinaisons.

Nul écrivain ne sera mis au premier rang des grands hommes, quand ses principes ne seront pas aussi purs que ses talens seront élevés.

Corneille, Racine, Pascal, Bossuet, Fénélon, Boileau, par cette seule raison, l'emporteroient à jamais sur les écrivains du siècle dernier, alors même qu'ils n'auroient pas sur eux la supériorité du génie : si la saine morale est si nécessaire aux talens éminens, que doit-elle être pour les esprits d'un ordre inférieur !

Des ouvrages qui font aimer leurs auteurs, qui font bénir leurs travaux, sont des titres de gloire dont les belles âmes peuvent se contenter ; on n'obtient l'admiration qu'en excitant des haines insensées, trop souvent implacables ; une clarté trop vive nous offusque toujours ; les bienfaits, qui n'ont rien de brillant, trouvent peu d'ingrats; les ouvrages à la fois utiles et médiocres sont universellement applaudis; la reconnoissance alors ne coûte rien. D'ailleurs, des talens estimables, mais sans éclat, n'usent point la vie; ce n'est pas un travail fixe, réglé, suivi, fait avec calme, qui épuise les forces; c'est la multitude des idées et l'ardeur de l'imagination qui fatiguent.

Un torrent impétueux s'élançant du sommet d'une montagne, tombe avec fracas, se grossit avec rapidité, entraîne tout après lui, et bientôt se dessèche et se tarit, parce qu'il se précipite et se déborde; tandis qu'un paisible ruisseau, coulant sans bruit sur une pente douce et facile, arrose tous les ans les mêmes pâturages, et tous les printemps fait naître les mêmes fleurs : la lampe, qui ne contient qu'une seule et foible mèche, durera plus long-temps que celle qui porte un faisceau de lumière. Enfin, un auteur du second ordre, avec de la douceur et de la sagesse, peut parvenir sans orages au terme de sa carrière, dans les temps ordinaires, c'est-à-dire quand nul esprit de parti ne divise la société; ses principes ne le forceront point de s'engager dans des querelles interminables, parce qu'alors les ouvrages pernicieux n'ont point de partisans; à l'abri des jalousies envenimées, il n'aura jamais à repousser les atteintes de la calomnie, il n'éprouvera même pas d'injustices. S'il est privé de cette palme éclatante que le public seul peut donner, du moins il obtiendra sans peine toutes les décorations de la gloire, tous les honneurs littéraires lui seront accordés : tandis que l'homme de génie, s'il est sans fortune et sans éclat, luttant sans cesse contre une multitude d'ennemis acharnés, ne recueillera, pour tout fruit de ses travaux, qu'une renommée que l'envie ne sauroit ôter; mais des injustices révoltantes et sans nombre, des libelles et une santé détruite. Où cherchera-t-il des dédommagemens ?..... Dans sa conscience. Mais où trouvera-t-il un asile à l'abri des orages ?..... Dans la tombe. Il y a toujours contre l'homme de génie une sorte de conjuration secrète ou déclarée : son état habituel est un état de guerre. La culture des lettres, beaucoup plus restreinte depuis vingt-cinq ans pour les études, est infiniment plus étendue par la multitude d'écrivains qui se succèdent si rapidement, ce qui a fort augmenté le nombre des ennemis que les auteurs célèbres ont à redouter. Jadis les gens de lettres trouvoient à la cour et dans la société des juges sans partialité ; maintenant ils n'y trouvent que des rivaux, parce que tous les gens du monde sont auteurs. Enfin, je dirai au jeune auteur qui débute : tant que l'on n'attaquera que vos ouvrages, ne répondez jamais à moins qu'on n'en fasse de fausses citations ; mais nul auteur ne doit passer sous silence une insulte personnelle, faite dans un journal public approuvé par le gouvernement. Il est indigne d'un homme d'honneur d'user de représailles et de répondre par des personnalités ; mais attaquez alors les ouvrages de vos ennemis (les sujets de critique ne manquent jamais); que ce soit avec autant de justice, d'exactitude que de sévérité, et continuez tant qu'ils vous insulteront. S'ils s'arrêtent enfin, arrêtez-vous ; s'ils vous offrent quelque satisfaction, recevez-la. Les muses n'ont point de fiel ; celui qui les aime est sans rancune. Vous aurez agi, non par esprit de vengeance, mais pour l'honneur des lettres et l'intérêt de la littérature. Aussi, tâchez de généraliser assez vos critiques, pour qu'elles y soient utiles sur quelques points, ou par des réflexions nouvelles, ou en rappelant aux bons principes. Ne faites jamais d'avances à vos ennemis (ils prendroient la générosité pour de la crainte), mais ne repoussez point celles qui vous seront faites; ne provoquez personne, oubliez de bonne grâce et de bonne foi les torts et les satires ; aimez la paix si nécessaire aux études littéraires ; que vos réconciliations soient toujours franches et sans réserve ; mais, quand il le faudra, soyez toujours prêt à combattre avec fermeté, vigueur et persévérance. En suivant cette route honorable, et surtout en conservant jusqu'au bout une plume courageuse et pure, vous arriverez au dernier terme avec l'estime publique, et, ce qui vaut mieux encore, avec l'heureuse paix d'une conscience satisfaite. Sur la fin d'une carrière orageuse, le passé, pour un homme de lettres qui a été laborieux, n'est plus que dans ses productions; presque tout le reste s'est effacé de sa mémoire avec les passions anéanties par le temps ; sa vie spirituelle est toute entière dans ses ouvrages : puisque c'est là qu'il a déposé ses opinions, sa raison, ses sentimens, son âme, il ne laissera pas seulement après lui une vile poussière; il a confié, au monde qu'il va quitter, une portion de son immortalité. Heureux si, en parcourant ses nombreux écrits, il y trouve toujours une morale saine, uniforme et des pensées généreuses!

Cependant malgré la décadence qui depuis trente-cinq ans fait gémir tous les vrais amis des lettres, on peut, à l'époque où nous sommes actuellement, concevoir d'heureuses espérances pour l'avenir, puisqu'elles sont fondées sur plusieurs beaux ouvrages qui ont paru à la fois ou successivement dans ces derniers temps.

CHAPITRE XXII.

De la Langue françoise.

On se plaint continuellement, et depuis long-temps, de la prétendue *pauvreté* de la langue françoise; cependant, depuis qu'elle est fixée par les chefs-d'œuvre de tous nos auteurs classiques, elle est, j'ose le dire, la plus belle des langues vivantes : une des choses qui le prouve, c'est qu'elle est la plus universellement répandue en Europe et même dans quelques autres parties du monde. M. de Voltaire est le premier, je crois, qui ait dit que le caractère distinctif de la langue françoise est la clarté, et il pense, avec raison, que cette seule remarque est un grand éloge. Un célèbre critique de l'antiquité (Quintilien.) admet comme un principe incontestable que la première qualité d'un grand orateur est la *clarté*.

En effet, il est impossible de bien écrire sans précision, et l'on est toujours diffus lorsqu'on est obscur, à moins de se décider à être tout-à-fait inintelligible.

Nous nous plaignons de n'avoir pas dans notre langue assez de synonymes; les Anglois en ont infiniment plus que nous. Qu'en résulte-t-il ? beaucoup de *verbiages* et de répétitions, et surtout dans la poésie champêtre et descriptive; par exemple, un très-bon ouvrage anglois (*les Saisons* de Thompson) est souvent insupportable sous ce rapport : dans une infinité de passages, ses vers sont surchargés d'épithètes et de répétitions dont l'auteur n'a pu s'apercevoir, parce qu'il a employé tous les synonymes qu'il a pu rassembler, c'est-à-dire des mots toujours différens pour parler du même objet, ou pour exprimer la même pensée, ce qui nuit aussi beaucoup à la clarté; car, au milieu de cette surabondance de paroles, le lecteur, outre l'ennui qu'il éprouve souvent, peut bien facilement perdre le fil des idées de l'auteur. Enfin, la multiplicité des synonymes ôte aux grands écrivains le mérite de trouver les tournures heureuses qui peuvent y suppléer.

On nous reproche nos *e* muets; mais il ne sont, pour les bons écrivains en vers et en prose, qu'une petite difficulté facile à vaincre, et ils produisent des élisions remplies de douceur et d'harmonie; d'ailleurs, par l'orthographe, ils désignent les genres, ce qui est utile à plusieurs égards et surtout à la clarté.

On accuse la langue françoise de plusieurs bizarreries, dit-on, inexplicables qui sont devenues des règles positives, auxquelles nul ne peut se soustraire : on se demande pourquoi on bannit du genre noble les mots *pois*, *citron*, etc., et pourquoi l'on y admet les mots dégoûtans de *boue*, *fange*, *fumier*. On a conservé ces mots afin de mieux déshonorer, en les employant, tout ce qui est vil est bas; et c'est assurément une pensée très-morale; on a proscrit, avec raison encore, les mots *citron*, *pois*, etc., etc., parce qu'ils retracent des idées de *cuisine*, qui, à la honte de la gourmandise, sont toujours très-ignobles. Le mot *ragoût* est de ce genre, et celui de *pain* ne l'est pas, parce que le pain satisfait seulement la faim, et qu'il n'est point un raffinement du vice le plus matériel et le plus bas[1]. Par les mêmes principes, la langue françoise est aussi la plus chaste des langues, ce qui est généralement reconnu. On peut dire, avec vérité, que plus on a étudié notre langue et plus on admire la sagesse, la délicatesse et le bon goût de ceux qui l'ont formée et fixée.

---

[1] On pourroit multiplier les exemples et trouver dans les citations la même finesse et la même profondeur de raison ; mais je n'ai point eu le projet de faire une poétique complète, j'ai voulu seulement en tracer une ébauche et surtout combattre quelques lieux communs qui m'ont paru faux et dangereux.

(Note de l'auteur.)

CHAPITRE XXIII.

Sur les Lectures.

Dans la société, avant la révolution, les lectures d'ouvrages manuscrits étoient beaucoup plus fréquentes qu'elles ne le sont aujourd'hui ; d'abord, parce qu'on fait infiniment moins d'ouvrages, quoique l'on écrive beaucoup plus. Mais jadis les auteurs travailloient pour les bibliothèques ; ils mettoient leur esprit en *volumes*; ils le mettent aujourd'hui en *feuilles volantes*. La postérité n'en connoîtra pas une ; ce qui est fort indifférent aux auteurs ; car communément ils n'écrivent que pour le moment, et pour une *ville*, souvent même pour un *faubourg*.

Quand les gens de lettres feroient des ouvrages de littérature, les lectures en seroient bien orageuses dans une nombreuse assemblée : on n'y chercheroit que des *allusions*; plusieurs auditeurs ne manqueroient pas d'en trouver d'offensantes, et l'on verroit ce qu'on n'a jamais vu, un auteur sifflé dans un salon.

On pensoit autrefois que pour bien lire dans

un salon, il ne falloit pas, à beaucoup près, déclamer avec autant de véhémence qu'on le fait au théâtre, et qu'il falloit surtout éviter de faire des gestes; on trouvoit MM. de La Harpe et Lemière très-ridicules comme lecteurs, on les appeloit des *énergumènes*, parce qu'ils lisoient comme on déclame à la comédie françoise. Aujourd'hui les auteurs, en lisant leurs productions dans la société, se piquent au contraire d'imiter servilement les comédiens qui ont le plus de vogue, et ces derniers eux-mêmes ont multiplié les gestes et porté l'emphase théâtrale fort au delà des bornes qu'elle avoit jadis.

Chez les princes autrefois et chez presque tous les particuliers, à la campagne, on se rassembloit après le dîner pour faire une lecture tout haut avant l'heure de la promenade. On lisoit communément de bons ouvrages, des pièces de théâtre, des voyages, des livres d'histoire : ce goût a passé avec celui de la littérature[1].

---

[1] Ici se termine le tome VIII des *Mémoires de madame de Genlis*; les tomes IX et X ont paru depuis long-temps; le *Journal des Débats* du 25 octobre s'exprimoit ainsi sur le mérite de ces deux volumes :

« La cinquième livraison des *Mémoires de madame de*

Genlis, composée des tomes VII et VIII, qui termineront cet intéressant ouvrage, est sous presse, et ne tardera pas à paraître. En attendant, le libraire Ladvocat publie une quatrième livraison, formant un neuvième et un dixième volume, qui en sont le complément indispensable. C'est une idée très-ingénieuse d'avoir rattaché à ce tableau piquant de l'esprit et des mœurs en France pendant trois quarts de siècle, ce qui dans les ouvrages de madame de Genlis est propre à jeter de grandes lumières sur cette époque. Les *Souvenirs de Félicie* ont joui d'un succès que de nombreuses réimpressions avoient déjà constaté. On aimera à les retrouver à la suite des *Mémoires*, qui y renvoient souvent le lecteur. Le *Dictionnaire des étiquettes*, réduit à sa plus simple expression, c'est-à-dire à l'objet positif de son titre, et embrassant une foule de coutumes, d'usages, de bienséances sociales, dont la connoissance prête d'importans éclaircissemens à l'histoire, se lie au même corps d'ouvrage comme un supplément nécessaire. Ces réimpressions sont d'ailleurs augmentées d'anecdotes écrites avec la pureté de style et racontées avec le charme naturel qui caractérisent toutes les pages de madame de Genlis. Enfin, une correspondance et des nouvelles inédites ajoutent encore un nouveau prix à cette livraison, qui ne sera pas reçue avec moins de plaisir et lue avec moins d'avidité que les précédentes.

(*Extrait du Journal des Débats*, octobre 1825.)

CANTIQUE DES FLEURS,

OU

COURS ABRÉGÉ DE BOTANIQUE,

DANS CE QU'ELLE A DE PLUS CURIEUX [1].

---

[1] Nous avons pensé que ce Cours intéressant et si neuf, de botanique, dans ce qu'elle a de plus curieux, et dont il est souvent parlé dans ces Mémoires, seroit très-bien placé à la suite de cet ouvrage. Nous nous sommes flattés que nos souscripteurs liroient avec plaisir ce petit poëme, et surtout en songeant combien il peut être utile à la jeunesse des deux sexes.
(Note de l'éditeur.)

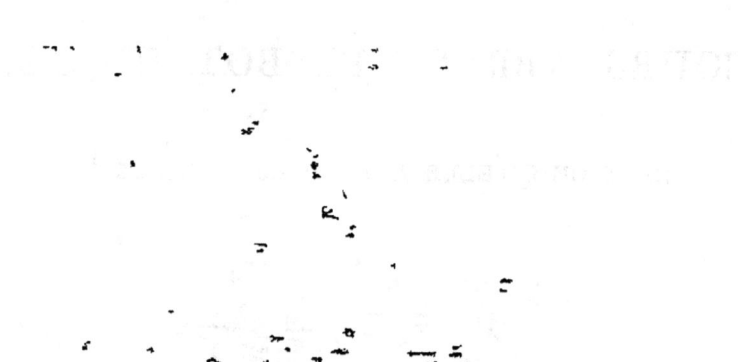

CANTIQUE DES FLEURS,

ou

COURS ABRÉGÉ DE BOTANIQUE,

DANS CE QU'ELLE A DE PLUS CURIEUX,

FAIT EN 1823,

POUR Mlle. PULCHÉRIE DE CELLES.

> Dieu a fait connoître aux hommes la vertu des plantes, le Très-Haut leur en a donné la science afin qu'ils l'honorassent dans ses merveilles. (ECCLÉSIASTIQUE, chap 38.)

1.

Doux chefs-d'œuvre de la nature,
O plantes, bienfaits du Seigneur,
Des champs éclatante parure !
Rendez hommage au Créateur.

2.

Qu'à jamais symbole ou figure,
Chaque fleur et chaque buisson,
Puisse offrir à la créature
Une salutaire leçon.

* Arrière-petite fille de madame la comtesse de Genlis.
(Note de l'éditeur.)

3

Lorsque l'ange à la Vierge Mère
Annonça l'incarnation,
Un lys ornoit sa main légère
Durant son apparition.

4

Tu dois être de l'espérance
Le signe heureux et respecté,
Noble fleur, sois toujours en France
L'attribut de la royauté.

5

Odorante et fraîche aubépine,
Fille des bois et du printemps,
De l'immense bonté divine
Tu nous annonces les présens.

6

Ami des champs et du silence,
L'humble muguet, par sa blancheur,
De l'aimable et douce innocence
Offre le symbole enchanteur.

7

La radieuse prolifère [1]
Est l'un des emblèmes touchans
D'une bonne et sensible mère
Qui s'entoure de ses enfans.

8

La marguerite solitaire [2]
Pourroit briller dans les palais ;
Et cependant elle préfère
Les prés, les vallons, les forêts.

9

Aimez toujours la solitude ;
Mais, pour en goûter les attraits,
Sans trouble, sans inquiétude,
En Dieu seul désirez la paix.

10

Violette odoriférante,
Que j'aime ta simplicité !

[1] La marguerite prolifère.
[2] Vulgaire ou des prairies.

Toute âme pieuse et fervente
Doit admirer l'humilité.

11

O rose, fleur incomparable!
La fable souilla ta beauté.
Sur l'autel du Dieu véritable,
Va reprendre ta royauté [1].

12

Comme la chaste sensitive,
Des fleurs la merveille et l'honneur,
Que votre âme pure et craintive
Respecte toujours la pudeur.

13

Du tournesol fuyant la terre,
Admirez l'instinct merveilleux!
Aimez comme lui la lumière,
Ne la cherchez que dans les cieux.

14

Que le jasmin soit un emblème
De douceur et de pureté.

---

[1] La rose, surnommée *Reine des fleurs*, étoit, dans la mythologie, consacrée à Vénus.

On est toujours doux quand on aime,
Et pur avec la piété.

15

Regardez la tige élégante
Du chèvre-feuille bienfaisant,
Qui sur ses longs berceaux serpente
Pour nous mettre à l'abri du vent.

16

Que cet exemple d'un arbuste
Redouble votre charité,
Toujours l'un des devoirs du juste
Fut d'offrir l'hospitalité.

17

Que la tulipe éblouissante,
Sans parfum, sans utilité,
Vous soit une preuve frappante
Du peu de prix de la beauté.

18

De la tubéreuse éclatante
Les doux parfums sont malfaisans ;

Défiez-vous, âme innocente,
De tout ce qui ne plaît qu'aux sens.

19

Au mépris de son existence,
Le lierre suit son bienfaiteur.
Imitez sa reconnoissance :
Sacrifiez tout au Seigneur.

20

La liane est l'affreux symbole
Du vice le plus odieux ;
Elle embrasse, mais elle immole
Son bienfaiteur trop généreux.

21

L'arbre qui la soutient succombe
Sous les efforts de sa fureur,
En poussière bientôt il tombe,
Et le crime reste vainqueur [1].

---

[1] Les lianes forment un genre de plantes très-singulier qui croissent très-promptement en Amérique ; il s'en trouve aussi en Afrique, où l'on s'en sert au lieu de cordes. En général, les lianes montent en serpentant comme le lierre autour des arbres qu'elles rencontrent ;

22

Hélas! de ce crime exécrable
Qui de nous peut se dire exempt,
Qui de nous n'en est pas coupable
Et fut toujours reconnaissant?

23

La miséricorde suprême
Pour nous se montre chaque jour,
Et par son indulgence extrême
Mériteroit tout notre amour.

24

Pour des biens pleins d'inquiétude,
Pour les vains plaisirs d'un moment,

---

arrivées au haut, elles jettent leurs filets qui s'enfoncent alors dans la terre, y prennent racine et s'élèvent de nouveau, montant et descendant alternativement en s'attachant aux arbres voisins, et forment une forêt impénétrable. La liane parasite dont il est question dans ces couplets est aussi grosse que le bras : ces lianes étouffent l'arbre qu'elles embrassent, à force de le serrer. Il arrive souvent que l'arbre sèche sur pied, se pourrit, se détruit entièrement, et qu'il ne reste que les spires de la liane qui forment une espèce de colonne torse isolée.

(Note de l'auteur.)

Sans cesse notre ingratitude
Ose offenser le Tout-Puissant.

25

On dédaigne pour sa figure
L'épineux et triste chardon,
Et parce qu'il est la pâture
Des *vils animaux*, nous dit-on.

26

Ils sont bien loin d'être futiles,
Ces bons et pauvres animaux;
Chaque jour ils nous sont utiles,
Nous les accablons de fardeaux.

27

Sur une épigramme, une fable,
Nous jugeons souverainement.
Pensez que rien n'est méprisable
Que l'impie ou le fainéant.

28

Que vois-je ? arbre aux fleurs purpurines,
Dont l'aspect était enchanteur,

Tes feuilles tombent en ruines,
La neige a détruit ta fraîcheur !

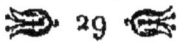 29

Pressé de briller et de plaire,
Et de nous montrer sa beauté,
Impatient et téméraire,
Il souffre de sa vanité.

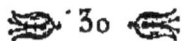 30

Plaignons la malheureuse chance,
Du présomptueux amandier,
Tâchons d'imiter la prudence
Du sage et modeste mûrier.

 31

Il sait attendre avec courage,
Et c'est sans doute un grand talent,
Il garde long-temps son feuillage,
Son fruit est toujours succulent[1].

[1] Le mûrier est l'emblème de la prudence, il fleurit le dernier des arbres. L'amandier fleurit le premier.

(Note de l'auteur.)

32

De ce framboisier rien n'altère
De sa feuille la pureté;
Et qu'ainsi votre caractère
Conserve sa stabilité [1].

33

Le baobab, arbre admirable,
Est le géant des végétaux;
Il en est le plus secourable,
Il couvre de nombreux troupeaux.

34

Telle est la grandeur véritable,
Toujours dans l'utile bonté,
Et l'homme le plus charitable
Doit être le plus respecté.

---

[1] On appelle en botanique un vert *glauque* un vert d'eau extrêmement pâle; ce vert a la singulière propriété de ne jamais se mouiller; quand on le plonge dans l'eau, on l'en retire parfaitement sec. Les feuilles du framboisier sont *glauques* d'un côté, et ce côté ne prend jamais l'eau.

(Note de l'auteur.)

35

Que la fausse magnificence
Du lys de pourpre si brillant,
Nous apprenne que l'apparence
Peut nous charmer en nous trompant[1].

36

L'étonnante et prompte croissance
Du cobéa si diligent
Semble exhorter l'aimable enfance
A ne pas perdre un seul instant.

37

Il retrace à notre mémoire
Ces enfans fameux et charmans,
Et dont même la grave histoire
Cite les précoces talens.

---

[1] Le lys *Saint-Jacques* est d'un rouge éclatant parsemé de petits points qui ressemblent à de l'or et en ont l'éclat au soleil.

(Note de l'auteur)

38

Ces épis sont l'allégorie
Du faste et de la piété ;
L'un plein s'abaisse et s'humilie,
L'autre se dresse avec fierté.

39

Pourquoi donc cet épi superbe
S'élève-t-il si hardiment
Au-dessus des fleurs et de l'herbe ?
C'est qu'il est vide et suffisant.

40

Et toi, fleur charmante et modeste,
Tu n'aimes que l'obscurité,
Comme l'âme pure et céleste,
Au jour tu caches ta beauté.

41

Belle-de-nuit, tu cherches l'ombre,
Tu contemples le firmament ;
Ah ! puissions-nous dans la nuit sombre
Le voir avec ravissement !

42

Des plus délicates louanges
Redoutons les charmes trompeurs,
L'orgueil a perverti des anges,
Fuyons le monde et les flatteurs.

43

Ne désirons que la présence
De notre juge souverain,
Car le bonheur ou l'espérance
Ne se trouve que dans son sein.

44

La figue, de la modestie
Nous prouve encor mieux les douceurs,
Elle nous laisse voir sa vie
Et dans son fruit cache ses fleurs.

45

A travers ces touffes de mousses
Je vois un arbuste charmant,
Dites-vous, en pressant ses gousses
Le bruit, hélas! n'est que du vent.

¹ Le baguenaudier.

46

Nous voulons de la renommée,
Nous voulons surprendre, éblouir,
Tout n'est que vent et que fumée,
Tout doit passer, il faut mourir !....

47

A tout âge et dans la jeunesse
Tout nous entretient de la mort ;
Cette image nous suit sans cesse
Pour nous annoncer notre sort.

48

Même dans nos brillans parterres,
Au milieu des riantes fleurs,
On voit des arbres funéraires,
Des cyprès, des saules pleureurs !

49

Songeons donc à la fin dernière ;
C'est s'occuper de son bonheur ;
Car dans les cieux et sur la terre,
Il est dans l'amour du Seigneur.

50

Sans nul orgueil solide et belle,
Parmi ces fleurs de quelques jours,
S'élève la douce immortelle,
Qui doit plaire et durer toujours.

51

Ah! que cette plante chérie,
Présage de félicité,
Retrace à notre âme attendrie,
Une heureuse immortalité.

52

De la dangereuse ciguë,
Et de tous les autres poisons,
Ah! ne détournez point la vue,
Écoutez aussi leurs leçons.

53

Ils vous diront que sur la terre,
La suite du péché fatal
Qui perdit notre premier père,
Fait rencontrer partout le mal.

54

Telle est la funeste origine
De la souffrance et du malheur,
Pour nous la clémence divine
Daigne en tempérer la rigueur.

55

La sainte et céleste assistance
Nous fait vaincre nos passions,
Et des plantes la connoissance
Brave le venin des poisons.

56

Sur ces simples que votre vue,
Tombe avec attendrissement,
Leur vertu puissante et connue,
Inspire plus d'un sentiment.

57

Ils ont soulagé la souffrance
Ou d'une mère ou d'un ami,
Ou, prolongeant notre existence,
C'est nous-mêmes qu'ils ont guéri.

58

Combien de plantes salutaires,
Et remèdes à tant de maux,
Nous devons aux missionnaires,
A leurs charitables travaux!

59

Leur zèle admirable et prospère,
Que nul péril n'a rebuté,
Transporte aux Indes la lumière
Et nous rapporte la santé.

60

Ah! que notre reconnaissance,
En contemplant tous ces objets,
Égale le bienfait immense
Dont nous éprouvons les effets.

61

Bénissons la main souveraine,
Qui pour nos maux multiplia
Le bouillon blanc, la marjolaine,
Le tilleul et le quinquina.

62

Nommons encor le capillaire,
La chicorée et le safran [1],
Le raifort et la fumeterre,
L'ail, le cerfeuil et l'origan.

63

Rappelons aussi le pas-d'âne,
La véronique, le cresson,
La calmante valériane,
Et l'utile dent-de-lion.

64

N'omettons pas le primevère,
Le thym, l'euphraise, le barbeau
Et la béchique scorsonère,
La camomille et le sureau

[1] La *mort* ou mors du safran est à l'égard de plusieurs plantes ce que la peste est aux hommes ; elle est contagieuse, elle attaque sous terre l'ognon, ce qui fait périr la plante dont le mal se communique à toutes celles qui l'avoisinent : il paroît que le mors est une plante parasite qui, comme la truffe, naît et vit sous terre ; elle est l'emblème de la perfidie.

(Note de l'auteur)

65

La bonté suprême et sacrée
Nous donne encore le pavot,
Et la menthe et la centaurée,
Les oranges, le mélilot.

66

De la nature l'éloquence
Nous rappelle ainsi chaque jour,
Que pour Dieu la reconnoissance
Est un devoir comme l'amour.

67

Du nostoc les métamorphoses,
L'art puissant de se transformer,
Disent que l'homme, en toutes choses,
Pourroit aussi se réformer [1].

---

[1] La *tremella nostoc* ou *flosculi* étoit employée par les alchimistes pour préparer la pierre philosophale : elle se transforme en plusieurs autres plantes analogues, et toutes ces plantes se transforment les unes dans les autres.

(Note de l'auteur.)

68

La merveilleuse fraxinelle
Tout à coup paroît tout en feu,
Qu'à votre cœur elle rappelle
La vive ardeur qu'il doit à Dieu.

69

Du feu du ciel la capucine
Donne quelquefois des éclairs.
Qu'un feu si pur vous illumine
L'été, l'automne et les hivers [1].

70

Le mancenillier formidable,
Si redouté du voyageur,
Est un témoignage admirable
De la bonté du Créateur.

71

Cet arbre fatal et tragique,
D'une triste célébrité,

---

[1] C'est la fille de Linné qui a remarqué la première que quelquefois, au mois d'août, la capucine donne des éclairs; il en est de même du souci.

(Note de l'auteur.)

Est vénéneux et narcotique,
Mais l'antidote est à côté.

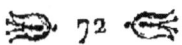

Aussi trompeur que les nuages,
Plus terrible qu'un ouragan,
Il croît toujours sur les rivages
De l'immense et sombre Océan.

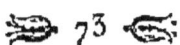

Du profond sommeil léthargique
Causé par son exhalaison,
L'eau des mers est le spécifique
Et l'unique contre-poison.

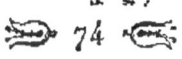

Valisniéra surprenante,
Confonds par ta fécondité
Les discours, l'audace insolente,
De l'aveugle incrédulité [1].

---

[1] Cette plante croît aux Indes, en Italie et dans le Rhône. Ses feuilles sont plongées dans l'eau. La valisniéra tient par sa racine au fond des eaux, et croît dans des fleuves dont les eaux sont sujettes à hausser et baisser. La nature de la plante demandoit que la fleur à de cer-

75

Unissez-vous à cette plante,
Vous, apocyn ingénieux,
Montrez-nous la main bienfaisante
Qui guide vos efforts heureux.

76

C'est encore la Providence,
Qui du silène et du lychnis
Soutient la fragile existence,
Et dompte tous leurs ennemis [1].

taines époques s'enfonçât dans les eaux ou se maintînt à leur surface, et elle est portée sur une tige tournée en spirale qui s'allonge et se raccourcit au besoin.

(Note de l'auteur.)

[1] Le *silene armeria* croît en France, ses tiges sont articulées ; au-dessous de chaque nœud les tiges sont d'un vert foncé et enduites d'une humeur visqueuse : il semble qu'on ait enlevé un anneau d'épiderme. En cet endroit les insectes sont attachés et collés à la tige par cette glu. Toutes les autres parties de la plante sont lisses et sèches, et à cause de leur couleur glauque elles ne se mouillent pas lorsqu'on les plonge dans l'eau.

(Note de l'auteur.)

77

Dupes nous-mêmes de la ruse
De l'ophrys, ou mouche, ou bourdon,
Notre œil, que sans cesse il abuse,
En lui croit voir un papillon.

78

Près du Gange il est un prodige
Plus admirable, plus frappant :
Une fleur, sur sa longue tige,
Est à jamais en mouvement [1].

79

Ainsi la fleur, plante oscillante,
Brave les insectes ailés,
Et, les remplissant d'épouvante,
Les retient toujours éloignés.

80

Arbre dont l'utile influence
Défend de la corruption,

---

[1] La plante oscillante ne croît que dans les endroits infectés par des nuées d'insectes ; ils sont tellement effrayés de son mouvement qu'ils n'osent l'approcher.
(Note de l'auteur.)

Beau cèdre, ta seule présence
Est pour l'homme une instruction [1].

81

Le juste par sa sainte vie
Et par sa réputation,
Empêche ou du moins modifie
Du vice la contagion.

82

L'exemple admirable du sage,
Et sa doctrine et ses vertus,
Nous garantissent du ravage,
Produit par les cœurs corrompus.

83

Pourrions-nous passer sous silence,
Cet arbre d'un pays lointain,

[1] Les coffres de bois de cèdre préservent des vers ce qu'on y enferme : les anciens y mettoient les manuscrits précieux, c'est pourquoi Perse, dans ses satires, pour louer ou critiquer un ouvrage, dit qu'il mérite ou ne mérite pas les *honneurs du cèdre*. (Note de l'auteur.)

Prodige de la Providence,
Que les flots attaquent en vain.

84

Recueillons encor cette preuve
Du soin qui régit l'univers,
L'arbre qui croît au fond d'un fleuve,
Doit supporter d'âpres hivers.

85

Mais une prévoyante grâce
Dans son contour le défendant,
Sait rendre l'effort de la glace
Contre lui toujours impuissant.

86

Tel est du nord de l'Amérique,
Ce végétal si curieux,
Le noble et grand cyprès *distique*,
Arbre favorisé des cieux.

87

Autour du tronc, pour sa défense,
L'arbre produit des rejetons

Qui lui forment un cercle immense
Et des fortifications [1].

88

Les houx d'une forêt fameuse
Émerveillent le voyageur,
Car leur tige n'est épineuse
Qu'au demi-quart de leur hauteur [2].

[1] Cet arbre, l'un des plus gros de l'Amérique, s'appelle *cyprès distique*, *cyprès de la Louisiane*, *cyprès chauve*. Lorsqu'il croît dans l'eau, la nature le protége d'une manière merveilleuse contre les dangers de l'inondation et des glaces flottantes. Il sort de son tronc, vers la base, des saillies qui forment autour de lui des côtes dont les intervalles ont plus d'un pied de profondeur, et il s'élève de ses racines des tubercules coniques qui composent plusieurs cercles de bornes naturelles de deux ou trois pieds de hauteur. On pourroit faire usage de cet arbre pour retenir les terres sur les bords des fleuves destructeurs.

(Cette note est de M. le comte Anatole de Montesquiou.)

[2] Les grands houx de la forêt de Needwood présentent un phénomène bien singulier : leurs feuilles sont hérissées d'épines jusqu'à huit pieds au-dessus de la terre ; plus haut elles en sont dépourvues, comme si ces arbres avoient prévu que les chevaux et les bœufs ne pouvant atteindre leurs branches supérieures, elles n'avoient pas besoin de défense.

(Note de l'auteur.)

89

Ces houx armés bravent l'outrage
Des animaux de ces déserts.
Et leur faîte, orné de feuillages,
S'élève sans peur dans les airs.

90

Immense univers! ô nature!
O sublime création!
Ta variété sans mesure
Confond l'imagination!!!

91

Songez, en voyant cette plante,
Qui souvent du bien change en mal,
Que la vertu persévérante
Échappe à cet écueil fatal [1].

---

[1] Cette fleur est une espèce de giroflée que je n'ai vue que dans le Holstein ; elle embaume le matin et tant que dure le jour, mais le soir elle prend une odeur fétide et véritablement infecte.

(Note de l'auteur.)

92

Que cette autre fleur si jolie,
Changeant de place sans raison
Vous ôte cette folle envie :
L'inconstance n'a rien de bon !

93

Le voici le profane arbuste
Dont se couronnent les amans,
Il est l'emblème le plus juste
De leurs dangereux sentimens.

94

Partout où le myrte domine
Il redoute ou voit des rivaux,
Partout il chasse, il extermine
Les fleurs et tous les végétaux.

¹ L'orchis est une plante, pour ainsi dire, nomade. Sa tige et la portion de racine qui l'a portée mourant chaque année, elle repousse d'elle-même à côté. Des auteurs, exagérant cette bizarrerie, ont prétendu qu'elle étoit venue ainsi d'elle-même de Sibérie en Suisse, en dépit des fleuves et des rivières. Il est de fait qu'il lui faut un siècle pour parcourir un espace de neuf à dix pieds.

(Note de l'auteur.)

95

Cet usurpateur tyrannique
Est comme l'amour exclusif,
Et même encore plus despotique,
Et son règne est moins fugitif [1] !

96

Sur une plage dévorante,
Un infortuné voyageur,
Victime d'une soif ardente,
Cédoit enfin à son malheur.

---

[1] Dans tous les lieux où l'on voit des bois de myrte et particulièrement en Espagne, on ne trouve dans ces bois non-seulement ni fleurs ni plantes, mais pas un seul brin d'herbe. Les racines de cet arbre n'en souffrent point Aussi les anciens, excellens observateurs de la nature, comme je l'ai déjà dit dans ma *Poétique*; les anciens ont consacré cet arbre à l'amour comme au seul sentiment qui soit véritablement exclusif. C'est une remarque qu'on n'avoit point encore faite et que j'ai consignée dans mes *Arabesques mythologiques*. A propos de l'amour, nos jardiniers ont trouvé un de ses symboles, ils appellent la tubéreuse, la *fleur de la jalousie*, parce que mise dans une caisse elle meurt si l'on y place d'autres fleurs.

(Note de l'auteur.)

97

Hélas ! c'en est fait, il succombe ;
Dans ce désert il va mourir.
Loin de lui son aride tombe
Dans peu d'instans doit s'entr'ouvrir.

98

Ni ruisseau, ni puits, ni fontaine....
Ah ! si l'utile cocotier
Du moins croissait dans cette plaine,
On pourroit s'y désaltérer [1]....

99

Résignons-nous, plus d'espérance ;
Adieu, plaisirs ; adieu, projets :
De l'immuable Providence
Adorons les divins décrets.

---

[1] Le *coco* est le fruit d'un arbre de la famille des *palmiers*. Ce fruit est très-précieux par sa grande utilité ; il renferme une espèce de crème ou de beurre, un lait excellent, de la bourre qu'on peut filer, et l'on fait, comme on sait, avec son écorce, les plus jolis ouvrages. L'Afrique, l'Asie, le continent méridional de l'Amérique sont la patrie de cet arbre.

(Note de l'auteur.)

100

Ainsi, prêt à quitter la vie,
L'étranger prioit l'Éternel,
Lorsqu'une céleste harmonie
Suspendit son chagrin mortel.

101

Il entendoit un doux murmure,
Semblable à celui d'un ruisseau.
Il voit, ô surprise! une eau pure
Sortir d'un verdoyant rameau.

102

Quel prodige! une fleur s'entr'ouvre,
De toutes parts l'onde en jaillit,
Et dans son calice découvre
L'eau limpide qui le remplit.

103

En s'agenouillant sur la terre,
Ressuscité, reconnaissant,
Le voyageur se désaltère
En bénissant le Tout-Puissant.

104

Le népenthe, si secourable,
Vase végétal, don des cieux,
Par un mécanisme admirable,
Produit ces effets merveilleux [1].

105

Comment pourrait-on méconnoître,
A tant de miracles divers,
Le Très-Haut, le souverain maître
Qui gouverne tout l'univers ?

[1] C'est le *népenthe distillatoria*. Ses feuilles sont terminées par un cordon long de trois à quatre centimètres, qui soutient un cylindre long, de dix à quinze centimètres de large. Ce cylindre se tient droit, il est rempli d'eau et fermé d'un couvercle attaché par une charnière ; cette eau est pompée par les racines ; il paroît que le couvercle se relève pour la laisser échapper lorsque le vase est trop plein. Le chardon à foulon ou chardon bonnetier produit quelque chose de semblable à peu près : sa tige forme une coupe qui contient depuis un verre jusqu'à une demi-pinte d'eau. Une espèce de *tillandica*, qui croît en Amérique, porte aussi une coupe qui contient une demi-pinte ou une pinte d'eau. Le docteur Slozin parle d'un aloès de la Jamaïque dont les feuilles contiennent de même une eau qui offre aux voyageurs une boisson aussi agréable que celle du népenthe.

(Note tirée des ouvrages de M. de Leuze.)

FIN DU TOME HUITIÈME.

TABLE ANALYTIQUE

DES MATIÈRES

CONTENUES DANS LES MÉMOIRES

DE MADAME LA COMTESSE

DE GENLIS.

TABLE ANALYTIQUE
DES MATIÈRES
CONTENUES DANS LES MÉMOIRES
DE MADAME LA COMTESSE
DE GENLIS.

TOME PREMIER.

GENLIS (MADAME DE), ses inclinations, son caractère, 4. — Époque et lieu de sa naissance, 6. — Danger qu'elle court, 6. — Sa première nourriture, 6. — Se jette dans un étang, 7. — Tombe dans le feu, 7. — Lieu où elle est élevée, 7. — Excellence de sa mémoire, 11. — Amenée à Paris, 12. — Premières impressions, 12, 13. — Est baptisée, 14. — Va à l'Opéra, 14. — Va à Étioles, chez le fermier-général Lenormand. — Voyage à Lyon, 17. — Est reçue chanoinesse d'Alix, 19. — Prend le nom de *comtesse de Lancy*, 20. — Antipathies naturelles, danger d'y faire violence, 27. — Ses premières compositions, 29. — Sentimens religieux innés en elle, 29. — Beauté de sa voix, 30. — Se fait institutrice de petits garçons, 31. — Premières peines, 33. — Joue dans un opéra-comique le rôle de l'Amour, 34. — Continue à

porter l'habit de ce rôle, 36. — Joue la comédie, 36.
— Aime les choses extraordinaires, 39. — Aversions
qu'elle éprouve, 40. — Impressions qu'elle reçoit des
physionomies, 41, 42, 84. — Cause de sa prédilection
pour les capucins, 46. — Apprend à danser, 47. —
Prend un habit d'homme, 48. — Origine de son aversion
pour Voltaire, 50. — Donne la préférence à Racine, 51.
— Pressentiment qui lui sauve la vie, 57. — Amour
qu'elle inspire, 58. — Sa famille quitte la Bourgogne, 62.
— On lui donne un maître de guitare, 65. — Ses premiers vers, 68. — Péril qu'elle court, 71. — Compose
des pantomimes héroïques, 74. — Ruine de son père, 78.
— Se sépare de sa gouvernante, 79, 80. — Quitte la
maison de sa tante, 80. — Va chez M. de La Popelinière
à Passy, 81. — Motif qui la conduit aux bals de la cour
et de la ville, 90. — Dialogues qu'elle improvise, 94, 187.
— Revient à Paris, 100. — Ses maîtres de musique, 100,
101. — Instrumens dont elle apprend à jouer, 101. —
Réforme le doigté de la harpe, 102. — Un vieux colonel
suisse veut l'épouser, 103. — La vanité devient le mo-
bile de ses actions, 104. — Œuvre musicale qui lui est
dédiée, 105. — Son opinion sur la durée de la vie, 109.
— Visite à madame de Montesson, 124. — Réception
chez sa grand'-mère, 127. — Va à Chevilly, 131. —
Actes de courage, 135, 178, 250. — Revient à Paris, 142.
— Goût pour l'étude, 145. — Passion pour la poésie, 145. — La manière dont elle joue de la harpe la
fait rechercher, 145. — Son père est arrêté, 148 — Il
meurt, 150. — Elle se retire avec sa mère dans un
couvent, 150. — Le baron d'Andlau veut l'épouser, elle

refuse ses propositions, 153. — Ses lettres, 155. — Extraits des livres qu'elle lit, 157, 181, 238. — Passe, avec sa mère, au couvent de Saint-Joseph, 158. — Épouse secrètement le comte de Genlis, 160. — Erreurs des biographes touchant sa famille, 161. — Quitte le couvent, 162. — Conduite des parens de M. de Genlis envers elle, 165. — Part pour Genlis, 165. — Vie qu'elle mène à Genlis, 169, 189, 201, 252. — Entre à l'abbaye d'Origny, 170. — Vie de couvent, 172, 176, 180. — Se range du parti de l'*opposition* contre l'abbesse, 175. —Fait un roman, 176. — Fait des vers, 181. — Sa mère vient à Origny, 181. — Déguisement, 182. — Mademoiselle Beaufort, 183. — Retourne à Genlis, 185, 188. — Justesse de son esprit, 186. — Son imagination, objets de ses réflexions, 186. — Vie de château, 189. — Fête donnée au marquis de Genlis, 189. — Le peintre Tirmane fait son portrait, 190. — Tours joués à ce peintre, 191 et suiv. — Méthodes pour ceux qui jouent des instrumens, 203. — Lectures avec M. de Sauvigny, 204. — Avec M. Milet, chirurgien, 207. — Ses goûts dominans, 209. — Apprend à monter à cheval, 210 et suiv. — Tient un journal, ce qu'il devient, 213. — Se met à dessiner, à peindre, 214. — Spectacle effrayant, inondation, 215. — Phénomènes qu'elle a vus, 217. — Madame d'Estourmelle et son terrible enfant, 218. — Va à Arras, 224. — Sauve un déserteur, 224. — Voyage singulier, 226. — Personnes qu'elle voit à Paris, 229. — Voleurs de nuit, danger qu'elle court, 230. — Retour à Genlis, devient grosse, 231. — Sert de mère à sa belle-sœur, 231. — S'y attache, 234.

— Folies faites avec son frère, 236. — Revient à Paris, 237. — *Réflexions d'une mère de vingt ans*, 238. — Continue ses études, 238. — Accouche de sa fille Caroline, 238. — La met en nourrice, 239. — La maréchale d'Estrée vient voir madame de Genlis, 239. — Est reçue chez madame de Puisieux, 239. — Présentation à la cour, apprêts, toilette, révérences, 240 et suiv. — Est présentée à Mesdames et aux enfans de France, 245. — Retour à Genlis, spectacles qui s'y donnent, 246. — Assiste au couronnement d'une rosière de Salency, 247. — Vers à sa louange, 249. — Comédie de la rosière, 250. — Va à Soissons, 251. — Retour à Genlis, 252. — Son jugement sur Marivaux, 253. — Son goût pour l'enseignement, 254 — Donne des leçons à sa belle sœur, 255. — Bain au lait, 257. — Compose un roman *le Danger de la célébrité*, 257. — Exerce la médecine, 258. — Affluence de ses pratiques pour la saignée, 259. — Marie une jeune fille qui a été séduite, 259 et suiv. — Va voir à Reims madame de Dromenil, grand'-mère de M. de Genlis, 262 et suiv — Quitte Reims pour Grisolles, en Normandie, 266. — Accident de voyage, 267. — Joue la comédie : *Zénéide*, pièce de madame de Genlis, 272. — Va à Cambray, 273. — Devient grosse pour la seconde fois, 274. — Retour à Paris, visites à madame de La Haye et à madame de Montesson, 274. — Se lie avec les comtesses de Custine et d'Harville, 290 Frayeurs mal fondées, 293. — Va à l'Ile-Adam, 294. — Sa timidité, 295. — Joue des proverbes, succès qu'elle obtient, 304 et suiv. — Joue la comédie, 306. — Chante dans un opéra de Monsigny, 313. — Va à Villers-Cotterets, et y joue des proverbes, 316. — Son amitié pour madame de Montesson, 317. — Suit la chasse du cerf, 315. — Va à Sillery, 326. — Explication; madame de Puisieux la prend en amitié, 327. — Sa vie à Sillery, 328 et suiv.; refait sa comédie des *Fausses délicatesses*, 330. — Ses lectures, 320, 346. — Portrait en couplets, de madame de Puisieux, 331. — Apprend à jouer du tympanon, 332. — Porte l'habit alsacien, 334. — Passion de madame de Puisieux pour madame de Genlis, 335. — Fête de M. de Puisieux, 336 *et suiv.* — Présent qu'il fait à M. de Genlis, 344. — Preuve de mémoire que donne madame de Genlis, 346. — Présent qu'elle fait, et vers qu'elle adresse à madame de Puisieux, 347. — Revient à Paris, après s'être arrêtée à Braine, 348. — Hiver à Paris, dispositions, 351. — Quadrille de son invention; bruit que fait ce quadrille, 354. — Joue des proverbes chez elle, 357. — Parodie des *Soirées de madame du Bocage*, 359 et *suiv.* — Copie des mémoires de M. de Genlis, 361. — Les corrige et les abrège, 362. — Son premier roman historique, *Parisatus*, 363. — Ses lectures, 362. — Avantages de se taire, 363. — Brûle presque toutes ses compositions, 364. — Apprend l'italien, 565. — Enseigne à madame Montesson à jouer de la harpe, 365. — Troisième grossesse, 376. — Va à Balincour, 385. — Tour qu'on lui joue, cause des importunités du curé de Balincour, 389. — Accouche d'un fils, 393. — Fait des dialogues des morts, 393. — Réforme son jugement sur Saint-Lambert, Marivaux et Thomas, 397.

TOME SECOND.

GENLIS (MADAME DE), manière singulière dont elle fait connoissance avec J.-J. Rousseau, 1 *et suiv.* — Son opinion sur la musique du *Devin de Village*, sur Monsigny, Gluck et Rameau, 1 et 2. — Prend Rousseau pour Préville, 4, 5. — Cause de sa rupture avec J.-J. Rousseau, 13 *et suiv.* — Lui fait obtenir l'entrée des jardins de Mouceaux, 17. — Opinion de madame de Genlis sur les talens de Sauvigny, 18. — Connoissances qu'elle avoit acquises, 18. — Jugement sur *Mélanie*, 19, 20, 21. — Conseils qu'elle reçoit de sa tante, 29. — Son humeur un peu moqueuse, 29. — Ses antipathies, 32. — Le comte de Coigny devient son ennemi, 32. — Retire de nourrice sa fille Caroline, 40. — Ses rêveries au berceau de cette enfant, 40. — Sa grand'mère meurt sans lui laisser aucune marque de souvenir, 41. — Étrange frayeur, 45. — Confidences que lui fait madame de Montesson, 47, 49. — Caractère de madame de Genlis, 28, 50, 84, 94, 95, 118, 162. — Peur des revenans, 50, 53, 212, 241, 282. — Artifices dont elle est témoin, 51. — Le duc d'Orléans vient la voir, 54. — Désir de voir sa tante épouser ce duc, 55. — Devient négociatrice dans cette affaire, 56. — Confidences galantes, 56, 57, 58, 60. — Va à un bal de la cour avec le duc d'Orléans, 62. — Aventure de bal; le vicomte de Custine, 62, 63. — Va à Villers-Cotterets, 65. — Succès qu'elle y obtient, 68. — Va à Sillery et au Vaudreuil, 69. — Se lie avec la comtesse de Merode, 71. — Joue des proverbes, 72. — Pèlerinage à la montagne des deux Amans, 72. — Fait un drame sur l'histoire des deux Amans, 73, 75. — Rôle qu'elle joue dans ce drame; ses succès comme auteur et comme actrice, 76. — Compose une pièce sur le sujet des *Trois Sultanes*, 76, 77. — Succès de cette pièce; affluence qu'elle attire, 78, 79. — Voyage à Dieppe, 79 *et suiv.* — Vue de la mer, impression qu'elle lui cause, 81. — Fête des corsaires au Vaudreuil, 82 *et suiv.* — Joue la comédie à Sillery, 90 — Va à Louvois, 90. — Retour à Sillery; monsieur Tiquet: opinon qu'il a de madame de Genlis, 92. — Agrémens du séjour de Sillery, 94. — Empire qu'elle y exerce, usage qu'elle fait de cet empire, 94. — Ses compositions, 95. — Ses études, 75. — Extraits des ouvrages qu'elle lit, 95, 255, 275, 276. — Empoisonnement, 96 *et suiv.* — Retour à Paris, 104. — Confidences de Madame de Montesson, 104. — Place promise auprès de madame, 108. — Son rôle de confidente finit, 114. — Offres faites à madame de Genlis, maniere dont elle les rejette, 117, 119. — Confidence à la duchesse de Chartres, 120. — Legs dont elle est privée, 124. — Va à Balincour, 126, 127, 128, 127. — Divertissemens, 128. — Conversations qui transportent son esprit au siècle de Louis XIV, 131. — Jugemens sur ce siècle, 132. — Details sur la mort du maréchal de Balincour, 132 *et suiv.* — Sur la mort du maréchal de Biron, 132. — Va loger chez madame de Puisieux, 133. — Renonce à la place promise chez Madame; motif de ce refus, 134. — Réflexions sur sa destinée, 134. — Mort de monsieur de Puisieux, 139 *et suiv.* — Va voir le feu d'artifice sur la place Louis XV, 143. — Maladie et mort de la comtesse de Custine; douleur qu'elle lui cause, 148 *et suiv.* — Premières impressions de cette perte, 154, 155. — Romance sur la mort de son amie, 155 — Éloge de cette dame, 156. — Consulte madame de Puisieux sur son entrée au Palais-Royal, 157; 158, 159. — Avantages d'une place auprès de la duchesse de Chartres, 159. — Accepte, 160. — Reproches, réflexions, combats, 161 *et suiv.* — Au fond est charmée d'entrer dans la cour du duc d'Orléans, 163. — Artifice qu'elle se reproche, 164. — Logement qu'elle occupe au Palais-Royal, 167 *et suiv.* — Société du Palais-Royal; personnes qui composent cette société, 168 *et suiv.* — Lecture que lui fait le comte de Thiars, 168. — Son aversion pour les lectures de société, 189. — Tableau de la société du XVIIIe. siècle, 192 *et suiv.* — Réflexions sur sa nouvelle existence, 211. — Regards malveillans qu'elle rencontre, 211. — Les hommes l'accueillent, 211. — Craint l'inimitié des femmes, 212. — Vive réponse à une impertinence, 215, 216. — Triomphe, brouille et raccommodement, 216, 217. — Elle est dupe des apparences de bienveillance, 218. — Histoire du vicomte de Custine et de ses sentimens pour madame de Genlis, 218. — Déclaration d'amour, 220. — Espionnage amoureux, 221. — Déguisemens supposés, effroi qu'ils causent à madame de Genlis, 225. — Elle prend de l'aversion pour le vicomte de Custine, 226. — Scène violente, 231. — Quelques regrets, 232. — Dénoûment, illusions détruites, 240. — Cesse de voir le vicomte de Custine, 244. — A la rougeole, 244. — La duchesse de Chartres la prend en amitié, 245, 246. — Jalousie qu'elle excite, 246. — Voyage à Bruxelles, 246. — Ses lectures à l'Ile-Adam, 253. — Peint des fleurs et des dessus de tabatières, 254. — Ses progrès dans la littérature françoise et dans l'histoire, 255. — Se forme un cabinet d'histoire naturelle, 256, 259. — Son amitié pour mademoiselle Thouin, 556. — Leçons qu'elle donne à la duchesse de Chartres, 257. — Sert de secrétaire à la duchesse, 258. — Occupations, 259 *et suiv.* — Continue à composer des comédies ; fait les *Fausses infidélités*, ne montre cette pièce à personne, 259. — Consulte Fréron sous un nom supposé, 259 *et suiv.* — Bonnes grâces du prince de Condé pour madame de Genlis, 261. — Il devient son ennemi, 262. — Le prince de Bourbon plein de bontés pour elle, 263. — La princesse de Bourbon est prévenue contre madame de Genlis, 264. — Distraction que lui causent les opéras de Gluck, 264 *et suiv.* — Se moque de ceux qui, sans savoir la musique, prennent parti pour Gluck ou pour Piccini, 267. — Premiers ennemis qu'elle se fait parmi les littérateurs, 267. — Renonce à l'*opéra*, 267. — Service qu'elle rend, 269. — Apprend l'anglois, 270. — Livres pour ses extraits, 275, 276. — Refuse de se rapprocher de J.-J. Rousseau, 282. — Sert des personnes qu'elle sait ne pas l'aimer, 282. — Plaisir qu'elle y trouve, 283. — Obligation des personnes qui écrivent des mémoires, 288. —Danger qu'elle court à Marli, 288. — La reine vient l'écouter quand elle joue de la harpe, 290. — Évite de jouer aux petits concerts de la reine, 291. — Le prince de Condé lui cède son appartement à Marli, 292. — Voyage en Hollande, 292. — Est attaquée de la rougeole, 292. — Perd son fils ; apparition, 293, 294, 295. — Tombe dans un état de langueur, 296. — Va aux eaux de Spa, 297. — les *Vœux Téméraires*, première idée de ce roman, 300. — Départ pour les eaux, 300. — Passe un mois à Bruxelles, 301. — A Malines, tombe dans une fosse, 302. — Arrivée à Spa, 302. — Petit accident, 303. — S'amuse à Spa, 304. — Visite Aix-la-Chapelle, Dusseldorf, Luxembourg, 308. — Frayeur, 309, 310. — Loge dans la maison du prince de Hesse, 310. — Va à Strasbourg et à Colmar, 310, 311. — Petite gourmandise qui cause un chagrin cuisant, 311. — Est reçue par son beau-père, 311. — Voyage en Suisse, 312 *et suiv.* — Consulte le docteur Tissot, 312. — Séjourne à Lausanne, 315. — Pénible succès, 316. — Visite à Voltaire, détails de cette journée, 317 *et suiv.* — Retour à Paris, 331. — Le comte de Brotoski devient amoureux de la fille aînée de madame de Genlis, 333. — Courses dans Paris avec madame Potocka, 334 *et suiv.* — Fait un cours d'histoire naturelle, 335, 336. — Nouvelles comédies qu'elle compose : *Agar dans le désert, les Flacons, la Colombe, les Dangers du monde, la Curieuse*, etc., 336 *et suiv.* — Succès de ces représentations, 337 *et suiv.*

DES MATIÈRES. 337

— Indifférence du duc d'Orléans et de madame de Montesson pour ces spectacles, 340. — Nouvelles comédies : *le Bailly*, *l'Ile heureuse*, *la Mère Rivale*, *l'Amant anonyme*, 341 *et suiv.* — Reçoit et refuse un grand nombre d'invitations, 345. — Rencontre mademoiselle de Mars, 354. — Inquiétude sur le sort de monsieur Ducrest, son frère, 356. — Le marie et le loge au Palais-Royal, 357. — Cadeaux faits à mademoiselle de Raffeteau, 359. — Loge sa mère et ses enfans au Palais-Royal, 361. — Invente l'*ordre de la persévérance*, 362. — Règlemens, épreuves de cet ordre, 363. — Rencontre au Palais-Royal Rulhières, singulières prétentions de cet historien, 366 *et suiv.* — Jugement de madame de Genlis sur l'abbé Raynal, et sur l'Histoire philosophique du commerce des Européens dans les deux Indes, 372. — Assiste aux séances de l'Académie, 373. — Renonce à la danse et aux bals, 373. — Voltaire vient à Paris, visite que lui fait madame de Genlis, 376. — Se trouve avec l'empereur Joseph II dans la galerie du Palais-Royal, 378, 379. — L'empereur se fait écrire chez madame de Genlis, 380.

TOME TROISIÈME.

GENLIS (madame de), son entrée au Palais-Royal, coup d'œil sur elle-même et sur sa position dans le monde; 1. — Jours où elle recevait, 2. — Ses occupations, 2. — Chagrins qu'elle éprouve, 2.—Apprend à cacher les impressions qu'elle ressent, 2. — Assujettissement, 3. — Vers qu'elle compose sur la littérature, 4, 5. — Engage la duchesse de Chartres à faire le voyage d'Italie, 6. — Soirée à la guinguette, 7.—Se travestit en cuisinière, 9. — Danse avec un coureur, 10. — Refuse sa fille à M. Brostosk, 11. — Accompagne la duchesse de Chartres dans le voyage que fait cette princesse en Italie, 11 et suiv — Fait de la musique en voyage, 16. — Roman improvisé, 17.—Fait la conquête du comte de Lascaris, 27. — Aventure de la folle de Reggio, 29. — Excite beaucoup d'enthousiasme avec sa harpe, 35.—Journaux de voyage faits par madame de Genlis, 36. — Séjour à Rome: conversations avec le cardinal de Bernis et son neveu, 31. — Courses dans Rome avec le chevalier de Bernis, 43. — Reçoit les bénédictions du pape, 44.— Choses qui ont surpassé son imagination, 44. — Observations sur la mémoire, 50. — Tentative pour faire rappeler en France la duchesse d'Orléans au temps de son exil, 51.—Joue de la harpe chez la reine de Naples qui lui baise la main, 55. — Visite la chartreuse de Saint-Martin, 59. — Accident de voyage, 61, 62. — Fièvre inflammatoire au retour d'Italie, 66. — Voyage aux eaux des Forges, 68. — Fait, au hasard, une prédiction qui s'accomplit, 69, 70. — Trouve le sujet des *Solitaires de Normandie*, 71. — Reprend ses spectacles et fait jouer la comédie à ses enfans, 73. — Accueille le chevalier de Queissat et prend sa défense, 73 et *suiv.* — Rencontre M. Garat, 76. — Bouquet qui lui est envoyé par MM. de Queissat, 77. — Fait un mémoire pour MM. de Queissat, 98. — Remercîment de la ville de Castillon, 78. — Imprime son *Théâtre d'éducation* à leur profit, 79. — Devient gouvernante des filles du duc de Chartres, 81. — Enthousiasme qu'elle inspire, 85. — Lettre qu'elle reçoit de l'électrice de Saxe, 86. — Accueil qui lui est fait à la cour, 86. — A Saint-Cloud par le duc d'Orléans, 86. — Ne met plus de rouge, 87. — Cadeau que lui fait, à cette occasion, le duc de Chartres, 88. — Son entrée au couvent de Belle-Chasse, 90, 91, 92. — Appartement qu'elle occupait au Palais-Royal, 94. — Appointemens des gouvernantes, 95. — Fait le mariage d'une jeune laitière, 97. — Économie dans les dépenses, 98, 99. — Invente des joujoux instructifs, 101. — Fait connaissance avec d'Alembert et se brouille avec lui, 102, 104. — Fréquente quelques bureaux d'esprit, 107, 108. — Madame du Deffant, 109 *et suiv.* — Reçoit les visites de La Harpe à Belle-Chasse, 116. — Passion de La Harpe et de M. de Sauvigny pour elle, 117. — Vie de madame de Genlis à Belle-Chasse, 123, 124, 125. — Ses années de bonheur, 125. — Soins pour sa mère, 125. — Excuses, exemple qu'elle donne à ses filles, 127, 128. — Sa famille était musicale, 130. — Instruction qu'elle donne à ses filles, 130. — A été la première institutrice de Princes, 133. — Marie sa fille aînée, 135. — Cadeaux de noces, 136, 137. — Mort d'une de ses élèves, 137. — Va à Saint-Cloud, 138. — Devient gouvernante des fils du duc de Chartres, 142. — Refuse une augmentation de traitement, 143. — Publie *Adèle et Théodore*, 145. — Ses discussions avec M. de Bonnard, 146. — Méthodes suivies avec ses élèves, 149, 150, 151, 152, 153, 155, 156, 157, 158, 159, 160, 161, 162, 163, 170. — Passe une partie de l'année à Saint-Leu, 154. — Prend avec elle sa nièce Henriette de Sercey, 155. — Voyages instructifs avec ses élèves, 160. — Son opinion sur le théâtre, 161, 162. — Les choses surnaturelles plaisent à son imagination, 170. — Élèves qu'elle a perdues, 171. — Critiques d'*Adèle et Théodore*, 171 à 176. — Effets produits par cet ouvrage, 176. — Sa vie à Belle-Chasse, 178. — Méprise fâcheuse, 179, 180. — On cherche une clef aux portraits qui se trouvent dans *Adèle et Théodore*, 180, 181. — Portrait du grand monde dans ce roman, 180. — S'est interdit les personnalités, 180, 181. — Service rendu à M. de La Harpe, malice, 182, 183. — Gratifications qui lui sont accordées par la loi comme gouvernante des princes de la maison d'Orléans, 184, 185. — Usage qu'elle fait de ces gratifications, 185. — Mène ses élèves chez madame de Montesson, 185 — Donne les *Veillées du Château*, 188. — C'est l'ouvrage de madame d'Épinay qui obtint le prix, fondé par M. de Monthion, 189. — Pertes qu'elle éprouve pendant les dernières années de son séjour à Belle-Chasse, 190, 191.

— Apprend l'espagnol et le portugais, 192. — *La Religion considérée comme l'unique base du bonheur et de la véritable philosophie*, ouvrage composé par madame de Genlis pour la première communion de l'aînée de ses élèves, 193. — Succès de cet ouvrage, 194. — Mort de sa fille aînée, 195. — Continue ses leçons, 195. — Achève son ouvrage sur la religion, 197. — Réflexions sur la douleur, 197, 198. — Séjour à Saint-Leu, souvenirs, 198. — Livre perdu, 198. — Sa santé s'altère; va aux eaux de Spa, 199. — Compose impromptu l'*Histoire du Revenant*, qui devient le canevas des *Chevaliers du Cygne*, 202, 203. — Temps et circonstances dans lesquelles ce roman fut composé, 203. — Le dédie à M. de Romanzoff, 204. — Succès de cet ouvrage à Saint-Pétersbourg et à Berlin, 204. — *L'Aveugle de Spa*, *la Couronne*, comédies de madame de Genlis, traduites en suédois par le roi de Suède, 207. — Fêtes données par ses élèves à madame d'Orléans, 207, 208, 209, 210, 211. — Service rendu au chevalier de Chastellux, 213. — Mauvais offices de madame de Chastellux auprès de la duchesse d'Orléans, 214. — Fêtes à Sillery, 214, 215. — Va avec ses élèves à Lamothe, sur le bord de la mer, 216. — Voyage à la Trappe, 216 *et suiv.* — Entre dans le couvent, 217. — Réflexions sur les religieux et la vie des cloîtres, 223, 224, 235, 236, 237, 238, 239. — Retour vers Paris, 239. — Réflexions sur Navarre et Bleinheim, sur Turenne et Marleborough, 240, 241, 242. — Voyage à Saint-Vallery, 243. — Visite le chantier, 244. — Le village de Cayeu, réflexions qu'il inspire à madame de Genlis, 244, 245, 246. — Voyage au Havre, le vaisseau négrier, 246. — Voyage au mont Saint-Michel, 246,

247.—Visite Saint-Malo, 250.—Avant-coureurs de la révolution et ses causes, 257 *et suiv.* — Envoie à la *Feuille villageoise* des articles sous le nom de *Lettres de Marie-Anne*, 259.—Compose ses *Discours moraux*, 260.—Ses opinions politiques, 260.—Horreur que lui font éprouver les excès populaires, 260, 261.—Va avec ses élèves voir démolir la Bastille, 261, 262.—Assiste à une séance de la société des Cordeliers, 262, 263.—Fait recevoir de la Société philanthropique le jeune duc de Chartres, 264.—Attache M. Picyre au jeune duc de Chartres, 265.— Travaille à sa Botanique de fleurs artificielles, 268.— Ingratitude d'un des frères du chevalier de Queissat, 269, 220. — Visite de la force armée à Belle-Chasse, 270.— Moyens employés par madame de Genlis pour former le cœur et l'esprit de ses élèves, 271. — Extraits de ses livres, 272 *et suiv.* — Devoirs de ses élèves envers elle, 285.—Examen de conscience pour ses élèves, 286, 287. —Réprimande au duc de Chartres, 288.—État du cœur et de l'esprit de madame de Genlis pendant l'éducation des enfans du duc d'Orléans, 291 *et suiv.*—Méprise plaisante, 298.—Plaisirs que procurent à madame de Genlis ses entretiens imaginaires, 299.—Refuse de se faire faire son portrait pour figurer avec les portraits placés dans le lieu où est déposé le cœur de Voltaire, 300.— Hommes de lettres à qui elle fait accorder des pensions, 303. — Son opinion sur les ouvrages de Bernardin de Saint-Pierre, 306, 307.—Elle fait la connaissance de Chénier, 312.—Son opinion sur l'esprit et les ouvrages de madame de Staël, 318, 319.—Offre un asile à M. Necker dans la terre de Sillery, 322. — Critique de madame de Staël,

323. — Commence l'étude du grec, 323.—Marie sa fille Pulchérie au vicomte de Valence, 324 et suiv. — Réflexions sur ce mariage et sur la liaison de madame de Montesson avec M. de Valence, 326, 327. — Anecdote à ce sujet, 328, 329. — Demande pour son frère une place au Palais-Royal et l'obtient, 329.—La maréchale d'Estrée fait, du mari de madame de Genlis, son légataire universel, 331.—Quoique devenue riche continue ses fonctions de gouvernante des princes de la famille d'Orléans, 331.—Réflexions et reproches à propos de la fin tragique du comte de Genlis, 332, 334. — Fait un voyage en Angleterre, 336.— Accueil qu'elle y reçoit, 336 et suiv. — Est livrée à la société, 337.—Fête que lui donne lord William Gordon et à laquelle assiste le prince de Galles, 337, 338. — Reçoit, de lord Mansfield, les premières roses mousseuses qu'elle ait vues et qui aient été introduites en France, 342.—Cadeau que lui fait la duchesse de Marleborough, 342. — Voit tout ce que Londres renferme de curieux, 343. — Son voyage à Langolen et sa visite aux deux amies Éléonore Buttler et miss Ponsomby, 344 et suiv. — Réflexions sur le célibat, 355 et suiv. — Cimetière de Bury, les amans s'y réunissent le soir, 357. — Réflexions sur les sentimens qu'un tel lieu doit inspirer à des amans, 358 et suiv — Réflexions sur les écrivains, les mœurs et le caractère des Anglais, 365 et suiv.—Retour en France, 372.—Tempête au passage, 372.

TOME QUATRIÈME.

GENLIS (MADAME DE) est arrêtée par les paysans du village de Colombe, 4 *et suiv.* — Perd sa mère, 9. — Reçoit un anneau de la duchesse d'Orléans et lui en donne un, 9. — Anneaux qu'elle a de ses parens, de ses amis et de ses élèves, 9. — Changement de la duchesse d'Orléans à son égard; conduite de madame de Genlis dans cette circonstance, 12 *et suiv.* — Lettre qu'elle écrit au duc d'Orléans, 14 *et suiv.* — Observations sur la première lettre, 17. — Donne sa démission de gouvernante; cette démission n'est pas reçue; causes du changement de la duchesse d'Orléans, 29. — Réconciliation, 40, 41. — Reçoit un billet de la duchesse, 42, 43. — Lettres à la duchesse sur le jeune duc de Chartres, 45, 47. — Désagrémens qu'elle éprouve dans l'éducation de ses élèves, 50. — Réconciliation suivie d'une nouvelle rupture, 51. — Cesse d'aller au Palais-Royal, 52. — Démarche de la duchesse; ce que madame de Genlis se proposoit de lui dire, 54. — Singularité de cette entrevue, 57, 58. — Quitte Belle-Chasse, avant de partir écrit trois lettres au duc d'Orléans, 60. — Ses billets et ses conseils à Mademoiselle, 63 *et suiv.* — Marques d'intérêt qu'elle reçoit, 73. — Se propose de voyager, 75. — Nouvelles alarmantes ; revient à Paris, 75, 76, 77. — Lettre qu'elle reçoit de M. de Sillery, 79. — Ses opinions politiques, 81 *et suiv.* — Justification de la duchesse d'Orléans, 81, 82. — Perd plusieurs de ses amies, 84. — Son caractère, 86. — Son goût, 87. — Annonce son départ pour Nice avec ses élèves, 88. — Forcée de renoncer à ce voyage, se propose d'aller en Angleterre, 88. — Départ du duc d'Orléans pour Londres, 89. — Déclaration qu'elle rédige, mais ne prend aucune part aux affaires, 92, 93, 94. — Annonce du départ du duc, 94. — Conserve la même manière de vivre, 94, 95. — Fait connoissance avec le député Barrère, 96. — Ses liaisons avec Pétion, 98. — Offre de la conduire à Londres, 99. — Passe en Angleterre, 100, 101 *et suiv.* — Sa liaison avec M. de Beauharnais, 99. — MM. de Montmorency, de Girardin, de Volney, Grouvelle et Millin, 102. — Avec David, 102, 103, 104. — N'a jamais vu MM. Lameth, ni reçu Mirabeau chez elle, 104, 105. — Sa manière de vivre alors, 105. — A été quelquefois à l'Assemblée nationale, deux fois aux Jacobins, une seule aux Cordeliers, 106. — N'a point mené Mademoiselle d'Orléans à une séance, 106. — Ses rapports avec Brissot, avant la révolution, 106, 107, 108, 109. — Les médecins ordonnent à Mademoiselle les eaux de Bath; part avec elle pour l'Angleterre, 110. — Histoire du jeune Martin, 110 *et suiv.* — Va d'abord à Londres et ensuite à Bath, 112. — Études de la langue angloise parlée, 112. — Sa Société à Bath, 113. — Ses pensées sur la tour où Alfred-le-Grand proclama l'indépendance de l'Angleterre, 113. — Séjour à Bury et connoissances qu'elle y fait, 114 *et suiv.* — Ses occupations en Angleterre, 118, 119. — Fin de son séjour en Angleterre, 120, 121. — Impression que lui fait éprouver la déchéance du roi, 121. — Écrit à Pétion sur le procès du roi, 121, *et suiv.* — S'attire la haine du parti de Marat et de Robespierre, 125. — Lettre du duc d'Orléans qui rappelle Mademoiselle, 127. — Retour à Londres, 123. — Inquiétudes, dangers, 128, 129. — Va chez Shéridan, à Ilesworth, 131. — Ramène Mademoiselle d'Orléans en France; aventures et périls de la route, 132 *et suiv.* — Retour à Ilesworth, 137. — Shéridan accompagne madame de Genlis et ses élèves jusqu'à Douvres, 137. — Portrait de Shéridan, 138; 139. — Retour à Belle-Chasse, 140 *et suiv.* — Engage M. de Sillery à quitter la France, 145. — Départ pour la Belgique, 146. — Séjour à Tournay, 147 *et suiv.* — Pertes d'effets et de manuscrits: les nouvelles Précieuses ridicules, 148. — Histoire de Paméla, 149 *et suiv.* — La marie au lord Edouard Fitz-Gérald. — Séparation, 151. — Nouvelle de la catastrophe du 21 janvier, 153, 154. — Donne des instructions; visites désagréables, 154. — Fait connoissance avec M. Jouy, 155 *et suiv.* — Reçoit la visite de Dumouriez, 157. — Est dénoncée par Dubuisson, commissaire de la Convention, 159 — Ce qu'elle fit pour rassurer Paméla, 160 *et suiv.* — Dépôt de ses papiers entre les mains de M. de Valence, 160 — Les papiers sont brûlés, 160, 161. — Désire de revenir en France, et sollicite son retour, 162, 163. — Ses craintes, 163, 164. — Dangers de sa situation, 166, 167 —

Quitte Tournay. Désagrément de la route, 169. — Se rend à Saint-Amand, 170, 171. — Réflexions, craintes, dangers, 172, 173. — Projet de se séparer de Mademoiselle d'Orléans, 174, 175, 176. — Part avec elle pour la Suisse, 177. — Son opinion sur la conduite de Dumouriez; refuse les passe-ports qu'il lui offre, 178. — Personnes qui l'accompagnent; M. de Monjoie, 178, 179. — Résolution courageuse, 179, 180. — Périls de la route, 180 et suiv. — Arrivée à Quevrain, 182. — Réflexions sur son avenir, 183, 184, 185. — Écrit son journal, 185. — Aventure avec le comte de Vouniarsky; il prend madame de Genlis pour la princesse de Lansberg, 186, 187. — Forcée de rester à Mons avec Mademoiselle d'Orléans, prend la rougeole, 189. — Rencontre le prince Lambesc, 191. — Le baron de Mack protège madame de Genlis et ses jeunes compagnes de voyage, 192, 193, 194. — Départ de Mons; arrivée à Schaffhouse, 194, 195. — Le duc de Chartres vient les y joindre, 196. — Arrivée à Zurich; persécutions des émigrés, 196 et suiv. — Écrit à madame d'Orléans et ne reçoit point de réponse, 198. — Séjour à Zug, 197, 198, 199. — Sont dénoncés par les émigrés et forcés de quitter cette ville, 199, 200. — Nécessité de se séparer du duc de Chartres, 200. — Se retirent au Couvent de Bremgarten où M. de Montesquiou les fait recevoir, 201 et suiv. — Le duc de Modène envoie un peu d'argent à Mademoiselle d'Orléans, 204. — Attentat contre Mademoiselle d'Orléans, 204, 205. — Entrent au couvent de Sainte-Claire sous des noms anglois, 207, 208.

— Séparation d'avec le duc de Chartres, 208. — Reçoivent les visites de M. de Montesquiou ; motifs pour lesquels il cesse de voir madame de Genlis, 209 *et suiv.* — Refus du duc de Modène de recevoir Mademoiselle d'Orléans, 210. — Apprend la fin tragique de M. de Sillery, 210. — Son neveu César Ducrest vient se fixer à Bremgarten, 211, 212. — Ses soins pour Mademoiselle d'Orléans, 214, 215, 216. — Caractère de cette princesse, 216, 217. — Tracasseries suscitées à madame de Genlis, 218, 219, 220, 221. — Amitié entre elle et madame de Montolieu. Bons procédés de lord et de lady Fitz-Gérald pour madame de Genlis et ses élèves, 221. — Discussions entre les réfugiés et les habitans de Bremgarten, 224, 225. — Madame de Genlis fait écrire à la princesse de Conti par Mademoiselle d'Orléans, 228 *et suiv.* — Réponse de la princesse de Conti, 229. — Soins donnés à une jeune fille folle, 240 *et suiv.* — Aventure, zèle indiscret avec M. Diffenthaler, 242 *et suiv.* — Séparation douloureuse, 256, 257. — Derniers conseils donnés à Mademoiselle d'Orléans, 259 *et suiv.* — Se décide à quitter Bremgarten ; motif de son éloignement pour ce lieu ; 279, 280. — Calomnies de la gazette de Leyde, 270, 271. — Départ de Bremgarten ; adieux touchans, 277. — Rencontre singulière, 278. — Crainte de rencontrer des émigrés, 282. — Veut se faire concierge d'un château, 282 *et suiv.* — Se retire près d'Altona, 285. — Reste huit mois dans une auberge de cette ville, 388. — Ses occupations, 289. — Est reconnue par deux voyageurs qui ne trahissent point son incognito, 291. — Apprend la chute de Robespierre, 296. — Sa nièce vient la rejoindre; elles passent quatre mois à Hambourg, 298. — Y fait le plan des *Mères rivales*, 298. — S'établit avec sa nièce chez M. de Valence, près Hambourg, 300. — Vend au libraire Fauche *les Chevaliers du Cygne*, 300. — Une des demoiselles Sernig vient demeurer avec madame de Genlis, 301 *et suiv.* — Écrit son Précis de conduite. — Passages de cet ouvrage, 304 et suiv. — Critique de la *Nouvelle Héloïse*, 312, 313. — Libelles publiés contre elle, 318, 319. — Considération dont elle jouit à Hambourg, 318, 319. — Marie mademoiselle de Sercey, 320. — Vers faits par madame de Genlis, sur M. Muyet, 322, 323. — Travaille aux *Vœux téméraires*, 322. — Inquiétudes que lui donne une folle, 325 *et suiv.* — Les émigrés la dénoncent au gouvernement prussien; causes de cette dénonciation, 329. — Un incident causé par le hasard sert leur haine, 329. — Est bannie des États prussiens, 330. — Poésies qu'elle fait imprimer, 321. — Conduite, par un exempt de police, hors des frontières des États prussiens, 331, 332, 333, 334, 335, 336. — Revient et se fixe à Hambourg, 336 *et suiv.* — Vend à sa nièce les *Vœux téméraires*, 340. — Se retire dans le Holstein, 341, 342. — Vers qu'elle compose pour madame Wédercop, 343. — Fêtes de noces, 344. — Se retire dans la famille Peterson, 346 *et suiv.* — Superstition pour les cigognes; mœurs de ces oiseaux, 347 *et suiv.* — Reçoit la visite du prince de Talleyrand-Périgord, 351. — Il lui fait présent du livre de Charron, 352. — Ses travaux à Brevel, 356, 357. — Compose les *Petits émigrés*, l'*Herbier moral*, travaille aux *Petits émigrés*, 357. — Trait singulier sur *les Vœux téméraires*, 358. — Entretiens avec un marin. — Va à Sleswig consulter un médecin, tombe malade, 360 *et suiv*. — Retour à Berlin, 367, 368. — Méchanceté d'un émigré, 368. — Réparation muette, 369.

TOME CINQUIÈME.

GENLIS (MADAME DE) retrouve ses amis à Berlin, 1.—Visite Sans-Souci, 1.—Fait paroître *les Petits Émigrés*, 13; les *Heures à l'usage des jeunes personnes*, 14. — Une petite pensionnaire de mademoiselle Bocquet lui donne l'idée du conte intitulé *le Maillot sensible et raisonnable*, 15 — Consulte le premier médecin du Roi sur sa santé; suit un régime, 15, 16. — Mésintelligence entre elle et mademoiselle Bocquet, 16, 17, 18. — Mademoiselle Bocquet la sépare de Jenny, 19, 20. — Est consolée par l'amitié et les soins de madame Bocquet, 21. — Apprend à jouer de la harpe à mademoiselle Itzig, son amie, qui étoit aveugle, 22. — Continuation de sa brouillerie avec mademoiselle Bocquet, 24. — Ses Dialogues ou itinéraires, faits pour l'utilité des émigrés, sont employés comme ouvrage élémentaire pour apprendre le françois dans les écoles allemandes, 24. — Elle fait un ouvrage anonyme intitulé *l'Ami des talens et des arts*, espérant qu'il sera utile à MM. La Harpe et Suart, obligés de se cacher pour éviter la mort ou la déportation, 25. — Elle fait des vœux pour le rappel de David, 33. — Envoie des presens à mademoiselle Bocquet le jour de sa naissance, 35. — Place Jenny chez la comtesse de Schmalensée, 36. — Quitte mademoiselle Bocquet, 37, 38. — Va habiter une maison hors de Berlin, 38. — Prend l'idée de la nouvelle intitulée *le Jupon vert*, dans l'histoire d'une femme qui faisoit sa cuisine, 38. — Prend dans l'émigration plusieurs autres sujets de nouvelles, 39. — Voit l'arbre des réfugiés, 40. — Visite Postdam, le château de marbre, 41. — S'occupe de botanique, 41. — Travaille à son roman des *Mères rivales*, vendu d'avance à M. de Lagarde ; sa conduite avec les libraires, 45. — Retourne à Berlin, 45. — Prend avec elle un des enfans de la personne qui lui loue son appartement ; elle l'appelle Casimir, 47. — Finit les *Mères rivales*, 47. — Donne des leçons, 48. — Refuse de faire un cours de littérature, 48. — Les personnes qui se sont intéressées à elle. — Fait, sur une invention de M. Ploetz, une nouvelle intitulée *la Tombe harmonieuse*, 51. — Refuse d'être présentée à la princesse Henri, 53. — Reçoit une lettre de M. le prince de Talleyrand, 54. — Invite sa mère à venir s'établir auprès d'elle, 58. — Refuse l'offre d'un marchand de Berlin, 58, 59. — Visite une synagogue, 59, 60. — Désavoue un ouvrage qui lui étoit attribué, intitulé *Catéchisme moral*, 60. — Fait plusieurs pièces pour le théâtre de madame Cohen, 60, 61. — Joue avec un grand succès dans ces pièces, 63. — Voit chez madame Cohen le général Beurnonville, qui promet de s'employer pour la faire rentrer en France, 64. — Elle reçoit de la princesse de Radzivill l'invitation de venir habiter une maison charmante qu'elle lui avoit fait bâtir, 65. — Assiste à l'opération que subit madame Cohen, 67. — Reçoit une lettre de sa fille qui lui annonce son prochain rappel, 68. — Refuse le ridicule mariage que lui propose M. Lombard, 69, 70. — Voit sa correspondance avec mademoiselle d'Orléans interrompue par la mort d'un prêtre qui s'en étoit chargé, 71. — Envoie un mémoire au Directoire pour obtenir la liberté de MM. de Beaujolois et de Montpensier, détenus à Marseille, 73, 74. — Est rappelée en France, 77. — S'arrête à Hambourg chez M. Mathiessen, 78. — Voit Klopstock, 78, 80. — Retrouve sa fille à Bruxelles, 83. — Arrive à Paris, 85. — Trouve tout changé, 85 à 108. — Va voir madame Montesson, 110. — Réclame une partie de la succession de son grand-oncle Desalleux, qu'avoit recueillie madame Montesson, 112. — Fait une nouvelle édition des *Mères rivales*, en y ajoutant un volume, 114. — Fait pour la Bibliothèque des romans *le Malencontreux* et *les Ermites des Marais-Pontins*, 115. — *Mademoiselle de Clermont*, 116. — Se réconcilie avec La Harpe, 120. — Obtient la liberté de M. Fiévée, 126, 127. — Va s'établir à Versailles, 129. — Perd son neveu César, 132. — Revient à Paris, 133. — Cesse de travailler à la Bibliothèque des romans, 133. — Refuse l'offre du premier consul d'améliorer sa situation, 135. — Fait paraître le roman de *Madame de La Vallière*, 136. — Sa correspondance avec le premier consul, 145, 148 à 176. — Donne les *Monumens religieux*, en offre un exemplaire au pape, 176, 177. — Va recevoir la bénédiction du pape aux Tuileries, 178. — Va voir l'atelier de David, 184. — Sa société, 188 à 201. — Son histoire de *Henri le Grand*, 204, 205. — Écrit les *Mémoires de Dangeau* d'après un manuscrit de l'Arsenal, 206, 207. — N'obtient pas la permission de l'imprimer, 208. — Reçoit de l'empereur une pension de 6000 francs, 209.

— Obtient de l'empereur une pension de 2000 francs pour Monsigny, 235. — Une pension de 4000 francs pour M. Radet, 239. — Une pension de 3000 francs pour son frère, 240. — Ses amis, 241, 244. — Fait l'éducation de sa filleule Stéphanie Alyon, 247, 248. — L'éducation de Casimir, 250 à 257. — Donne *la Tendresse maternelle ou l'Éducation sensitive,* 258. — Donne le *Siége de la Rochelle*, 258, 259. — Son *Bélisaire*, 261. — Donne *Alphonse ou le Fils naturel*, 270. — Refuse de faire l'éducation des enfans de la reine de Naples, 270, 271. — Reçoit une pension de mille écus de la reine de Naples, 271. — Écrit pour la reine de Naples et ses enfans un cours d'histoire et de littérature, 271, 272. — Fait paroître sa *Maison rustique*, 272. — Soigne sa tante madame de Montesson dans sa dernière maladie, 272, 273. — Est déshéritée par sa tante, 273, 274. — Se charge d'un enfant nommé Alfred Lemaire, 275. — Sa conduite avec Paméla, 277. — Donne l'explication de sa conduite relativement à la Biographie de M. Michaud, 278, 285, 291. — Se plaint d'une singulière réception de M. de Pomereuil, alors ministre, auprès duquel elle venoit faire des réclamations, 291, 296. — Fait connoissance avec le comte de Kosakoski, 296. — Singulier procédé de M. Ameilhon à son égard, 301, 302, 303. — On lui donne des fêtes, 304, 315. — Assiste à une démonstration du système de Gall, 317, 318. — Est reconnue pour avoir la bosse de la religion, de l'élévation de l'âme et de la persévérance, 318, 319. — Vend son ouvrage sur la Mythologie, 328. — Fait connoissance avec plusieurs personnes, 327, 334. — Prend son frère chez elle pendant sa maladie, 335, 336. — S'occupe de lecture, 339. — Ses rapports avec M. de Châteaubriand, 344, 345. — Donne son opinion sur madame de Staël, 346, 355. — Ses études sur la langue, 357. — Éducation d'Alfred, 360. — Revoit Sillery, 361. — Fait faire, dans l'église de Sillery, un service pour son mari, 363. — Quitte le logement que le gouvernement lui donnait à l'Arsenal, 365. — Prend un logement rue des Lions, 365. — Sa conduite avec M. Ameilhon, 366. — Fait un ouvrage sur les plantes usuelles, 367. — Procédé étonnant d'un libraire, 368. — Ses notes sur La Bruyère, 369. — Fait paroître la *Jeunesse de Moïse*, 369. — Vend à Casimir la propriété de tous ses ouvrages, 370. — Fait rendre à la rue Helvétius, qu'elle va habiter, son ancien nom de Sainte-Anne, 371. — Fait un ouvrage manuscrit sous le titre des *Huit Herbiers*, 372. — Fait des vers sur le jeu de cartes de M. Athalm, 374.

TOME SIXIÈME.

GENLIS (MADAME DE) compose le roman de *mademoiselle de Lafayette*, 1. — Fait entrer le comte Amédée de Rochefort dans le régiment du duc de Chartres, 4. — Perd plusieurs de ses amis, 12. — Fait bannir une sorcière, 44. — Anatole de Lawoestine lui amène une mascarade, 47. — Elle est nommée dame d'inspection, 48. — Visite toutes les écoles, 49. — Envoie un mémoire à l'empereur sur les abus qu'elle découvre, 49. — Elle propose de faire imprimer les ouvrages des philosophes avec des suppressions et des notes critiques, 53. — Sa pension cesse de lui être payée, 55. — Elle voit l'entrée de Monsieur à Paris, 61. — Elle va une fois à la cour à l'arrivée de Louis XVIII, 65. — Son entrevue avec le duc d'Orléans et sa sœur, 65. — Avec la duchesse, 66. — Elle travaille à l'*Histoire de Henri IV*, 66. — Elle la fait paroître au moment du retour de l'empereur, 69. — Reprend sa correspondance avec lui, 71. — Tombe malade, 73. — Fait paroître le roman de *Jeanne de France*, 75. — Va loger dans la maison des Carmélites, 76. — Travaille aux *Mémoires de Dangeau*, 76. — Fait paroître plusieurs autres ouvrages, 78. — Le *Palais de l'Amour*, 78. — *Journal imaginaire*, 83. — Madame de Genlis donne des leçons de harpe à Alfred Lemaire, 88. — Va à Maupertuis, 90. — Fait une chute le soir de son retour, 91. — Donne des leçons au profit des pauvres, 95. — Fait placer une jeune personne à l'école de Saint-Denis, 102. — Refuse de voir madame de Vilette, 102. — Réfute les récits de lady Morgan relativement à elle, 103. — Elle est sommée de se rendre chez le prévôt de la Seine, 108. — Interrogatoire qu'elle subit, 110. — Elle fait connoissance avec madame Duhamel, 123. — Va demeurer à Écouen, 124. — *Dictionnaire des Étiquettes*, 124. — Les *Voyages poétiques*, 124. — Madame de Genlis revient passer l'hiver à Paris, 127. — Plan des *Parvenus*, 127. — Madame de Genlis promet d'écrire la vie de madame Récamier, 128. — Donne une soirée pour l'anniversaire de sa naissance, 128. — Renouvelle connoissance avec lord Bristol, 130. — Engage le duc de Glocester à fonder un hôpital pour les enfans rachitiques, 131. — Envoie Alfred à Bruxelles, 132. — Passe deux étés au château de Villers, 132. — Écrit les *Parvenus*, 134. — Va loger rue du Faubourg St.-Honoré, 135. — Reçoit plusieurs visites de madame de Saint-Julien, 135. — La *Botanique de jeux d'enfans*, 140. — Madame de Genlis offre de faire des inscriptions pour le parc de Villers, 141. — Ses différens travaux à Villers, 143. — Elle s'exerce sur une petite harpe, 144. — Apprend les règles de la versification aux filles de sa nièce, 146. — Plan d'un journal, 151. — *Encyclopédie épurée*, 151. — Le roman de *Pétrarque*, 152. — Son influence, 155. — Va demeurer chez M. de Valence, 157. — Donne un écran à madame de Choiseul, 158. — Fait paroître une édition épurée de l'*Émile*, 163. —

Essai sur les beaux-arts, 168. — Madame de Genlis donne une harpe à Alfred, 169. — Catalogue pittoresque du cabinet de tableaux de M. de Sommariva, 169. — Quels sont les ouvrages dont madame de Genlis se propose de donner des éditions épurées, 184. — Fleurs coloriées par le reflet d'un vase de cristal, 187. — Madame de Genlis veut composer une nouvelle sur ce fait, 187. — Grand nombre des ennemis de madame de Genlis, 191. — Elle est surprise des noms ridicules donnés à plusieurs choses, 197. — Son voyage de Hollande, 198. — Elle récite des vers avec le prince d'Orange, 199. — Son projet de refaire l'*Encyclopédie*, 209, 211. — Elle fait présent d'un tapis à mademoiselle d'Orléans, 216. — Reçoit une visite de Paméla, 217. — Fait connoissance avec M. de Sommariva, 218. — Son ascendant sur les malades, 219. — Son logement chez M. de Valence, 221. — Elle se fait peindre par madame Cheradame, 222. — Ses idées sur la vieillesse des femmes, 223. — Catalogue pittoresque, 223, 224. — Madame de Genlis refuse de prendre l'appartement de M. de Valence, 225. — Elle est remerciée par un homme appelé Garnier des éloges qu'elle lui a donnés dans les *Parvenus*, 225. — Sa santé se dérange, 228. — Elle reçoit une lettre de la princesse de Salm, 229 — Son journal l'*Intrépide*, 230. — Elle fait connoissance avec M. Codrika, Grec, 233. — Elle éprouve un malaise indéfinissable, 234. — Elle donne à madame Grollier un ouvrage en nacre, 236. — Elle consulte M. Bourdois, médecin, 238. — Son avis sur les diseurs de bons mots, 240. — Libelle contre madame de Genlis, 240, 242. — L'*Émile*,

242. — Utilité des réimpressions épurées, 244. — Projet d'un traité politique, 246. — Tour de force littéraire fait par madame de Genlis, 255. — Elle montre à madame de Montcalm un *Herbier* peint par elle, 258. — Le roi achète cet *Herbier*, 260. — Réflexions de madame de Genlis sur l'espérance, 260. — Elle perd le manuscrit d'une pièce sur David, 263. — Elle donne à M. de Valence un manuscrit ayant pour titre *les Dangers de la séduction*, 266. — Elle brûle le manuscrit d'une pièce intitulée *la Fausse Antipathie*, 267. — *J.-J. Rousseau dans l'île de Saint-Pierre*, autre pièce de madame de Genlis, 268. — Elle croit que la fin du monde n'est pas éloignée, 269. — Sa manière de dicter à sa femme de chambre, 272. — Les querelles politiques lui rappellent celles des Gluckistes et des Piccinistes, 273. — Réflexions sur la frivolité, 275. — Lettre sur la frivolité, 276. — Loue un logement aux bains de Tivoli, 280. — Elle invente un jeu de cartes, 280. — Tous ses ouvrages sur les fleurs, 281. — Elle finit son roman de *Flaminie*, 284. — Elle exerce ses doigts sur une table, 285. — Va visiter mademoiselle Gabarus, 287. — Fait connoissance avec madame de Bec-de-Lièvre, 290. — Retourne chez M. de Valence, 291. — Projet d'un nouvel ouvrage, 291. — Fait connoissance avec madame Canning, 293. — Elle fait nommer madame Mallet, gouvernante des princesses d'Orléans, 295. — Fait une épître à sa vieille montre, 295. — Indique un plan de lecture à madame d'Hautpoul, 298. — Ses vers sur les quatre saisons, 299. — Présens qu'elle reçoit, 302. — On l'enferme dans sa chambre, 303. — Elle dîne avec la princesse de Wa-

gram, 303. — On lui envoie des vers, 304. — Elle fait paroître *Palmyre*, 305. — Habitude que lui fait contracter sa manière de dicter à une femme de chambre, 306. — Réflexions sur elle et sur son caractère, 307. — Elle trouve une jeune personne qui lui sert de secrétaire, 310. — Elle compose un discours pour M. de Valence à la chambre des pairs, 312. — Succès de *Palmyre*, 313. — Elle se plaint des vols littéraires qu'on lui a faits, 315. — Réfutation de plusieurs articles de l'ouvrage de M. Lemaire, 222. — Réponse à un article de M. Dussault sur *Palmyre*, 330. — Fait insérer une réclamation dans le *Journal des Débats*, 332. — Son opinion sur ses ouvrages, 334. — Elle dîne avec M. Canning, 337. — Avec lord Sidney Smith, 339. — Son jugement sur les femmes, 340.

TOME SEPTIÈME.

GENLIS (MADAME DE) dîne, chez M. de Valence, avec des pairs et des généraux ; conversation, politesse ; nouveaux usages du monde, 12. — Peinture de l'impertinent de province et de l'impertinent de cour, 3, 4. — Écritoire qu'elle reçoit et donne, 11, 12. — Fait connoissance avec M. de Courchamp ; son portrait, 12, 13. — Avec M. Coëssen ; principes de ce philosophe converti, 13, 15. — Crèche donnée à madame de Genlis, et dont elle fait présent à mademoiselle d'Orléans, 5, 16. — Madame de Genlis fait le plan des *Athées conséquens*, 16. — Nouvelle édition de ses *Heures à l'usage des gens du monde et des jeunes personnes*, 16. — Son opinion sur M. de Bonald et ses ouvrages, 17. — Accueille la proposition de revoir M. Fiévée, 17, 19, 20, 21. — M. d'Harmensen lui amène le prince Paul de Wurtemberg, 19. — Opinion de madame de Genlis sur le gouvernement représentatif, 21, 22. — Sur la publicité et l'examen des actes du gouvernement, 23, 24. — Son projet de refaire l'*Encyclopédie*, 24, 25, 205, 241, 254. — Devise pour mademoiselle d'Orléans, 25. — Conversation avec le comte Arthur de Bouillé, 29. — Écrit les mémoires de madame de Bonchamp, 29, 30. — Donne ce travail à

M. de Bouillé, 30. — Donne à Casimir son manuscrit des *Souvenirs religieux*, ou *Vie poétique des Saints*, 31. — Va visiter le cabinet de M. Denon, 36. — Dîne avec lord Bristol et le duc de Mecklembourg, 38. — Rencontre le duc de Bassano chez M. de Valence, 39. — Seconde visite chez M. Denon, 41. — Donne des avis à deux jeunes personnes sur la manière d'écrire, 47. — Prend la défense des indulgences, dit quelle est leur efficacité, 50, 51. — Revoit son frère, 51. — Commence l'ouvrage intitulé *les Jeux champêtres des enfans*, 53. — Achève *la Botanique des Jeux d'enfans* et *l'Ile des monstres*, 67. — Dîner chez M. de Lacépède, à l'occasion de l'ouverture du canal de l'Ourcq, 68. — Réflexions sur les poëtes contemporains, 70. — Maladie de madame de Genlis, 75. — Ses remarques sur le talent poétique de M. de Lamartine, 79, 80. — Madame de Genlis s'occupe de l'*Encyclopédie moderne*, 85. — Achève *la Vie poétique des Saints*, 87. — Ses vers sur *Saint-Genis*, 88. — Sur *Sainte-Pulchérie*, 89. — Finit ses six *nouvelles Religieuses*, 89. — Projet de madame de Genlis pour la conversion des Arabes, 90. — Fait, pour madame Moreau, une lettre à l'empereur de Russie, 93. — Goût de madame de Genlis pour les médailles, 99, 100. — Sensation que lui fait éprouver la procession de la Fête-Dieu, 102. — Vente de la terre de Sillery, partage, 108. — Travaux et ouvrages en l'honneur de madame de Genlis faits à Sillery, 109. — Maladie, 110. — Son opinion sur les ouvrages de M. de Maistre, 113. — Sur les Mémoires de Suard, par M. Garat, 114. — Fête de madame de Genlis, 115. — Réflexions sur la vieillesse, 117. — Son opinion sur l'ouvrage de madame de Staël, intitulé *Dix ans d'exil*, 118, 171. — Sur l'éducation, 119. — Sur la *Lettre de Galleus*, ouvrage de M. d'Harmensen, 123. — Sur les libertés de l'Église gallicane, 134. — Goût de madame de Genlis pour les étymologies, 137. — Changement de ton dans les cris des marchands des rues de Paris, 138, 139. — Vers sur l'épinard sauvage, 140. — Registre des ouvrages de madame de Genlis, 141. — Portrait de madame Récamier, 142. — Critique de l'ouvrage de l'abbé Raynal, 144. — Madame Genlis forme le projet d'un voyage à la Terre-Sainte, 151. — Cantique sur ce sujet, 152. — Passages de la Bible relatifs à la harpe et à la musique, 153. — Fait connoissance avec M. de Lingré, 155. — Visites qu'elle reçoit dans la rue Pigal; M. de Châteaubriand, madame Récamier, 164. — Réclamations relativement à des articles insérés au *Mercure*, sous le nom de M. Maurice Méjan, 166. — Mort de madame Moreau, 168. — Mort de la duchesse de Courlande, 170. — Mort de l'abbé Morellet, 171. — Madame de Genlis compose *l'Ambitieux*, nouvelle, 176. — S'attache à M. Gérono, 176. — Son opinion sur les mémoires de l'abbé Morellet, 177. — Fait connoissance avec le baron Trouvé, 184. — Son opinion sur la *Vénus de Milo*, 185. — Conversation avec M. Delille, secrétaire intime de la duchesse douairière d'Orléans, 187. — Société actuelle comparée à celle d'autrefois, 189, 192. — Origine des petits tabourets, 191. — Chaufferettes, 191. — Aversion de madame de Genlis pour les gens qui prédisent l'avenir, 172. — Corruption des mœurs et du langage, 193. — Sa relation d'un voyage en Auvergne retrouvée, 199. — *Merveilles de la nature* (les), ouvrage composé d'après ceux de madame de Genlis, 200, 201. — Vers de madame de Genlis sur sa vieille guitare, 203. — Finit les mémoires de madame de Bonchamp, 208. — Succès des ouvrages de madame de Genlis, 209. — Son opinion sur les mémoires du duc de Lauzun, 210, 211. — Portrait de madame de Maintenon vendu par madame de Genlis, 213. — Lectures de l'*Imitation de Jésus-Christ*, faites à M. de Valence, 226. — Mort de la duchesse de Bourbon, 226. — Maladie de madame de Genlis, 230. — Reçoit l'*extrême-onction*, 232. — Mort de M. de Valence, 236. — Madame de Genlis prend un logement aux bains de Tivoli, 237. — Vers qu'elle y compose, 238. — Ouvrage contre la philosophie moderne; les *Dîners du baron d'Holbach*, 138. — Joue de la harpe et de la guitare, 241. — Ouvrage de madame de Genlis sur l'*Emploi du temps*, 242. — Va à Épinay, chez madame de Grollier, 242. — Vers qu'elle y compose, 243. — Rencontre Larive à Épinay, 247. — Vers sur un roseau, 248. — Reçoit une lettre anonyme menaçante, 249. — Entrevue, à ce sujet, avec un commissaire de police, 250. — Avis que lui fait donner le préfet de police, 251. — Visite effrayante, 253. — Vers sur Saint-Pierre de Rome, 255. — Décide un jeune Anglois protestant à abjurer sa religion, 257. — Lui sert de marraine, 258. — Présent qu'elle lui fait, 259. — Vers sur des briquettes, 260. — Elle quitte Tivoli et va loger à la Place-Royale, 261. — Finit les *Veillées de la chaumière*, 261. — Sa lettre sur le projet de refaire l'*Encyclopé-*

die, 265. — M. Morlaincourt la prie de lui choisir une femme, 270. — Lui fait épouser une de ses nièces, 272. — Fait connoissance avec l'abbé Desmazures, 272. — Va loger rue Taranne, 274. — Prend une demoiselle de compagnie vendéenne, 275. — En est quittée, 277. — Loue un logement dans le presbytère Saint-Roch, 278. — Se décide à passer une partie de son temps à Mantes, 279. — Son attachement pour M. Filhon, 279. — Place mademoiselle Juliani, 282. — Madame de Genlis fait l'ouvrage intitulé *les Prisonniers*, 283. — Le dédie à M. de Châteaubriand, 283. — Anniversaire de la naissance de madame de Genlis célébré, 283. — Succès des *Prisonniers*, 289. — Madame de Genlis, pour avoir voulu faire le carême, tombe malade, 287. — Perd son frère, 287. — Ses travaux pendant son séjour dans la rue Neuve-Saint-Roch, 289. — Va voir la Bibliothèque du Roi, 291. — Son opinion sur *Ourika*, 292. — Opinions et sentimens de madame de Genlis sur Napoléon et sa famille, 298, 299. — Sur les mœurs actuelles et les sentimens françois, 301. — Départ pour Mantes, 303. — Impromptu sur des œufs frais, 305. — Donne des leçons de harpe à sa petite-fille, 305. — Portrait de la femme et de la famille de Casimir, 305 *et suiv.*— Description de Mantes, 308. — Vie de madame de Genlis à Mantes, 309. — Société de Mantes, le docteur Maigne, 309 *et suiv.*— Perte de lettres et de manuscrits laissés à Paris, 315. — Demande au roi de Bavière et obtient que la fille de son gendre soit chanoinesse de Sainte-Anne, 316 — Mort du chevalier d'Harmensen, 317. — Réflexions sur la mort, 317. — Travaille au *Journal des dimanches*, 321. — Un graveur fait le portrait de madame de Genlis en médaille, 324, 325, 326. — Madame de Genlis revient à Paris, 332. — Vers sur *une attrape*, 333. — Sur une bûche, 334. — Se trouve réunie à une grande partie de sa famille, 335. — Est dirigée par M. Magnein, curé de Saint-Germain-l'Auxerrois, 337. — Médisances et calomnies, 340. — *Cantique sur les fleurs*, ouvrage de madame de Genlis, 342. —Retour à Mantes, 344. — *Guirlande de fleurs* peintes par madame de Genlis, 346. — Défense des mémoires de madame de Genlis, 347. — Réclamation de M. Bontemps au sujet du duel de M. de Schomberg, 351. — Réclamation relative aux mémoires du baron de Bezenval, publiés par le vicomte de Ségur, 354. — Réflexions sur le tombeau de Bonaparte à Sainte-Hélène, 354. — Visites qu'elle reçoit à Mantes, 355, 356. — *Jean-Jacques Rousseau à l'île de Saint-Pierre*, drame de madame de Genlis, 358. — Quitte Mantes, et revient à Paris, 359. — Se loge à Chaillot, 360. — Sa vie dans cette retraite, 362 *et suiv.* — Mort d'une de ses petites-filles, 365. — Son opinion sur les Mémoires du comte de Ségur, 368 *et suiv.* — Maison de santé de Sainte-Perrine. Le docteur Canuet, 369, 382 *et suiv.* — Réflexions de madame de Genlis sur la fausse magnificence, 373. — Sur la fin de la comtesse Amélie de Bouflers, 377 *et suiv.* — Vers de madame de Genlis sur un cadran solaire, 385, 386.

TOME HUITIÈME.

GENLIS (MADAME DE) voit de sa fenêtre la maison où l'on guérit les difformités naturelles, 18. — Engage M. Lawoëstine à apprendre à empailler des oiseaux, 20. — Reçoit la visite de M. Henri de Bonald, 22. — Les personnes qu'elle voit, 23, 28. — Apprend la mort de la baronne de Krudner, 32. — Se propose de s'établir dans un couvent, 39. — Arrête un logement dans le monastère des dames de Saint-Michel, 40. — Offre de se charger des enfans de Rosamonde (madame Gérard) pendant qu'elle feroit un voyage en Italie, 42. — Apprend une anecdote très-curieuse sur Napoléon, 54. — Le docteur Canuet lui conte son histoire, 57. — Revoit le comte de Chastenay, 61. — Est désolée des fautes d'impression qui se trouvent, dans ses Mémoires, sur des vers inédits de madame de Choiseul, 64. — Se loue de M. Ladvocat, 65. — Est inquiète de la santé de madame de Choiseuil, 66. — Sa fille et ses petites-filles partent pour l'Italie, 68. — Son arrière-petit-fils veut donner au comité grec tout l'argent de ses menus plaisirs, 69. — Reçoit une quantité de lettres anonymes, 73. — Sa correspondance avec un jeune homme, 75. — Quitte la maison de santé du docteur Canuet, 79. — S'établit aux dames Saint-Michel,

Michel, 79. — Personnes qui l'ont aidée dans son déménagement, 82, 83. — Va visiter le cul-de-sac Saint-Dominique qu'elle avoit habité dans sa jeunesse, 89. — Propose aux jeunes gens d'écrire en entrant dans le monde un ouvrage qu'ils intituleroient : *Ma Vie*, ou *mes Mémoires imaginaires*, 91, 97. — Promenade au Jardin des Plantes, 97, 98 — Les personnes qu'elle voit chez le docteur Alibert, 98, 104. — Son amie, madame de Lingré, résout chez elle trois problèmes que lui propose un célèbre mathématicien, 106. — Donne à M. Gérono la romance de l'*Aveugle* à mettre en musique, 108. — Est obligée de changer de logement, 109. — Dédie son dernier roman historique, *Alfred le Grand*, à madame de Choiseul, 110. — Va loger rue Neuve-de-Berry, 110.

FIN DES TABLES ANALYTIQUES.

www.ingramcontent.com/pod-product-compliance
Lightning Source LLC
Chambersburg PA
CBHW070447170426
43201CB00010B/1251